税月留声

甘肃省税务干部学校38年发展历程

（1985—2023）

国家税务总局甘肃省税务局 编

兰州大学出版社
LANZHOU UNIVERSITY PRESS

图书在版编目（CIP）数据

税月留声：甘肃省税务干部学校 38 年发展历程 ：
1985—2023 / 国家税务总局甘肃省税务局编. -- 兰州 ：
兰州大学出版社，2024. 8. -- ISBN 978-7-311-06712-0

Ⅰ. F812.423-4

中国国家版本馆 CIP 数据核字第 2024S456A6 号

责任编辑	梁建萍	
封面设计	程潇慧	

书　　名	税月留声:甘肃省税务干部学校38年发展历程(1985—2023)	
	SHUIYUE LIUSHENG；GANSUSHENG SHUIWU GANBU XUEXIAO 38 NIAN FAZHAN LICHENG	
作　　者	国家税务总局甘肃省税务局　编	
出版发行	兰州大学出版社　（地址:兰州市天水南路222号　730000）	
电　　话	0931-8912613(总编办公室)　0931-8617156(营销中心)	
网　　址	http://press.lzu.edu.cn	
电子信箱	press@lzu.edu.cn	
印　　刷	广西昭泰子隆彩印有限责任公司	
开　　本	880 mm×1230 mm　1/16	
成品尺寸	210 mm×260 mm	
印　　张	18.5	
字　　数	394千	
版　　次	2024年8月第1版	
印　　次	2024年8月第1次印刷	
书　　号	ISBN 978-7-311-06712-0	
定　　价	98.00元	

（图书若有破损、缺页、掉页,可随时与本社联系）

编纂委员会

编纂工作组

本书编纂委员会成员合影
左起：李永刚、于洋、李兴国、管振江、向宇、李涛、朱朝勃、杨新

领导关怀

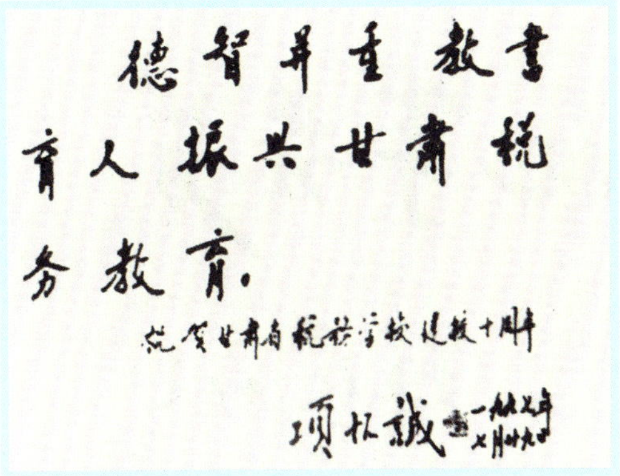

书教重共甘青税
德智并重
振兴教育
德育人务教育．

祝贺甘肃省税务学校建校十周年

项怀诚

1997 年 7 月，国家税务总局党组书记、副局长项怀诚为学校建校十周年题词

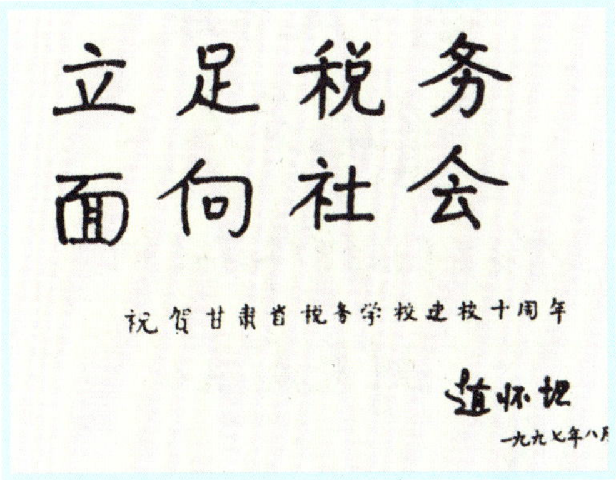

务税会
立足面向社会

祝贺甘肃省税务学校建校十周年

赵怀坦

一九九七年八月

1997 年 8 月，国家税务总局教育中心主任赵怀坦为学校建校十周年题词

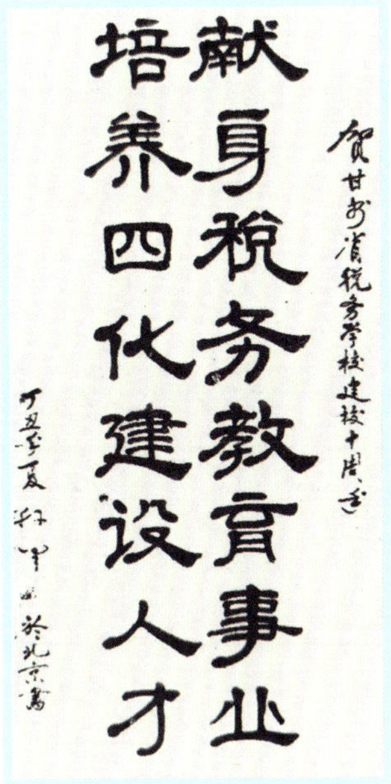

献身税务教育事业
培养四化建设人才

贺甘肃省税务学校建校十周年

1997 年 8 月，国家税务总局教育中心副主任孙泽为学校建校十周年题词

绚丽灵秀的绿色税苑
提高素质的干部摇篮
奋发求实的学习氛围
科学发展的和谐校园

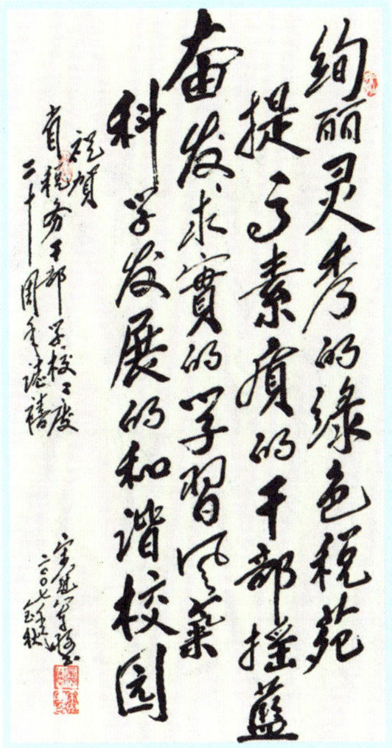

2007 年 10 月，甘肃省税务学会会长宋冠军为学校建校二十周年题词

1997年8月，省国税局党组书记、局长刘思义为学校建校十周年题词

1997年8月，省地税局党组书记、局长史文献为学校建校十周年题词

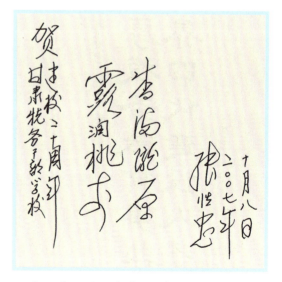

2007年10月，省国税局党组书记、局长杨继元为学校建校二十周年题词

2007年10月，省地税局党组书记、局长张性忠为学校建校二十周年题词

2003 年 7 月，国家税务总局党组书记、局长谢旭人（中）来学校调研税务教育培训工作

2005 年 7 月，国家税务总局党组成员、副局长宋兰（右三）来学校检查指导工作

2004 年，税务总局教育中心副主任王维平（右二）来学校调研指导工作

1999年，省税务局原局长申健山来学校指导工作

2007年11月27日，国家税务总局教育中心副主任魏仲瑜出席学校二十周年校庆并讲话

1999年3月，省国税局党组书记、局长刘思义（左二）来学校调研指导工作

1987年，省税务局负责人宋冠军来学校为首届学生授课

1997年，省地税局党组副书记、副局长王维国来学校参加建校十周年校庆并讲话

2003 年，省国税局党组书记、局长杨继元来学校指导教育培训工作

2016 年，省地税局党组书记、局长张性忠（中）来学校参加学员结业典礼

2009 年 8 月，省国税局党组成员、副局长刘金良（中）来学校调研指导工作

2009 年 11 月，省国税局党组书记、局长朱俊福来学校调研指导工作

2011 年，国家税务总局教育中心副主任陈小杭来学校指导工作

2012 年 7 月，省国税局党组书记、局长牟可光来学校调研指导工作

2016 年，省国税局党组书记、局长韩月朝来学校调研指导工作

2014 年，省地税局党组书记、局长吴仰东参观学校廉政教育基地

2018 年 5 月，省国税局党组书记、局长杨勇来学校调研指导工作

2021年，省税务局党委书记、局长蒋学武来学校调研指导工作

2023年9月，省税务局党委书记、局长管振江来学校调研指导工作并为新录用公务员授课

2023年，省税务局党委书记、局长郑钢来学校调研指导工作

艰苦创业

1986年，省税务局负责人宋冠军（右五）检查校园建设情况

1986年，省税务局副局长吴丁甲（右）、天水市委顾问汪都（中）检查学校建设工地

1986年，省税务局副局长王乐民（中）检查学校建设工地

1987年，省税务局局长申健山（左三）、天水市委书记薛映承（左四）、顾问汪都（左二）来学校指导工地建设工作

1987年，省税务局监察室负责人王生杰（左）和校长周广林研究基建工作

1987年，学校组织学生开展校园绿化活动

2008年，省国税局党组书记、局长杨继元（中）、天水市市长李文卿（左）、省国税局党组成员、副局长贾曼莹（右）为学校综合楼奠基

2010年，省国税局党组书记、局长朱俊福（左三）和党组成员、总会计师刘虎（右二）来学校查看学校改扩建工程建筑模型

党风廉政

2012年10月，国家税务总局党组成员、纪检组组长冯惠敏（中）、省国税局党组成员、纪检组组长任强华（左）和校长张继华在全国税务系统廉政教育基地授牌仪式上合影

2012年5月，天水市委常委、纪委书记李美华，天水市委常委、市委政法委书记赵卫东为廉政教育基地揭牌

2009年，学校组织教师赴革命圣地会宁开展主题教育活动

2013 年 7 月，全国百家优秀预防职务犯罪警示教育基地授牌仪式在校举行

2013 年 7 月，天水市委常委、政法委书记赵卫东（左三）来学校参加全国百家优秀预防职务犯罪警示教育基地授牌仪式

2013 年 11 月，省国税局党组成员、副局长梁云才来学校调研指导廉政教育基地工作

2016 年 3 月，省国税局党组成员、总会计师陈波（右二）来学校调研指导工作

2017年，学校教师与社区党支部开展基层党支部标准化建设学习交流活动

2017年7月，柬埔寨人民党高级代表团参观学校廉政教育基地

2017年，学校举办新录用事业干部初任培训班"先进事迹报告会"

2018年，学校开展"不忘初心、牢记使命"学习贯彻党的十九大精神主题教育宣讲活动

2019 年 7 月，学校老干部党支部与省局老干部党支部开展联建活动

2021 年，学校组织开展世界读书日主题活动

2021 年清明节，学校组织教师赴烈士陵园开展祭扫活动

2021年7月，省局党委委员、纪检组组长朱朝勃来学校为新录用公务员讲《坚定共产主义信仰》的党课

2022年6月21日，学校召开换届选举党员大会

2021年，学校组织青年党员干部参观天水大革命历史纪念馆

队伍建设

2001年，学校领导班子研究队伍建设面临的新情况、新问题

2004年，学校组织开展排球比赛

2007年，学校领导班子成员集体合影

2009年，学校组织开展《公民道德建设实施纲要》知识辅导讲座

2012年，学校教职工与山东税校教师进行座谈交流

2018年，学校举行客座教授聘任仪式

2012年，学校组织教职工赴山东学习参观山东税校廉政文化展厅

2018年，学校召开精品培训项目暨五星级税务培训师评审汇报会

2017年，学校组织教职工赴两当兵变纪念馆参观学习

2023年9月，省局党委书记、局长管振江（中），党委委员、副局长向宇（右一），党委委员、纪检组组长朱朝勃（左一）出席学校庆祝第39个教师节座谈会

2023年3月，省局党委委员、副局长李兴国来学校指导机构改革工作

2021年4月19日，学校组织开展警示教育专题讲座

教育培训

1998年，全省国税系统办公室主任培训班学员军训

2004年，学校举办全国税务系统施教机构特色培训项目研讨班合影

2003年，全国税务稽查案件管理信息系统软件培训班合影

2005年，学校举办全省国税系统"六能手"竞赛

2012年7月，省国税局人事处处长向宇为全省国税系统人事业务培训班学员授课

2012年，学校举办北京市房山区西站地税局更新知识培训班

2012年，学校举办吉林省地税系统人事教育业务理论培训班

2012年，学校举办山西临汾市国税系统科级干部更新知识培训班

2012年，学校举办内蒙古鄂尔多斯国税局更新知识培训班

2012年，学校举办全省地税系统财务管理暨内部审计培训班

2013年，学校举办全国进出口税收政策业务培训班

2013年，学校举办全省国税系统领导干部学习贯彻党的十八大精神研修班

2015年，省国税局党组成员、总审计师张佩峰（右二）和教育处处长李维权（右一）来学校调研教育培训工作

2014年，全国智力援西项目甘肃国税小企业会计准则与税源管理培训班在学校举办

2015年，培训班学员开展研讨式、互动式教学

2016年，全省国税系统初任公务员培训班结业典礼

全市公安机关派出所长培训班合影留念
2016年3月 天水

2016年3月，学校承办全市公安机关派出所所长培训班合影

2017年，学校举办甘肃省国税系统业务大比武个人竞赛

2017年11月，省国税局党组副书记、副局长张敬（右二）来学校为新录用公务员培训班学员颁发结业证书

2017年，培训学员参加模拟税务行政处罚听证会

2017年，培训班学员破冰活动现场

2017年，学校举办中国邮政储蓄银行甘肃省分行税收管理培训

2018年8月，省税务局党委副书记、局长杨勇（右四），党委委员、副局长赵应堂（左四），党委委员、总审计师张文华（右三）来学校出席新录用公务员入职仪式

2023年9月，省税务局党委书记、局长管振江来学校调研指导工作并为新入职的公务员授税帽

2019年，学校举办全国税务系统基建管理培训班

2023年7月，省税务局党委委员、副局长李涛来学校为全省税务系统个税业务培训班学员授课

2023年2月，省税务局新录用公务员入职及宪法宣誓仪式在学校举行，省局原一级巡视员徐善忠主持仪式，与全体学员唱国歌

文明创建

2003年，学校荣获省级文明单位挂牌仪式

2004年，学校为退休职工考取大学的子女捐款

2005年，学校开展"四联四促"捐助仪式

2006年，学校组织开展扶残助残专项募捐活动

2006年，学校捐款帮助武山县温泉乡草川村
开展人饮项目改造及道路整修

2007年，学校赴武山县温泉乡田河村送化肥到贫困
农民手中

2006年，学校给帮扶村困难群众发放慰问金

2008年，学校组织教职工向汶川地震灾区
"送温暖　献爱心"捐助活动

2009年，学校开展向武山县温泉乡草川村小学捐款捐物送爱心活动

2009年，学校荣获全国文明单位授牌仪式

学校领导慰问帮扶村贫困村户

2009年，天水市委宣传部部长孙周秦（左）与省国税局党组成员、副局长贾曼莹为全国文明单位揭牌

2009年，学校资助社区贫困大学生

2009年，学校领导深入联促对象家中了解情况

2009年，学校为泰安西川乡新农村建设帮扶村捐款
用于实施村巷道路硬化工程

2010年，学校组织慰问天水驻地部队

2019 年，学校组织开展志
愿服务活动

2021 年，学校为庆阳驰援天水
防疫工作队医护人员消毒

2019 年，学校召开精神文明
建设工作总结表彰暨深化创建活
动动员大会

荣誉奖牌

省级文明单位

中共甘肃省委
甘肃省人民政府

全国百家优秀预防职务犯罪
警示教育基地

最高人民检察院
二〇一三年七月

省级卫生先进单位

甘肃省爱委会
二〇〇三年四月

甘肃省
卫生先进单位

甘肃省爱国卫生运动委员会
二〇〇二年十二月

全国文明单位

中央精神文明建设指导委员会
2009年1月

全国精神文明建设工作

先进单位

中央精神文明建设指导委员会
二〇〇五年十月

全国税务系统
廉政教育基地

国家税务总局
二〇一二年十月

全省群众体育工作
先进单位

甘肃省体育运动委员会
二〇〇〇年六月

序　言

翻开甘肃省税务干部学校改革发展的历史扉页，税月映初心，漫漫亦灿灿。1985年，学校顺应改革开放的时代召唤而诞生，始终贯彻党和国家的教育方针，切实担负起为党育人、为税育才的光荣使命，不断适应税收改革发展新形势新任务，坚持与时俱进、改革创新，做到教书育人、管理育人、服务育人，奋力开创税务干部教育培训新局面，为全省税收改革发展提供了坚实保障。

38年来，一批批财经税收专业人才从税校走向广阔的事业新天地，先后培养税收、财会、计算机等专业毕业生2283人，90%以上成为全省税务战线上的骨干力量，在税务事业各个条线发光发热、砥砺耕耘。38年来，一项项科研成果从税校传送至税务改革发展前沿，有力支持了税收改革深化落地，一体推进教学、科研、资政主责主业，累计举办各类培训班1094期，培训干部81858人次，培育出一批"总局级"精品培训项目，有效发挥了培训主阵地和服务决策智库作用。38年来，一个个荣誉肯定篆刻芳华税月，学校先后荣获"全国文明单位""省部级重点中专""全国百家优秀预防职务犯罪警示教育基地"等多项荣誉，得到了各级领导的高度肯定和社会各界的广泛认可，极大地提升了学校的社会知名度和影响力。

税月如歌，使命如炬。随着国家培疗机构改革的深入推进，2023年，甘肃省税务干部学校圆满完成了肩负的历史使命，顺应改革发展的时代要求而华丽谢幕，与曾经的光荣税月勇毅告别。38年的税校发展史在历史的长河中或许只是浪花一朵，但在甘肃税收事业发展历程中，却留下了浓墨重彩的一笔。

时光流转，难说再见，能在变革的流光中成为改革的亲历者，这是所有税校人美好的记忆。在学校改革之际，在甘肃省税务局党委的重视支持下，省局教育处和省税务干部学校组织专班，

利用3个月的时间，广泛搜集整理校史资料，编纂《税月留声——甘肃省税务干部学校38年发展历程（1985—2023）》一书，为昔日在学校工作和学习过的师生献上一份珍贵的礼物，以铭校史、知史笃行。本书图文并茂，系统概括了学校的历史全貌，全景再现了学校的奋斗足迹，必将成为传承税务教育文化的生动载体，更是激励全省广大税务干部奋勇前行的宝贵精神财富。

谨以此书，献给所有在甘肃省税务干部学校工作过的教职员工，献给所有在甘肃省税务干部学校学习过的同学和校友们，献给所有曾关心支持甘肃省税务干部学校发展成长的领导和社会各界朋友。让我们挥手道别又重整行装，满怀豪情把深化税务领域改革推向前进，奋力谱写高质量推进中国式现代化税务实践甘肃新篇章！

编写说明

1."国家税务总局"，简称为"总局"。

2."国家税务总局甘肃省税务局""甘肃省税务局"，简称为"省局"。

3."甘肃省国家税务局""甘肃省地方税务局"，简称为"省国税局""省地税局"。

4."中共甘肃省国家税务局机关委员会"，简称为"省国税局机关党委"。"中共国家税务总局甘肃省税务局机关委员会"，简称为"省局机关党委"。

5."甘肃省税务学校""甘肃省税务干部学校"简称为"学校"。"甘肃省税务培训中心"，简称为"培训中心"。

6."中共甘肃省税务学校委员会""中共甘肃省税务干部学校委员会"，简称为"校党委"。"中共甘肃省税务培训中心委员会"，简称为"培训中心党委"。"中共甘肃省税务干部学校总支部委员会"，简称为"学校党总支"。

7."共青团甘肃省税务学校委员会"，简称为"校团委"。

8."中共天水市委员会"，简称为"天水市委"。"中共天水市直属机关工作委员会"，简称为"市直机关工委"。"天水市人民政府"，简称为"市政府"。

9.关于领导职务的任免时限，以会议研究任免时间为准。

10.印发制度或成立领导小组，以成文时间为准。

11.表彰奖励收录地、市级以上表彰奖励。

目　录

概　述

　　甘肃省税务干部学校（中共国家税务总局甘肃省税务局党校）坐落于天水市秦州区南滨河东路13号，是国家税务总局甘肃省税务局直属事业单位，承担着甘肃省税务系统党员党性教育和干部教育培训工作。

　　天水，位于甘肃东南部，是中国历史文化名城、中国优秀旅游城市，这里人文荟萃，生态宜居。境内气候温润，景色秀丽，以其钟灵毓秀的文化底蕴、温婉天成的自然风貌，被誉为"陇上江南"。天水有着8000多年的文明史、3000年的文字记载史和2693年的建城史，是中华民族和中华文明的发祥地之一。人文始祖伏羲氏、神农氏及女娲均诞生于天水，因此有"羲皇故里"之称。天水名胜古迹众多，以古石窟、古建筑、古遗址、古寺观、庙宇及名泉而著称。悠久的历史赋予了天水这片古老的土地以深厚的文化底蕴，伏羲文化、大地湾原始部落文化、麦积山石窟艺术文化以及各类名胜古迹等构成了天水独具特色、异彩纷呈的文化旅游资源，吸引着国内外宾朋慕名而来，观光旅游，寻根祭祖。

　　1985年，为了适应蓬勃发展的税收事业，培养为国聚财的合格人才，甘肃省财政厅、甘肃省税务局报经甘肃省政府和省教委批准在原天水地区财经职工中专的基础上成立了甘肃省税务学校。建校以来，先后共招收普通中专生13届，培养税收、财会、计算机等专业毕业生2283人，很大程度上改善了税务干部队伍的年龄结构和知识结构，为税务系统注入了新的活力，推动了各项税收工作的健康发展。

　　2000年1月，国家税务总局批准成立甘肃省税务培训中心，学校由学历教育转为税务干部培训。同年4月，学校遵照国家税务总局的通知要求，停止普通中专招生。2003年6月，最后一批中专毕业生走出校园，学校从此结束了普通中专的教育，全面转型。2008年，国家税务总局决定将甘肃省税务培训中心更名为甘肃省税务干部学校。自2000年转型干部教育培训以来，学校举办省内外各级各类培训班1094期，培训在职税务干部和其他社会人才81858人次，为提高干部业务素

质和专项业务的顺利开展提供了强有力的业务支撑。

学校占地面积 31371 平方米，建筑面积 22750 平方米，有办公楼 1 幢，教学楼 1 幢，同时能容纳 300 人的学术报告厅 1 个，多媒体教室 6 个，内外网分设微机房 2 个；学员住宿楼 2 幢，床位 320 张；汉族、回族餐厅 3 个，可供 300 人同时就餐。还配有视频会议室、电子阅览室、图书资料室、学员研讨室、文体馆、田径场、网球场、篮球场等教育培训场地。优美的环境，齐全的设施，有力地保障了各类培训的顺利开展，同时学校以极大的社会担当在新冠疫情防控的关键时期，多次义无反顾地支持地方疫情防控，承担了相应的社会责任。

截至 2023 年 10 月，学校有教职工 36 人（中共党员 27 人）。专业技术岗位 29 人（高级讲师 12 人，讲师 14 人，助理讲师 3 人）；管理岗位 5 人，工勤岗位 2 人；税务师 2 人，取得法律执业资格 2 人。内设办公室、教务科、教研一部、教研二部、教研三部、学员工作科、财务管理科、后勤服务科 8 个职能科室。教师队伍结构合理，内设机构功能健全。

建校以来，学校坚定不移地全面贯彻党的教育方针，坚持社会主义办学方向，落实立德树人根本任务，培育和弘扬社会主义核心价值观。注重教学改革创新，坚持质量强校、品牌立校，教学质量稳步提升，培训规模逐年递增，年培训干部 4 万多人，发挥了教育培训全省税务系统党员、干部的主渠道作用。

1999 年学校被省教委命名为"省部级重点中专"，2009 年被中央文明委命名为"全国文明单位"，2012 年被国家税务总局命名为"全国税务系统廉政教育基地"，2013 年被最高人民检察院授予"全国百家优秀预防职务犯罪警示教育基地"称号。

2023 年 11 月，随着改革的深入推进，学校被列入培疗机构改革范围予以撤销，学校 38 年的历史定格在 2023 年的 11 月。38 年来，学校坚持以人为本的办学理念，38 年初心不改，38 年筚路蓝缕，38 年不懈努力，38 年矢志不渝。学校教书育人，大力弘扬"忠诚担当、崇法守纪、兴税强国"的中国税务精神，在改革的大潮中服务大局、服从大局、勇立潮头、勇于担当，完成了她的历史使命，在甘肃税务史上谱写了属于自己的辉煌！

大事记

（1985—2023 年）

1985 年

3 月 26 日，根据甘肃省计划委员会、甘肃省教育厅文件批复，将"天水地区财经职工中等专业学校"改为"甘肃省税务学校"，学制为两年，由甘肃省税务局和天水地区行政公署领导，以省税务局为主，主要招收应届高中毕业生。后经甘肃省教委和省政府批准，正式成立甘肃省税务学校。学校规模扩大为 500 人，教职工由 50 人扩大为 80 人。

9 月，甘肃省财政厅党组会议决定任命周广林同志任甘肃省税务学校筹建处主任，白鸿任筹建处副主任，后经甘肃省编制委员会同意，税校暂定事业编制 10 人，先行筹建。1987 年 4 月编制增加至 25 人，用于教师调进。

1986 年

2 月 26 日，天水市城乡建设环境保护局批复，征用吕二乡东团庄土地 14.18 亩，作为省税务学校新建校址用地，开始了教学办公楼、学生宿舍楼、学生餐厅、礼堂的修建。

9 月 30 日，再征地 16 亩，校园面积拓展一倍多，修建了操场和后勤用房等场所。

1987 年

上半年，在土建工程基本完工的同时，筹建处抓紧安排了办公、教学、学生宿舍、学生餐厅、食堂、礼堂、图书阅览等用品用具的购置，基建和设备等基本达到了办学条件。在抓基础建设的同时，筹建处开始师资队伍建设和软件建设。一方面从省、市内中专中学、有关财经院校物色选调基础课、专业课教师和教学管理人员；另一方面着手安排岗位设置、制定岗位责任。开始管理制度建设，制定印发了《甘肃省税务学校岗位责任制暨管理制度》，涵盖适合税务中专学校的各个

岗位设置、岗位责任和教学、学生、行政、后勤等各项管理制度。1987年第一届学生招生前的各项建设基本到位。

5月16日，省财政厅党组决定：周广林同志任甘肃省税务学校校长，刘明生同志任副校长。

9月，学校开始招生，首届招生100名。9月24日上午举行开学典礼，省税务局局长申健山、副局长宋冠军，天水市委书记薛映承，市政府顾问汪都及市财税、文教、大中专学校领导近百人到会祝贺。大会由副校长刘明生同志主持，省税务局局长申健山、学校校长周广林分别作重要讲话，教师代表赵润田、学生代表金霞在会上发言。

9月17日，中共天水市委同意成立甘肃省税务学校党总支部委员会，支委由周广林、刘明生、康永堂3位同志组成，周广林同志任党总支书记。

12月1日，经省局批准成立学校职称改革领导小组和教师职务初级评审组，领导小组由5人组成，周广林同志任组长，刘明生同志任副组长；评审组由7人组成，刘明生同志任组长，熊顺保同志任副组长。

1988年

4月至7月，学校举办首届职工培训班，天水班47人，甘南班47人，共94人。

10月20日，学校首届团代会、学代会在学校教学楼5楼东大教室召开，出席团代会代表73人，学代会代表86人。省税务局局长申健山，宣教处处长王生杰，共青团天水市委书记王万忠，市委宣传部部长王德全和校领导周广林、刘明生到会祝贺。大会通过了吕志友同志做的团委筹备工作报告，任文昭同学做的学生会工作报告。大会采用无记名投票、差额选举的办法，选举产生了第一届校团委和学生会。吕志友任团委书记，安丽坤、李双玉任副书记。任文昭任学生会主席。

10月27日，经共青团天水市委员会同意成立共青团甘肃省税务学校委员会，委员会由吕志友等11名同志组成。

12月26日，经省局同意吕志友同志担任校团委书记。

1989年

1月18日，中共天水市委批准成立中共甘肃省税务学校委员会，委员会由王德全、周广林、刘明生、张聪贤、康永堂5位同志组成，王德全同志任党委书记。

7月31日，经天水市土地管理局批复，征用吕二乡东团庄菜地17.19亩为扩大学校建设用地，其中1.67亩为代征城市道路用地，15.52亩作为学校学生活动场所用地。

1989年秋，学校制定了《关于加强思想政治工作的意见》《甘肃省税务学校学生日常行为规范》《甘肃省税务学校学生违纪处理意见》《关于教学工作的意见》《关于学生成绩考核、学籍管理的办法》。提出了"团结、勤奋、求实、创新"八字校训；校风要求是"五严"，即从严治教、严格管理、严格要求、严格组织纪律、严格规章制度。

9月，学校教师张永明被授予省级"园丁奖"。

9月1日，市委、市政府授予张聪贤、袁惠芳1988—1989年度天水市级"园丁奖"。

11月1日，经省局同意，学校内部机构增设干部培训科，所需人员在学校编制内调剂解决。朱英隽同志任科长。

12月2日，省财政厅常务会研究决定：王德全同志任甘肃省税务学校校长，免去周广林同志的甘肃省税务学校校长职务。19日，天水市直机关工委同意周广林同志任甘肃省税务学校党委书记，免去王德全同志党委书记职务。

1990年

1990年春季学期，学校开始试行《甘肃省税务学校教师规范》《班主任工作考核办法》《班级管理考核评估办法》。

3月25日，天水市委、市政府召开全市扶贫工作大会，学校被市委、市政府评为1989年扶贫先进单位。

3月29日，秦城区石马坪办事处召开"1989年精神文明建设总结表彰大会"，授予学校办事处级文明单位，颁发"文明单位"奖牌一块。

4月4日，省税务局局长宋冠军，副局长王乐明、刘思义来学校检查指导工作，听取学校的工作汇报。宋冠军先后在教职工、毕业班和干训班同学大会上讲话。

6月上旬，学校男子篮球队参加天水市中专中技篮球比赛，四战四捷，获男子组第一名。

6月20日，学校广大师生积极响应"我为亚运作贡献"号召，共计为亚运会捐款795元，购买亚运会基金奖券900元，同时为全市教育事业集资1845元。

10月21日，学校保密工作领导小组成立，领导小组由5人组成，王德全任组长。

10月22日至23日，学校举行首届田径运动会，共设置23个项目，有331名运动员参加了比赛。

10月22日，谢极金同志当选为甘肃省中专语文教学研究会第二届理事。

10月25日，当代活雷锋"全国十大杰出青年"部队军械修理所所长李某，应邀来学校向550名师生和市电大、市卫校220名师生做英雄事迹报告，反响强烈，李某同志与部分师生亲切交谈并签字留念。

11月下旬，省税务局宣教处王生杰处长一行，对学校干部培训工作检查评估，评估总分为

82.1分，属良好水平。

1991年

4月20日，天水市秦城区召开1990年精神文明建设总结表彰大会，授予学校区级文明单位，颁发"文明单位"奖牌一块。

4月28日至29日，学校第一届春季田径运动会在校田径场举行。有198名学生运动员和26名老中青教师参加了比赛，本次运动会共设15个正式比赛项目。

6月20日，由校团委牵头承办的全市中专学校《党在我心中》配乐诗朗诵在学校举行，来自全市10所中专学校的24名选手参加了比赛。同日，学校邀请全省税务系统查账能手窦宝琴同志向天水、陇南培训班150名学员作怎样查账的报告。

6月，王荣生同志被市直机关工委评选为"天水市直机关工委优秀共产党员"。

7月1日，全国新长征突击手闫智君事迹报告会在学校举行，来自天水市税务局机关，秦城、北道部分税务干部和学校全体师生600多人聆听了报告。

7月22日，学校成立社会治安综合治理领导小组，领导小组由9人组成，王德全同志任组长，张聪贤同志任副组长。领导小组办公室设在总务科。

9月13日至22日，全省税务系统工会主席培训班在学校举行，来自全省各地、州、市税务局的25名工会主席参加了培训。

10月21日，由市精神文明办组织的全市中专、重点中学创建文明宿舍活动检查组一行23人，来学校检查参观指导工作。

12月17日，学校举办优秀毕业生代表报告会。经天水、白银、定西、陇南4个地区税务局推荐，学校邀请5名在工作岗位上勤奋上进、表现突出的毕业生，为广大师生作实践工作报告。他们分别是天水市甘谷县税务局张元明、定西地区定西县税务局李平、白银地区景泰县税务局柏迁雪、会宁县税务局裴晓周和陇南地区徽县税务局赵勇强。

1992年

3月7日，学校召开庆三八妇女节座谈会，校领导代表省局向全省税务系统"三八红旗手"李淑霞同志颁发了荣誉证书和奖品。

4月10日，学校邀请全国税务系统青年标兵郭萍同志向全校500多名师生作先进事迹报告。

4月21日至30日，学校业余党校举办了首届入党积极分子培训班。20名入党积极分子参加了培训。

5月27日，学校成立校双拥工作领导小组，领导小组由5人组成，张聪贤同志任组长。

6月16日，学校召开首届工会会员代表大会，出席大会的代表42人。大会以差额和无记名投票方式，选举产生了第一届工会委员会和工会经费审查委员会。杨继昌当选为工会主席，温一平当选为工会副主席，吕志友同志任经费审查委员会主任。

1992年秋季，学校开始实现学制转换，逐步由招收高中毕业生改为招收初中毕业生，学制由两年过渡为四年，至1994年秋季全部招收初中毕业生，专业设置为税收专业和税收计会统专业。

9月，学校率先在全省税务系统实行全员聘任制，第一轮聘任，有2人被缓聘。与聘任制相配套，改革了学校岗位津贴、奖金发放办法。

9月21日至26日，学校进行了首次全员军训，全校师生450多人参加了军训。

11月10日，全省税务系统人事管理系统微机应用培训班在学校开班，来自全省110名人事干部接受了为期10天的培训。

12月10日，在学校召开甘肃省税务学会成立大会暨第一次税收理论研讨会，同时成立学校税务学会，王德全同志担任会长，周广林同志担任名誉会长；安大定、张聪贤为副会长，张茂吉同志为秘书长，马衍伟同志为副秘书长。

1993年

2月24日，省税务局下达1993年成人高等（中专）学校招生工作计划，长春税务学院税收专业专科函授计划招生50人，学制3年。学校成人中专班计划招收45人，税收专业，学制2年。

4月9日至10日，天水市创建文明宿舍活动经验交流会在学校召开，驻市19所企业技校、职校和18所中专、技校重点中学的负责同志40多人参加了会议。9日，天水市档案工作会议在秦城招待所召开，学校档案室达"机关档案管理省一级"标准，获奖牌一块。

4月中旬，全省税务系统《新会计制度》师资培训班在学校举办，来自全省税务系统50名业务骨干参加了为期10天的培训。从5月份起，天水市财政局先后举办三期《新会计制度》学习班，全市250多名会计人员接受了培训。

4月26日，邀请市第一师范杨森等3位高级讲师来学校传授教学经验。5月下旬到6月初，学校派出部分老师和干部，分赴西安市税务干部学校、西北税校、湖北税校、河南新乡税校、南阳干部学校、开封成人中专进行考察学习。

6月1日至30日，全省税务系统新录用干部培训班在学校举办，100名新录用干部参加了培训。

6月29日，学校被中共天水市委、市政府评为1992年年度天水市级文明单位，颁发了文明单位荣誉证书和奖牌。

8月17日至21日，全国税务中专《统计学原理》教材编审会在学校召开。江苏税校、湖北税校和学校有关同志参加了会议，学校高级讲师袁惠芳同志参加了教材的编写工作。省税务局副局长郭德显、宣教处副处长李润民和天水市、秦城区税务局领导到会祝贺。

1994年

2月16日，根据甘肃省人民政府文件，《甘肃省人民政府关于组建直属税务机构和地方税务局实施意见的通知》，甘肃省税务学校划归甘肃省国家税务局主管，每年的招生计划和毕业生根据国税、地税需求合理分配，同时承担国税、地税系统干部培训任务。

5月3日，省税务系统工会批复，同意康永堂同志任省税校工会委员会委员、工会主席。

6月23日，中国共产党甘肃省税务学校第一届党员大会在学校三楼会议室举行。会议由校党委委员张聪贤主持。全校29名党员（其中预备党员1人）参加了会议。市直机关工委副书记王亚东、机关科室负责人到会指导工作。大会选举王德全、安大定、张聪贤、康永堂、安丽坤同志为新一届校党委委员。

6月24日，校党委召开二届一次会议，选举王德全同志为党委书记，安大定同志为党委副书记。

6月30日，天水市直机关工委召开大会，给学校党委颁发"先进党组织"奖牌。

11月13日，校党委印发《关于改进和加强学校德育工作的意见》，全面加强学校德育建设。

12月21日，学校召开第四次团代会，选举了新一届团委会，安丽坤同志当选为书记，杨宗元、程银同志当选为副书记。

12月，学校教师顾应存考取了注册会计师资格。

1995年

2月，省局表彰新税制业务竞赛先进单位和个人，蒲峰同志以108.5分的成绩荣获二等奖。

6月5日，甘肃省教育委员会下达学校1995年市场调节招生计划40人。

6月22日，安大定同志被市直机关工委、市直企业工委表彰为"优秀党务工作者"，吕志友同志被表彰为"优秀共产党员"。

7月5日，学校召开第二次工会代表大会，选举了新一届工会委员会，新一届工会委员会由7人组成，经费审查委员会由3人组成。康永堂同志被选举为工会主席，温一平、赵振兴同志当选为副主席，吕永合同志当选为工会经费审查委员会主任。

7月20日，长春税务学院在甘肃省天水市建立税务函授站，函授站建立在省税校。

8月17日，总局下发《国家税务总局关于普通中等税务学校税收专业教学计划的暂行意见》，规范了专业课程设置，学校随即执行。

10月21日，国家税务总局教育中心郜更顺同志在省局郭德显副局长、纪检组组长王生杰同志的陪同下来学校视察工作。

1996年

4月30日，学校被市委、市政府表彰为"帮扶工作先进集体"。

5月，副校长安大定同志主持学校全面工作。

7月1日，学校党委被中共天水市委表彰为"先进基层党组织"，贾小莹同志被表彰为"优秀共产党员"。

8月23日，聘请安大定为兰州商学院天水函授站站长。

9月5日，在学校设立的兰州商学院天水函授站通过省教委成教办备案。

12月，学校教师张永忠考取了注册会计师资格。

1997年

1月13日，总局印发《关于深化税务院校改革的若干意见》，要求税务院校调整办学方向，提高教育质量和办学效益，学校当即执行。

2月24日，省国税局党组任命贾曼莹同志为甘肃省税务学校党委委员、党委书记、校长；任命吕永合同志为甘肃省税务学校党委委员、副校长；任命安丽坤同志为甘肃省税务学校副校长。

6月14日，国家税务总局教育中心院校处副处长赵保存同志一行，在省国税局宣教处张国斌处长的陪同下来我校检查指导工作。

9月26日至27日，学校举行了10年校庆活动，制作了《兴教育才写春秋》专题片，有关领导和嘉宾100余人参加了校庆活动。

11月13日，中共天水市直属机关工委批复，同意学校党员大会选举结果，新一届党委由5名同志组成，贾曼莹同志任党委书记，安大定同志任副书记。

12月31日，丁宗萍同志获得甘肃省教育委员会评定的"图书资料专业人员馆员"任职资格。

12月，学校教师陈斌才考取了注册会计师资格。

1998年

3月12日，学校制发《甘肃省税务学校珠算定级考试规定》，为提高学生珠算操作技能提供制度保证。

4月6日，经国家教育委员会考试中心评估，学校被认定为全国计算机技术考试证书（NIT）培训基地。

4月，学校成立文体工作委员会，委员会由9人组成，下设文艺部和体育部两个工作机构，由康永堂任主任委员，贾小莹、温一平任副主任委员。

4月20日，学校成立职工聘任（用）工作领导小组，领导小组由11人组成。贾曼莹同志任组长，安大定、吕永合任副组长。

6月29日，魏荣同志被市委表彰为"优秀共产党员"。

11月2日，学校召开第三次工会代表大会，选举了新一届工会委员会，新一届工会委员会由7人组成，经费审查委员会由3人组成。康永堂同志当选为工会主席，赵振兴同志当选为副主席，赵经斌同志当选为工会经费审查委员会主任。

10月28日，经甘肃省注册税务师管理中心考评，李培芝、张永忠、顾应存、陈斌才4位同志获注册税务师任职资格。

11月25日，学校印发《甘肃省税务学校班主任工作制度》，规范班主任工作。

12月，学校教师陈科军考取了注册会计师资格。

1999年

2月2日，经甘肃省编制委员会同意，学校编制增加17名，总编制达到97名。

4月24日，学校召开女职工大会，选举李淑霞、刘健萍、李红琰同志为女工委员会委员，李淑霞同志为女职工委员会主任。

6月17日，经省局党组同意，成立甘肃省税务培训中心，与甘肃省税务学校一套人马，两块牌子，按照"巩固、转向、提高、转型"的要求开展工作。

2000年

1月13日，根据国家税务总局批复，甘肃省税务学校增挂"甘肃省国家税务局税务培训中心"牌子。与甘肃省税务学校合署办公。同年4月停止招收中专学生，全面转向干部培训。

3月27日，学校成立心理健康教育中心。

2001年

1月19日，校团委被团市委表彰为"2000年度先进团组织"。

6月21日，校党委被天水市委表彰为"全市先进党组织"。

8月20日，省国税局任命刘虎同志为中共甘肃省税务学校党委书记；同日，任命为甘肃省税务学校校长（试用期一年）。

12月3日，学校成立机构改革工作领导小组，领导小组有5人组成，刘虎任组长，吕永合任副组长；领导小组下设办公室，办公室成员7人，吕永合同志任办公室主任。

2002年

1月24日，省国税局、省妇联表彰安丽坤同志为"全省国税系统十大杰出女税务工作者"。

2月1日，校团委被团市委表彰为"2001年度先进团组织"。

4月3日，学校被市保密委员会表彰为"全市保密协作先进组长单位"。

5月，举行全国税务系统培训实施机构教职工乒乓球比赛，学校代表队获团体第八名，王小军同志获个人第七名。

10月16日，学校隆重举行甘肃省税务培训中心挂牌仪式，省国税局党组书记、局长杨继元，天水市委副书记、市长赵春为甘肃税务培训中心揭牌，省市领导及相关部门负责人，全校师生200多人参加仪式。标志着普通中专教育即将结束，税务干部培训进入了一个新阶段。

12月8日，学校中心局域网搭建完成并正常运行，同时培训中心中国税收征管信息系统（简称CTAIS）软件培训工作正式开展，至2003年1月5日，为兰州市国税局成功举办四期CTAIS软件培训班，参训人数达380人次。

2003年

1月14日，省委表彰第六批精神文明建设先进单位和先进工作者，学校被命名为"省级文明单位"。

2月18日至28日，全国税务系统稽查案件管理信息系统软件两期培训班在培训中心举行，来自北京、河北、四川、重庆、湖北、河南、江苏、陕西、山西、内蒙古、宁夏、新疆、青海等省区国税系统和北京地税局及我省14个市州的153名税务稽查干部分两期参加了培训。

2月26日，学校被天水市精神文明建设委员会确定为"全市道德教育实践活动示范点"。

3月5日，学校被天水市政府表彰为"2002年城市庭院绿化工程先进单位"。

4月15日，全省国税系统税收会统报表管理TRS软件培训班在培训中心举办，来自全省各市州和省局计财处的64名专业管理人员参加了为期4天的培训。

4月20日，学校成立预防非典型性肺炎工作领导小组，由党委书记、校长刘虎同志任组长，副校长吕永合、安丽坤，工会主席康永堂任副组长，领导小组下设办公室，吕志友同志任办公室主任。

7月15日，全省国税系统司机考录东片考区考试在学校举行。来自天水、庆阳、陇南等市州国税局的50名应聘人员参加了考试。

9月23日，由省象棋协会和省职工体协主办的全省"国税杯"象棋大赛在甘肃省税务培训中心圆满结束，来自全省各行业14支代表队62名运动员参加了比赛，省移动公司代表队获得团体冠军，个人冠军为省移动公司代表队的梁军。

2004年

3月1日，市直机关工委通报2003年机关、事业单位党建工作目标管理责任制考核结果，学校党委获"优秀"等次。

4月30日，省国税局党组任命安丽坤为培训中心党委书记、培训中心主任。同日，免去刘虎同志原甘肃省税务学校党委书记职务，原甘肃省税务学校校长职务。任命吕志友、孙报荣为甘肃省税务培训中心副主任。

5月31日，长春税务学院表彰成人教育先进函授站、先进函授站工作者和先进教师。甘肃函授站获得"先进函授站"荣誉称号，任志民为"先进函授站工作者"，李欣为"先进教师"。

6月16日，市直机关工委批复，"中共甘肃省税务学校委员会"更名为"中共甘肃省税务培训中心委员会"，安丽坤任培训中心党委书记，免去刘虎同志省税务学校党委书记职务。

6月29日，中共天水市委组织部、市直机关工委、市直企业工委表彰先进基层党组织、优秀共产党员、优秀党务工作者，表彰郭立新同志为"优秀共产党员"。

10月10日，培训中心成立信访督查工作领导小组，成员由3人组成，康永堂为组长，郭立新为具体责任人。

12月8日，全省国税系统"共铸诚信"演讲大赛落下帷幕，陈科军同志获优秀奖。

2005年

1月10日，省国税局表彰推广应用"中国税收征管信息系统"先进个人。陈科军、李丽珍获得表彰。

1月20日，培训中心成立保持共产党员先进性教育活动领导小组及办公室，领导小组组长安丽坤，副组长吕永合、吕志友、康永堂、孙报荣，成员由郭立新等5位同志组成。办公室主任康永堂，副主任郭立新、陈科军、王国杰。

3月7日，省国税局表彰全省国税系统纪检监察工作先进集体和先进个人，吕志友同志获得表彰。

3月28日，市直机关工委通报2004年机关、事业单位党建工作目标管理责任制考核结果，培训中心党委获"优秀"等次。

5月16日，省国税局表彰全省国税系统计算机信息管理先进集体和先进个人，徐晓亭为"先进个人"。

6月26日，在北京召开的全国精神文明建设工作表彰大会上，培训中心被评为"全国精神文明建设先进单位"。

6月27日，市委组织部、市直机关工委、市直企业工委、天水市委保持共产党员先进性教育活动领导小组办公室表彰先进基层党组织、优秀共产党员、优秀党务工作者。培训中心党委表彰为"先进基层党组织"。

8月19日，省国税局表彰全省国税系统先进集体和先进工作者，培训中心获"先进集体"称号，王天宝获"先进工作者"称号。

11月11日，省国税局通知甘肃省税务学校更名为"甘肃省税务培训中心"，加挂"甘肃省税务学校"牌子。

11月28日，甘肃省"五好文明家庭"创建活动小组表彰第五届全省五好文明家庭，刘健萍家庭获得表彰。

2006年

2月16日，甘肃经济日报社表彰先进通联工作者优秀通讯员，王国杰同志被表彰为"优秀通讯员"。

2月27日，省国税局表彰参加国家税务总局纪检组廉政歌曲创作评选活动有关单位和歌曲作者，培训中心选送的《八个坚持、八个反对》（马占宏作曲）获得奖励。

5月29日，刘健萍家庭被中共天水市委授予"五好文明家庭"荣誉称号。

5月，王天宝、王永胜分别被省国税局任命为培训中心党委委员，培训中心副主任。

6月5日，长春税务学院表彰函授教育先进函授站、先进函授站工作者和先进教师。甘肃省国税局培训中心获得"先进函授站"荣誉称号，冯晓宇获得"先进函授站工作者"称号。

6月23日，市直机关工委、市直企业工委表彰先进基层党组织、优秀共产党员、优秀党务工作者。培训中心党委为"先进基层党组织"。

9月5日，培训中心成立宣传工作领导小组，吕志友同志任组长，王国杰任副组长，成员由王军等5人组成。

10月17日，培训中心成立政府采购工作领导小组，吕志友同志任组长，成员由王天宝等5人

组成，办公室设在总务科。

11月22日，省国税局表彰2005年至2006年全省国税系统优秀税收科研成果，安丽坤同志的《促进教育培训工作向科学化精细化迈进》一文获得二等奖。

12月12日，培训中心成立"五五"普法教育工作领导小组，安丽坤任组长、吕志友任副组长，成员由吕永合等8人组成。

2007年

1月12日，经国家税务总局批复，同意对学校教学楼、宿舍楼进行改造，新增面积为8105平方米。包括多媒体教室、计算机教室、报告厅、模拟训练室、图书阅览室、学员宿舍、教职工及民族餐厅等。

2月28日，省国税局表彰全省国税系统廉政文化书法摄影展获奖作品，安丽坤同志作品《身正不怕影子斜》获二等奖。

3月27日，培训中心召开创建全国文明单位动员大会，市委常委、宣传部部长孙周泰应邀出席大会并讲话。

4月3日，培训中心被市委、市政府表彰为"社会帮扶工作先进单位"。

3月7日至9日，培训中心开发的纳税评估项目参加在浙江税务培训中心举行的全国税务系统特色项目评审会，由王永胜、陈科军同志向大会做了展示。

4月9日，在天水市社会帮扶暨扶贫开发工作会议上，培训中心被市委、市政府授予2004年至2006年年度"社会帮扶工作先进单位"光荣称号。

5月9日，全省国税系统法规培训班在培训中心开班，参训人员80人。

5月21日，全省国税系统增值税、消费税纳税评估培训班在培训中心开班，来自全省106名业务骨干参加培训。

6月2日，全省国税系统资产管理与节能培训班在培训中心开班，全省41名后勤管理人员参加培训。

6月3日，全省国税系统oracle高级培训班开班，30名计算机管理人员参加了为期25天的培训。

6月7日，国家税务总局服务中心节能专家张捷岩来培训中心调研，并给全省国税系统资产管理培训班作了专题讲座。

6月24日至7月4日，培训中心组织教职工分两批去革命圣地延安等地参观学习，在中共七大会址表彰2007年度优秀共产党员。

6月29日，市委组织部、市直机关工委、市直企业工委表彰先进基层党组织、优秀共产党员、优秀党务工作者。安丽坤同志被表彰为"优秀党务工作者"。

6月30日至7月5日,甘肃、青海两省注册税务师后续教育培训班在培训中心举办,两省101名注册税务师参加了为期6天的培训。这是甘、青两省税务系统第一次在培训中心联合办班。

7月25日,培训中心召开培训中心改扩建工程设计招标会议,来自全国三家公司投标竞争,上海华盖建筑设计有限公司中标。

8月3日,培训中心被省国税局表彰为全省国税系统"全员大学习、岗位大练兵、业务大比武、能力大提高"活动先进单位。李培芝同志被表彰为"先进工作者"。

11月19日,省国税局表彰2006年至2007年全省国税系统优秀税收科研成果,王金田的《跨区域税收转移的成因及对区域宏观税负的影响》获得一等奖;安丽坤同志的《落实干部培训条例,做好干部教育培训》获得二等奖;陈科军的《审计式税务稽查可行性研究》、王永胜的《非正常纳税户现象的危害及治理措施》、王军的《构建快乐培训新模式:税务培训中心培训模式改革思考》、马安太的《推进依法治税构建和谐社会》获三等奖。

11月27日,二十周年校庆在培训中心隆重举行,国家税务总局教育中心副主任魏仲瑜,天水市委副书记、市长张广智,省国税局局长杨继元,副局长贾曼莹到会祝贺并做重要讲话。

2008年

1月24日,根据国家税务总局批复,"甘肃省国家税务局培训中心"更名为"甘肃省税务干部学校",机构级别保持不变。

2月20日,市委、市政府表彰2007年度精神文明建设先进区县暨先进集体、先进个人,安丽坤同志为"精神文明建设先进工作者"。

4月28日,省国税局任命安丽坤同志为中共甘肃省税务干部学校党委书记,同日任命其为学校校长。

5月6日,天水市总工会批复学校工会选举结果,新一届工会委员会由5人组成,温一平同志任工会主席,刘健萍同志任工会经费审查委员会主任。

5月12日,四川汶川发生大地震,学校受到波及。12月22日,学校成立"5·12"地震"灾后重建工作领导小组",领导小组由5人组成,吕志友同志任组长。

8月20日,学校举行培训综合楼及报告厅奠基仪式。省局党组书记局长杨继元、副局长贾曼莹,天水市委副书记市长李文卿、宣传部部长孙周秦出席奠基仪式。

10月27日,省国税局表彰2007年至2008年全省国税系统优秀税收科研成果,安丽坤、陈科军的《税务队伍知识结构和知识层次的合理性研究》获得一等奖;李培芝的《新形势下税收执法与纳税服务的关系》获得二等奖;马安太的《坚持以人为本构建和谐的税收征纳关系》、吕顺琴的

《发挥税收职能作用，积极为新农村建设作贡献》获得三等奖。

2009 年

1 月，学校被中央精神文明建设指导委员会命名为"全国文明单位"。

2 月 26 日，学校成立电子化教材编审领导小组，由安丽坤任组长，吕永合、王永胜任副组长，统筹开展学校承担的《增值税实务》《税收统计》和《税收票证》三门电子教材的开发工作。

3 月 9 日，国家税务总局关于印发甘肃省国家税务局主要职责机构设置和人员编制规定，甘肃省税务干部学校事业编制为 60 名，处级领导职数 4 名（其中正处级领导职数 1 名，副处级领导职数 3 名）。

6 月 2 日，学校成立"小金库"专项治理工作领导小组，由安丽坤任组长，吕永合、王天宝任副组长，领导小组下设办公室，郭立新任办公室主任。

2010 年

2 月 21 日，省局决定免去安丽坤同志甘肃省税务干部学校校长职务（另有任用），同时免去其校党委书记职务。3 月起由副校长吕永合主持学校全面工作。

3 月 4 日，市直机关工委通报 2009 年机关、事业单位党建工作目标管理责任制考核结果，学校党委被考核为"优秀"等次。

7 月 12 日，学校举行培训综合楼及报告厅落成启动仪式，总局教育中心主任牟信勇，省国税局副局长刘金良、教育处长李维权，省地方税务局教育处长李菁峰到会祝贺并剪彩。

8 月 16 日，校党委印发《关于推进学习型党组织建设的实施意见》，全面加强学习型党组织建设。

9 月 9 日，学校成立深入开展创先争优活动领导小组，负责学校创先争优工作的组织领导，领导小组组长由吕永合担任，领导小组办公室主任由王永胜担任。

9 月 13 日，总局建设领域突出问题检查组来学校检查指导工作，总局监察局桑珉局长带队一行 4 人，省国税局纪检组组长李华平陪同。

2011 年

3 月 25 日，学校党委印发《关于在创先争优活动中开展"一诺三评三公开"的实施方案》，推动创先争优工作。

4 月 17 日，省国税局任命张继华同志为甘肃省税务干部学校校长（试用期一年），同时任命其为校党委委员、党委副书记职务。

7月14日，市委组织部、市直机关工委、市文化文物出版局表彰庆祝建党90周年书画展获奖单位和个人，学校被授予优秀组织奖，朱英隽获个人奖。

7月29日，学校成立廉政教育培训讲义（教材）编写组，王永胜任组长，魏荣任副组长，成员由冯晓宇等9位同志组成，负责廉政讲义的组织、编写和审定工作。

11月9日，省国税局表彰2010年至2011年全省国税系统优秀税收科研成果，张继华、李培芝同志的《节能减排，税收策略的下一个靶向》获三等奖。

12月14日，学校印发《甘肃省税务干部学校公务卡管理办法》，全面推行公务卡结算制度。

2012年

2月29日，学校党委被市直机关工委表彰为"2011年落实党建工作目标管理责任制先进单位"。

3月，学校自2011年5月开始建设的廉政教育基地完成。基地总体布局为1个开放式大厅和6个展室、1个资料室、1个办公室，面积约400平方米。6个展室分别为"廉洁从政篇""反腐历程篇""艰苦创业篇""人生警示篇""预防犯罪篇"和"学习实践篇"6个篇章。

4月17日，甘肃省税务干部学校、天水市国税局、天水市地税局联合印发《甘肃省税务干部学校、天水市国家税务局、天水市地方税务局局校共建实施方案》，为实现资源共享、相互帮扶、协同创新、共同发展提供了制度保证。

4月29日，学校印发《临时工管理办法》，为规范临时工管理提供了制度支持。

5月4日，学校被天水市爱国卫生运动委员会命名为"卫生先进单位"。

5月，学校被天水市委职务犯罪预防工作领导小组命名为"廉政教育基地"。

6月26日，学校成立实施推进"实现三个提升，建设三个基地"工作领导小组，张继华同志任组长，王天宝同志任副组长，领导小组成员由吕永合等12名同志组成，领导小组办公室主任由王天宝同志担任。12月11日印发《抓住机遇以"实现三个提升、建设三个基地"为目标全力推进干部教育跨越式发展的实施意见》。

6月27日，学校党委被天水市委表彰为"全市先进基层党组织"。

6月29日，市直机关工委表彰先进基层党组织、优秀共产党员、优秀党务工作者和命名共产党员先锋岗，白小田同志被表彰为"优秀共产党员"，学校教学科被命名为"共产党员先锋岗"。

7月9日，学校成立预算审核小组，吕志友任组长，成员由温一平等7人组成，其职责是做好学校预算的编制和审核工作，监督预算执行情况。

10月24日，学校被国家税务总局命名为"全国税务系统廉政教育基地"。

12月27日，学校成立教科研学术委员会（兼项目审查委员会），王天宝任主任、王永胜任副主任，成员由白小田等9人组成。领导小组下设办公室，办公室主任白小田，副主任王军。

2013年

1月15日，杨明、张海燕被省国税局表彰为全省国税系统"读书之星"。同日，学校教学科被省国税局表彰为全省国税系统先进集体。

3月20日，学校党委被市直机关工委表彰为"2012年度党建工作目标管理责任制考核先进党组织"，获得奖金2000元。

3月21日，学校党委印发《贯彻落实中央加强作风建设八项规定的实施意见》，大力推进学校作风建设。

5月15日，学校印发《甘肃省税务干部学校2013年效能风暴行动实施方案》。

5月16日，学校印发《甘肃省税务干部学校开展"强素质、转作风、提效能、树形象"活动实施方案》。

6月7日，学校印发《甘肃省税务干部学校开展创建学习型科室和学习型个人活动实施方案》。

6月8日，市直机关工委下发《关于撤销省税务干部学校党委的通知》，撤销中共甘肃省税务干部学校党委，其党员组织关系转入省国税局机关党委。

6月27日，市直机关工委表彰"甘肃银行杯"我眼中的"双联"工作摄影展获奖作者，王小军同志的《村校党员一家亲》获奖。

6月28日，省国税局下发《关于调整甘肃省税务干部学校党组织管理的通知》，将中共甘肃省税务干部学校委员会调整为中共甘肃省税务干部学校总支部委员会，隶属中共甘肃省国家税务局机关党委管理。

7月，学校被最高人民检察院命名为"全国百家优秀预防职务犯罪警示教育基地"。

7月23日，学校成立甘肃省税务干部学校党的群众路线教育实践活动领导小组及工作机构，全面开展党的群众路线教育实践工作。邢贯中任领导小组组长，张继华、王天宝、王永胜任副组长，成员由各科室主要负责同志组成，办公室主任由温一平同志担任。同时印发《甘肃省税务干部学校党的群众路线教育实践活动实施方案》。同日，省国税局机关党委批复了学校党总支选举结果，总支委员会由5人组成，邢贯中任总支书记，张继华任总支副书记。

11月11日，学校成立甘肃省税务干部学校廉政建设领导小组，张继华任组长，邢贯中任副组长，领导小组成员由王天宝等12人组成。同时明确了领导小组及领导小组办公室职责。

11月18日，学校成立安全及政务管理领导小组，张继华任组长，邢贯中、王天宝、王永胜任副组长,各科室负责人为成员,温一平同志任办公室主任。

12月18日,学校印发《甘肃省税务干部学校领导班子"四风"问题专项整改工作方案》。

2014年

4月4日,学校党总支印发《中共甘肃省税务干部学校党总支中心组学习制度》加强和改进学校党总支中心组的学习。

5月28日,学校印发《甘肃省税务干部学校加强能力建设 作风建设 纪律建设实施意见》全面加强能力、作风、纪律建设。

6月30日,省国税局机关党委表彰学校党总支为"先进党组织"。

12月18日,国家税务总局通报税务系统特色培训项目评审情况,学校项目《反腐倡廉教育培训》榜上有名。同日,总局办公厅通报税务实训平台建设结项情况,学校的《信息化税务稽查实训平台》在列。

2015年

5月8日,学校成立资产清理领导小组,由张继华任组长,邢贯中、王天宝、王永胜任副组长,成员由温一平等9人组成,领导小组下设办公室,由宋梅芳同志任办公室主任。工作人员有白小田等5人,开展对学校的资产清查工作。

5月13日,天水市总工会批复学校工会选举结果,同意任志民任工会主席,马占宏任副主席,刘健萍任工会经费审查委员会主任,吕顺琴为女职工委员会主任。

6月30日,省国税局机关党委表彰先进党组织、优秀共产党员、优秀党务工作者,学校党总支被表彰为"先进党组织";宋梅芳、王涛被表彰为"优秀共产党员";邢贯中被表彰为"优秀党务工作者"。

7月31日,学校成立国有资产管理工作领导小组,王天宝任组长、邢贯中、王永胜任副组长,领导小组成员由王国杰等10人组成。领导小组下设办公室,由宋梅芳任办公室主任,王国杰、白小田任副主任。

8月18日,省国税局机关党委批复学校党总支所属支部选举结果:第一党支部委员会由王国杰、王小军、张海燕3位同志组成,王国杰同志任书记;第二党支部委员会由马安太、宋梅芳、蔡静3位同志组成,马安太同志任书记;第三党支部委员会由魏荣、刘健萍、王涛3位同志组成,魏荣同志任书记;第四党支部委员会由白小田、马占宏、赵胜伟3位同志组成,白小田同志任书记;第五党支部委员会由康永堂、惠培兴、陈小兰3位同志组成,康永堂同志任书记。

9月15日，天水市国税局、甘肃省税务干部学校联合印发《关于开展校企合作加强培训工作的意见》，实现优势资源互补互动，积极探索建立共赢、发展的局校企合作新模式。

11月16日，甘肃省税务学会表彰2013年至2014年全省税务系统税收研究优秀成果，蔡静的文章《会税差异对会计稳健性的影响》获三等奖。

12月9日，学校成立网络安全和信息化领导小组，张继华任组长，邢贯中、王天宝、王永胜任副组长。领导小组办公室王永胜任主任，王国杰、徐晓亭任副主任。

12月16日，学校成立党建工作领导小组，邢贯中任组长，张继华、王天宝、王永胜、白小田任副组长，成员由王国杰等11名同志组成。同日，学校党总支印发《中共甘肃省税务干部学校总支部委员会加强基层党组织建设工作实施方案》。

2016年

4月27日，学校印发《甘肃省税务干部学校推进教职工队伍素质能力提升实施意见》，全力促进教职工队伍素质提升。

5月17日，学校党总支印发《关于在全体党员中开展"学党章党规、学系列讲话、做合格党员"学习教育实施方案》，扎实开展"两学一做"学习教育工作。

5月18日，学校成立青年教师教学突击队，安履承任队长，王涛、王军、周小军任副队长。队员由蔡静等5人组成。突击队分为税收政策实务、税源管理、税收分析、纳税评估、税务稽查及行业风险管理小组，安履承任组长。涉税法律实务及风险管理小组，安履承任组长。涉税舆情防范与应对小组，张海燕任组长。"互联网+"及税务信息化建设小组，刘亚辉任组长。

6月22日，学校印发《甘肃省税务干部学校督办管理办法》。

6月29日，省国税局机关党委表彰先进党组织、优秀共产党员、优秀党务工作者，学校党总支被表彰为"先进党组织"；魏荣、张海燕、蔡静被表彰为"优秀共产党员"；邢贯中被表彰为"优秀党务工作者"。

12月26日，省国税局机关党委批复学校党总支选举结果，邢贯中任总支书记，张继华任总支副书记。

2017年

3月3日，学校成立"甘肃税务网络学院"项目建设领导小组，王永胜任组长，领导小组成员由王永胜等13人组成。领导小组办公室王国杰任主任，马安太、白小田、赵经斌、刘金虎、刘亚辉、安履承任副主任。领导小组下设技术工作小组，刘亚辉任组长；业务需求工作小组，马安太任组长；项目立项审批及资金管理小组，宋梅芳任组长；督查督办小组，任志民任组长。

3月21日，学校成立廉政风险防范控制领导小组，王永胜任组长，成员由王国杰等9人组成。领导小组办公室魏荣任主任，成员由孟媛媛等8人负责日常工作。同日，学校成立党风廉政建设领导小组，张继华任组长、邢贯中任副组长，领导小组成员由王天宝等11人组成。

5月24日，学校成立政务公开领导小组，王永胜任组长、王国杰、张海燕任副组长，成员由任志民等5人组成。领导小组办公室王国杰任主任，刘金虎、朱伟、王涛、刘亚辉、牛尔荣、陈旭任副主任。

6月30日，省国税局机关党委表彰先进党组织、优秀共产党员、优秀党务工作者。学校党总支被表彰为"先进党组织"；张海燕、王军被表彰为"优秀共产党员"；邢贯中被表彰为"优秀党务工作者"。

7月，柬埔寨人民党高级干部考察团和省纪委组织的甘肃东部片区纪委书记一行来学校参观考察。

9月12日，省国税局机关党委批复学校党总支所属支部选举结果，第一党支部委员会由王国杰、张海燕、牛尔荣3位同志组成，王国杰同志担任书记。第二党支部委员会由马安太、王军、于国华3位同志组成，马安太同志任书记。第三党支部委员会由魏荣、孙雪敏、孟媛媛3位同志组成，魏荣同志任书记。第四党支部委员会由白小田、马占宏、赵胜伟3位同志组成，白小田同志任书记。第五党支部委员会由康永堂、惠培兴、陈小兰3位同志组成，康永堂同志任书记。

10月27日，省国税局任命邢贯中为甘肃省税务干部学校校长。

2018年

4月20日，甘肃省税务干部学校印发《甘肃省税务干部学校深入开展"转变作风改善发展环境建设年"活动实施方案》的通知，在全校深入开展"转变作风改善发展环境建设年"活动。

4月26日，学校印发《甘肃省税务干部学校"以老带新、师徒结对"活动实施方案》的通知。推行"以老带新，以师带徒，师徒结对"工作。

6月22日，省国税局机关党委表彰先进党组织、优秀共产党员、优秀党务工作者，学校党总支被表彰为"先进党组织"；牛尔荣、王涛、王永胜、赵胜伟、安大定被表彰为"优秀共产党员"；王国杰被表彰为"优秀党务工作者"。

7月，省以下国税、地税机构合并，学校由合并后的国家税务总局甘肃省税务局管理。

8月20日，省税务局机关党委批复省税务干部学校党总支委员会选举结果，总支委员会由王天宝、王永胜、王国杰、任志民和邢贯中5位同志组成，邢贯中同志任党总支书记。

2019 年

10月12日，学校印发《甘肃省税务干部学校2019年科级干部交流轮岗工作实施方案》的通知，开展科级干部轮岗交流。

10月29日，天水市总工会批复同意学校工会委员会选举结果，工会委员会由王小军等9人组成，赵经斌任工会主席，刘金虎、王小军任工会副主席。宋梅芳任工会经费审查委员会主任，吕顺琴同志任女职工委员会主任。

11月18日，学校调整党建工作领导小组，邢贯中任组长，王天宝、王永胜任副组长，成员由任志民等4人组成。领导小组下设办公室，马安太任办公室主任，宋梅芳任副主任，成员由各支部支委组成。

2020 年

1月16日，学校党总支成立巡察整改工作领导小组，邢贯中任组长，王天宝、王永胜任副组长，成员为党总支纪检委员、群工委员、各党支部书记、各部门负责人。领导小组下设办公室，办公室设在学校党建办，王天宝兼任主任，马安太、宋梅芳任副主任，成员为各党支部组织委员、宣传委员。

2月1日，学校成立关于应对新型冠状病毒感染的肺炎疫情防控工作领导小组及办公室。邢贯中任组长，王天宝、王永胜任副组长。领导小组下设办公室，马安太任主任，白小田、朱伟、王涛任副主任，其他各部门负责人为领导小组成员，统筹指挥疫情防控工作。三年疫情期间，学校从大局出发，先后多次被征用当作医学隔离点、医学观察点，多次作为疫情防控的保障机构，在抗击疫情的战斗中做出了应有的贡献。

2月26日，学校党总支成立甘肃省税务干部学校意识形态工作领导小组及办公室，邢贯中任组长，王天宝、王永胜任副组长，成员为各党支部书记、党建办主任、办公室主任，领导小组下设办公室，负责意识形态的具体工作，完成领导小组交办的各项工作任务。马安太兼任办公室主任，学校党建办牵头负责意识形态工作。领导小组办公室工作人员为各支部支委。

3月30日，省局机关党委批复学校党总支所属支部选举结果：第一党支部委员会由马安太、张海燕、魏荣3位同志组成，马安太同志担任书记。第二党支部委员会由王涛、孙雪敏、孟媛媛3位同志组成，王涛同志任书记。第三党支部委员会由于国华、朱玉霞、赵经斌3位同志组成，赵经斌同志任书记。第四党支部委员会由马占宏、朱伟、赵胜伟3位同志组成，朱伟同志任书记。第五党支部委员会由吕志友、李淑霞、惠培兴3位同志组成，吕志友同志任书记。

4月30日，甘肃省妇女联合会揭晓2020年度甘肃省"最美家庭"，张海燕家庭获此殊荣。

6月，学校党总支被甘肃省税务局党委表彰为"先进党组织"。

12月18日，省局免去邢贯中甘肃省税务干部学校校长职务。

2021年

4月8日，学校党总支印发《甘肃省税务干部学校党史学习教育工作实施意见》，全面开展党史学习教育。

6月18日，学校印发《甘肃省税务干部学校地震应急预案》，指导和规范地震应急处理工作。

2022年

1月7日，根据总局党委办文件精神，批准在甘肃省税务干部学校加挂"中共国家税务总局甘肃省税务局党校"牌子，承担税务系统党员党性教育的具体工作。挂牌仪式在学校举行，省局领导徐善忠作重要讲话。

6月30日，省局机关党委批复学校党总支换届选举结果，同意党总支委员会由马安太、王天宝、王永胜、王涛、邢贯中5位同志组成，邢贯中同志担任党总支书记。

7月22日，省税务局任命史炜任甘肃省税务干部学校校长（试用期一年）。

7月28日，平安天水建设领导小组办公室、天水市人力资源和社会保障局通报表扬2017—2020年度平安天水建设先进单位和个人，邢贯中同志获"先进个人"。

8月4日，省税务局党委任命史炜同志任甘肃省税务局党校副校长，主持日常工作。

8月8日，学校被市委办公室、市政府办公室考评为"2021年度平安天水建设"优秀单位。

11月2日，国家税务总局机关服务中心印发《税务系统节约型机关建成单位名单》，甘肃省税务干部学校获此殊荣。

12月16日，学校被甘肃省爱国卫生运动委员会表彰为"爱国卫生先进单位"。

2023年

1月17日，省税务局机关党委批复，学校党总支届中补选总支委员、书记选举结果。史炜同志任学校总支委员、党总支书记。邢贯中同志不再担任学校总支委员、书记职务。同意朱伟同志任党总支委员，王永胜同志不再担任党总支委员职务。

3月27日，学校举办2021年新录用公务员和2022年新录用事业干部初任培训班，共有148名新录用公务员和41名新录用事业干部参加培训。同日，学校印发《贯彻落实省局"三抓三促"行

动实施方案工作措施》的通知，进一步明确责任推动落实。

5月15日，学校举办两期甘肃省税务系统电子税务局业务和操作培训班，为期5天，第一期5月15日开班，第二期5月22日开班。

5月22日，学校举办全省税务系统2021年7月以来提拔任用的科级领导干部培训，共两期，每期70人，共140人。

6月5日，学校举办全省税务系统巡察干部能力提升培训班，来自全省税务系统巡察干部接受培训。

6月7日，学校举办全省税务系统财务管理业务培训班，来自全省税务系统50名财务负责人、从事财务工作的干部接受培训。

6月27日，省税务局机关党委表彰优秀共产党员、优秀党务工作者和先进基层党组织，王天宝、宋梅芳、王权、朱玉霞、朱伟、吕永合被表彰为"优秀共产党员"，马安太表彰为"优秀党务工作者"。

9月4日，学校举办2023年度新录用公务员初任培训班，培训班分两期进行，第一期324人，时间为9月4至12日；第二期324人，时间为9月18至24日。这是学校最后一次举办此类培训。

9月9日，甘肃省税务局党委书记、局长管振江，党委委员、副局长向宇，党委委员、纪检组组长朱朝勃参加学校庆祝第39个教师节座谈会，与全体教职工齐聚一堂同庆节日。并对学校工作提出三点要求：一是强化担当作为，认真履职尽责；二是坚持统筹兼顾，完成既定任务；三是严明纪律规矩，保持良好精神风貌。

9月15日，学校成立培训疗养机构改革工作领导小组，史炜同志担任组长，王天宝同志担任副组长，各科室为成员单位，领导小组办公室设在财务科。

11月1日，省局党委委员、副局长、全省税务系统培训疗养机构改革工作领导小组组长李兴国，财务管理处处长张学显，人事处副处长刘阳，教育处副处长韩晓金参加学校机构改革动员大会。张学显宣读了《甘肃省税务干部学校机构改革方案》，刘阳介绍了税校人员安置口径，李兴国作了动员讲话。税校机构改革工作正式启动。

11月23日，国家税务总局办公厅印发《关于做好中央和国家机关培训疗养机构第二批机构（第八批次）组织实施工作的通知》明确学校于11月30完成改革任务，予以撤销。

第一编
沿革与发展

第一章　学校创办及发展

1985年3月，针对税务干部队伍素质明显偏低、已不适应市场经济体制改革步伐和时代发展的现状，以及第二步"利改税"工作推进对税收专业人才的需求，甘肃省财政厅、省税务局决定将原天水地区财经职工中专改为甘肃省税务学校，并报经省政府和省教委批准，正式成立甘肃省税务学校，由省税务局和天水地区行政公署共同领导，以省税务局为主，学制为两年，主要招收应届高中毕业生。甘肃省第一所培养税收专门人才的中等专业学校自此诞生。1985年9月，省财政厅党组任命周广林同志为筹建处主任，负责学校筹建工作。

甘肃省税务学校校门原景

1990年，省税务局工会主席马洪生（右二）和
干部刘建中（右三）来学校检查工作

1986年2月，学校开始征地筹建。筹建工作得到了国家税务总局、省财政厅、省税务局和地方党政部门领导的关怀和支持。国家税务总局人教处处长史文胜，省财政厅厅长王国祥，副厅长崔振华，省税务局局长申健山，副局长宋冠军、王乐明、吴丁甲，天水市委书记薛映承，市长许明昌多次来学校检查指导基建工作。历时一年零两个月，一所占地面积近50亩、建筑面积达2.5万平方米的校园初具规模，具备了招生条件。

1987年9月，学校开始招生，首届招收税收专业两年制中专班学生100人。至此，翻开了陇原大地税务干部知识结构改善新的一页。1987年9月至1999年9月，共招收普通中专生13届共计2283人，培养了一大批专业人才，为甘肃税务系统注入了新鲜血液，有力地改善了干部队伍知识结构，推动了税务工作。

建校以来，学校认真贯彻落实党的教育方针，遵循为税务系统培养合格人才的办学宗旨，秉持"团结、勤奋、求实、创新"的校训，加强教学基础设施建设和教材建设，加强教师队伍建设，促进理论研究和教学实践的相互结合。重视教师思想政治工作和学生品德教育，严格学风考纪，促进人的全面发展。学校健全完善各项管理制度，建立了教学管理、学生管理、学籍管理、升留级制度、行政后勤等一系列制度办法。教学质量和管理水平不断提升，培养了注册会计师4人、注册税务师5人、律师2人。随着教师队伍素质的整体提高，教学质量和师资队伍建设均走在全国税务中等专业学校前列，成为省内具有一定规模、设施比较完善、教学质量好的财税中专学校。1999年，通过专家组评估，学校被省教委命名为"省部级重点中专"。

1995年，根据全国教育管理体制改革的需求，按照省国税局提出的全面提高全省税务干部素质和学历水平的要求，学校确定了"立足普教，面向成教；立足税务，面向社会"的办学方向，深化教育改革，拓宽办学渠道。开始探索与大专院校联合办学，长春税院、兰州商学院等大专院校相继在学校设立了函授站。1997年，在抓好干部培训的同时，校党委制定了"两条腿走路"的工作方针，开办了成人学历教育，先后与兰州商学院、长春税务学院、兰州大学、湖南大学等高等院校联合开办财政、税收专业成人学历教育大专、本科班和网络大学本科班。严格落实各联办院校的培养目标及教育教学方案，使近2000名在职税务干部拿到了本科、专科文凭。学校与中国人民大学、长春税务学院联合举办研究生班，培养在职研究生236人，为全省经济建设和税收事业

2005年，学校举办开展政治理论学习专题讲座

发展培育了优秀专业人才。

随着普通中专教育、成人学历教育和干部培训三管齐下的办学机制不断走向成熟，学校逐步从制度上、管理上向干部培训倾斜，为普通中专教育向干部培训过渡奠定了基础。2000年1月，根据税收工作形势变化和国家税务总局要求，税务学校停止普通中专招生，成立甘肃省税务培训中心，由学历教育向干部培训转型。2008年1月，经国家税务总局批准，学校更名为"甘肃省税务干部学校"。

面对干部培训新形势、新任务，学校围绕税收工作中心，服务税务工作大局，把握税务干部成长规律，注重教学理念创新，以争创"一流师资、一流项目、一流质量、一流水平、一流环境"，打造"培训中心、考试中心、科研中心"为目标，坚持"创新项目、注重实训、面向基层、增强实效"的培训理念，从机制创新着眼，从制度创新着手，整合资源，加强管理，教学科研指向能力建设，管理服务迈向科学化、精细化。先后开发实施了一批精品项目和特色课程，为干部培训注入不竭动力。其中："营改增初级人员培训""税务稽查业务青年骨干培训"获评全国税务系统精品项目；1名教师被评为全国税务系统五星级税务师；"新录用公务员初任培训项目""学习贯彻十九届四中全会精神专题培训项目"成果显著；《深化税务征管体制改革》《减税降费政策解读》《税务干部廉政警示教育》和《新时代党的政治建设必须常抓不懈》等20多门特色课程在各级各类培训班上进行讲授。加强培训教材建设，编写公务员初任培训教材近55万字，稽查业务青年骨干培训教材近32万字。推进试题库建设，自主研发题库组卷系统和在线考试系统，实现培训科目试题和知识点的信息化管理。加强科研成果运用，把科研成果转化为教学资源。各项举措为税务干部素质教育奠定了坚实的理论基础。

1994年9月，校长王德全（左二）和省国税局宣教处处长王生杰（居中）及相关人员同长春税务学院考察组一行合影

学校充分发挥全省税务系统干部教育培训主渠道作用，承担了全省税务系统党的理论培训、党性教育、专业化能力培训、知识更新培训、全省税务系统领导干部培训、专业人才培训、初任培训、任职培训、专门业务培训等各类各层次的培训任务。2000年至今，累计举办各级各类培训班1094期，培训干部81858人次，为税务干部队伍素质提高和全省税收事业发展做出了重要贡献。据统计，在全省税务系统，历届税校毕业生现任职处级干部的有21人，有158人为县（区）局领导班子成员，105人担任分局局长，80%以上的毕业生成为全省

1998年，参训学员操场军训场景

税务战线上的骨干力量，还有很多毕业生在社会的不同领域也卓有建树，成为国家经济建设的有生力量。

2022年1月，学校加挂"中共国家税务总局甘肃省税务局党校"牌子，标志着甘肃省税务系统干部教育培训事业承担起了新使命、迎来了新发展、开启了新篇章。学校充分发挥甘肃省税务局党校"阵地"和"熔炉"的重要作用，深入贯彻习近平新时代中国特色社会主义思想，贯彻《中国共产党党校（行政学院）工作条例》，坚持"党校姓党"的根本原则和"税校为税"办学方针，深化干部教育培训改革，走"特色立校、质量兴校、改革强校"的发展道路，坚持政治统领、服务大局，以德为先、注重能力，从严管理、提升质效，统筹抓好党的理论教育、党性教育和专业化能力培训，拓展教学布局，创新教学方法，用党的创新理论统一思想、凝聚力量、铸魂育人，大力培养高素质专业化税务干部队伍，为推进甘肃省税收现代化建设提供了坚实的政治保证、人才保障和智力支持。随着全国事业单位改革的深入推进，按照党中央、国务院关于党政机关培训疗养机构改革决策部署，学校作为国家税务总局甘肃省税务局直属事业单位，2023年11月23日，国家税务总局办公厅印发的《关于做好中央和国家机关培训疗养机构第二批机构（第八批次）组织实施工作的通知》明确，学校于2023年11月30日完成改革任务予以撤销，学校走完了38年的光辉历程，精彩谢幕。

甘肃省税务干部学校，在经历了38年的风雨历程后，于2023年顺利完成了普通中专教育、干部教育培训的各项工作使命。38年来，学校始终坚持贯彻党和国家的教育方针，坚持教书育人、管理育人、服务育人的宗旨，坚持正确的办学方向，与时俱进，改革创新，不断适应税收工作形

势的发展，积极落实不同时期税务教育培训工作的要求，走过了建设、发展、改革、创新的不平凡历程，描绘了一幅栉风沐雨、励精图治、敬业奉献、躬耕不辍的动人画卷，为甘肃税收事业的发展写下了浓墨重彩的一笔。

2005年，校长安丽坤为全体职工开展党员先进性教育辅导讲座

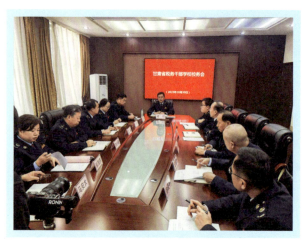

2023年，校长史炜（中）主持召开校务会议

2018年，省局教育处处长安梅菊来学校参加2018年度新录用干部宪法宣誓暨入职仪式并领誓

第二章　校园建设

一、基础设施建设

为适应新时期干部教育培训工作的需要，学校加大教学基础设施建设力度，实施培训综合楼维修改造工程，更新维护教学设施，维修操场，铺设塑胶跑道，改建多媒体教室，建设生态校园，为教职工和学员创造了幽雅舒适的工作、学习和生活环境。

甘肃省税务干部学校地处天水市秦州区东南方位，坐落于南山脚下，耤水之滨，占地面积47亩（31371平方米）。经过三十多年的兴建、扩建、改建，学校规模有了较大的发展，教学设施逐步完善。学校建设过程大体分为三个阶段。

学校正门花坛原景

（一）基础建设时期（1985—1996年）

1985年，为顺应经济体制改革的步伐和时代的发展对税收专业人才的需求，甘肃省财政厅、省税务局决定将原天水地区财经职工中专改为甘肃省税务学校，并报经省政府和省教委批准，正式成立甘肃省税务学校。同年9月，省财政厅党组会议决定任命周广林同志为甘肃省税务学校筹建处主任，后经甘肃省编制委员会同意，税校暂定事业编制10人，先行筹建。

当年，筹建项目总投资300万元，建筑面积13000平方米。1985年5月31日，筹建工作正式开始。1986年2月26日，天水市城乡建设环境保护局批复，征用吕二乡东团庄土地14.18亩，作为省税务学校新建校址用地。1987年9月30日，再征地16亩。1989年7月31日，第三次征地17.19亩，其中1.67亩为代征城市道路用地，15.52亩作为学校拓展学生活动场所和扩大学校建设用地。

在此期间，筹建工作得到国家税务总局、省财政厅、省税务局、天水市领导的关心和支持。国家税务总局人教处处长史文胜，省财政厅厅长王国祥，副厅长崔振华，省税务局局长申健山，副局长宋冠军、王乐明、吴丁甲，天水市委书记薛映承，市长许明昌等领导多次来学校检查指导基建工作。经过一年零两个月的紧张建设，一所占地面积近50亩，建筑面积达2.5万平方米的校园初具规模，具备了招生条件。建成普通教学办公楼1幢，面积4700平方米；普通学生宿舍楼1幢，面积2848.35平方米；学生餐厅和礼堂1幢，面积375平方米；职工家属楼1幢，面积2236.98平方米。

随着教育改革形势的发展和办学渠道的不断拓展，1995年以来，学校开始探索与大专院校联合办学。1997年，在抓好干部培训的同时，学校开办了成人学历教育。为适应干部教育培训工作和成人学历教育的需要，学校于1996年新建成干部培训住宿楼1幢，面积1798.3平方米，1998年新建干部培训教学楼1幢，建筑面积1558.50平方米。教工宿舍楼1幢，该楼建成后，原学校前院一号教工宿舍楼全部腾空，学校收回改造后全部用于干部培训。

2005年，国家税务总局党组成员、副局长宋兰（右四）在省国税局党组书记、局长杨继元（右二）陪同下来学校调研指导学校工作

（二）改建扩建时期（2007—2010年）

2007年1月12日，经国家税务总局国税文件批复，同意对学校教学、宿舍设施进行改造，新增面积为8105平方米，包括多媒体教室、计算机教室、报告厅、模拟训练室、图书阅览室、

学员宿舍、教职工及民族餐厅等。

同年，在总局和省局的关怀和支持下，甘肃省税务学校改造工程项目经国家税务总局批准立项，总投资近4000万元。按照"全面规划、精心设计、精心施工、确保质量"的要求，完成了校园规划和单体设计，计划新建培训综合楼和报告厅各1幢，建筑面积8490平方米，包括单人间148个，标准间24个，70人大教室两个，300人报告厅一个，网球场、篮球场各2个。

该项目得到了总局、省局领导的殷切关怀和大力支持，天水市委、市政府也给予了政策支持。2008年8月20日，学校举行培训综合楼及报告厅工程奠基仪式。省国税局党组书记、局长杨继元，天水市委副书记、市长李文卿，省国税局党组成员、副局长贾曼莹等领导出席了奠基仪式。工程建设者们冒着严寒，不分昼夜，加紧施工，在四个月的艰苦奋战后，学校综合楼及报告厅工程于2008年12月19日圆满封顶。

经过两年多时间的建设，2010年7月12日，新建培训综合楼及报告厅、塑胶田径场、网球场、篮球场全面投入使用，校园绿化、亮化、美化工程全面完成，校园环境面貌焕然一新。培训综合楼高九层，有学员宿舍168间，床位176张，汉族餐厅和回族餐厅各1个；报告厅高两层，有300人学术报告厅1个，70人教室2间。截至2023年10月，学校固定资产总值达7700多万元。

（三）建设完善时期（2011—2012年）

为进一步推进党风廉政建设和反腐败斗争，落实全面从严治党工作的总体要求，在国家税务总局、省税务局的正确领导下，在天水市纪委和天水市检察院的大力支持下，2011年5月至2012年3月，学校建成了廉政教育基地。基地总体布局为1个开放式大厅和6个展室、1个资料室、1个办公室，面积约400平方米。展室分别为"廉洁从政篇""反腐历程篇""艰苦创业篇""人生警示篇""预防犯罪篇"和"学习实践篇"6个篇章。多年来，基地围绕"大力弘扬艰苦创业精神，深入开展廉洁从政教育"主题，立足税务，面向社会，扎实开展廉政教育和预防职务犯罪教育，增强党员干部廉洁自律意识和拒腐防变能力。自2012年投入使用以来，培训系统内外干部达4万余人次。2012年10月，被国家税务总局命名为"全国税务系统廉政教育基地"，2013年7月，被最高人民检察院授予"全国百优预防职务犯罪警示教育基地"。柬埔寨人民党高级干部考察团、甘肃省纪委东部片区领导干部、省检察院等部门领导先后来学校参观考察。

学校始终如一地建设花园式校园环境，不断调整和改造绿化布局，栽植梧桐、雪松、银杏、玉兰、红梅、棕榈树近百棵，种植草坪1000多平方米，绿化面积达90%以上，完成了春有花、夏有荫、秋有实、冬有绿的生态校园建设。多次被天水市政府表彰为"庭院绿化先进单位""园林单位"。

学校校园健身设施

学员公寓楼和餐厅远景

学校操场跑道

34

二、教师队伍建设

（一）普教时期（1985—1995年）

建校初期，学校就把打造一支精神面貌好、师德高尚、业务过硬的教师队伍作为办好学校的关键。在加强教师队伍的建设上严把进人关，并通过教师脱产进修、函授学习、自考自修、组织教师外出业务培训、基层实践锻炼、外出参加学术会议、教材编写、开展教学科研活动等途径，不断提高教师的学历层次和教师业务素质。从1985年到1995年10年间，教师队伍中本科生占78%，专科生占22%，有高级讲师12人，讲师37人。教师教学科研论文在国家级刊物上发表2篇，省级刊物上发表23篇，其中14名教师编著和参编了国家正式出版的14种教材、图书。有2名年轻教师取得了全国注册会计师资格。通过抓教学检查，对教师工作进行量化考核，举办公开教学、优秀课教师评选活动等手段，奖勤罚懒，奖优罚劣，引入竞争机制，提高了教师工作的积极性和主动性。学校不断加强师德教育，树立了"学高为师、德高为范"的思想。10年间，有1名教师获"甘肃省级园丁"称号，2名教师获"天水市级园丁"称号，1名教师获"甘肃省税务系统五四青年标兵"称号。一支政治过硬、业务素质好、职称结构合理、中青年教师比重较大、发展后劲足的师资队伍已经形成。

（二）普通教育、成人教育时期（1995—2000年）

在这一阶段，学校坚持把师资队伍建设作为学校生存和发展的基础，常抓不懈。一是拓宽渠道，组织教师走出去参加高层次培训。先后派出专兼职教师100多人次，参加了总局、省局举办的各类师资培训及业务培训，开阔了眼界，更新了知识。二是鼓励教师报考研究生和参加专业资格考试。学校30多名专兼职教师参加了研究生课程进修学习和注册会计师、注册税务师等专业技术资格考试。至2000年底，有在职教职工63人，其中高级讲师15人，讲师21人，有17人获得研究生学历，有4名教师考取了注册

学校教师集中学习

会计师，5名教师考取了注册税务师，2名教师分别考取了计算机工程师和全国企业会计师。三是加强实践锻炼。每年安排1～3名教师到税收一线进行业务实践，有30多名教师到基层税务部门挂职锻炼。通过实践锻炼，充实了教学案例，丰富了实践经验，教师的综合素质得到显著提升。四是建立兼职教师师资库。从省局及部分市局、州局选聘既有丰富实践经验又有较高理论水平的税务干部到学校兼职任教，从全国知名财经院校、税务培训机构选聘了一些专家教授，建立了一支30多人的兼职教师库，形成一支专兼结合、结构合理的干部教育培训师资队伍。

（三）干部教育培训时期（2000年至今）

这一阶段，学校围绕总局、省局有关干部队伍建设文件精神，全面启动教职工队伍素质能力提升工程。2016年，学校制定印发《推进教职工队伍素质能力提升实施意见》。2022年在全体教职员工中开展"岗位大练兵、业务大比武"活动，不断提高教职工队伍综合素质、专业技能和工作水平，建成了一支素质优良、专兼结合、规模适当、结构合理的适应干部教育培训需求的师资队伍。

改善师资结构。建立健全专职教师补充完善机制。通过省局组织招录、选调、聘用机制，充实专职教师力量，逐步改善教师年龄结构、学历知识结构、专业结构。重视品牌教师、领军人才队伍建设。建立兼职教师师资库，从全国高等院校、税务培训机构和税务机关选聘专家教授和业务骨干，建立了一支80多人的兼职教师队伍。

加强师德建设。严把讲台政治关。强化教师政治意识、责任意识、阵地意识和底线意识，把握课堂教学阵地的主动权。坚持学术无禁区，讲台有纪律的导向，积极传播正能量。重视师德师风建设，开展爱国主义、集体主义和社会主义教育，加强社会公德、职业道德、家庭美德教育。以德施教、以行垂范，将为人师表具体落实在教学管理中，树立良好的教师形象。

积极参加培训和实践锻炼。组织教师积极参加各类师资及业务培训，开阔眼界，更新知识，提升教学水平。建立教师参与项目和课程研发工作机制，通过外出培训、参加学术会议、教材编写、调研、挂职等途径，提高业务素质，增强教育培训的针对性。建立激励机制，鼓励教师报考研究生和参加税务师、注册会计师、律师等执业资格考试，提高学历层次和专业水平。抓好五星级税务培训师、税务系统领军人才、专业人才库培养，发挥示范引领作用。

重视青年教师培养。落实导师责任制和培养考核机制，开展教学能力培养，夯实教学技能。坚持"走出去"锻炼、"请进来"学习，委派青年教师到其他税务施教机构挂教，学习先进培训理念和管理方法，取他山之石。

开展教科研活动。坚持"实践出题目，科研做文章，成果进课堂"的教科研工作理念，开展业务研讨会、教学观摩评比、学术报告会、经验交流会等教科研活动，把项目开发、课程研发、教学方法改革等科研成果转化为教学资源，支撑培训教学。科研成果的转化有力地促进了教学质量的提高，培训的实用性、趣味性得到很大的提高，受到了参训学员的普遍欢迎。

1990年4月，全校教职工与省税务局领导合影

2023年9月，省局党委书记、局长管振江（第一排中），党委委员、副局长向宇（右四），党委委员、纪检组组长朱朝勃（左四）与学校全体教职工合影

2023年10月，学校全体教职工合影

附：1985—2023年甘肃省税务干部学校教职工名录（以进校时间排序）

1985年6月—2023年11月期间甘肃省税务干部学校教职工名录

序号	姓名	性别	出生年月	籍贯	政治面貌	毕业院校	学历	工作时间	职务/职称	主要工作	备注
1	白 鸿	男	1931.03	山西兴县	中共党员			1985.06—1986.05	筹建处副主任	筹建工作	
2	张学礼	男	1933.02	甘肃天水				1985.06—1988.02	总务科副科长/会计师	会计工作	
3	周广林	男	1935.10	甘肃天水	中共党员	兰州化学工业学校	中专	1985.09—1994.01	筹建处主任、校长	行政领导工作	
4	陈天翔	男	1954.03	山西晋城		天水县一中		1985.09—2014.03	技师	驾驶员	
5	谢极金	男	1940.03	甘肃兰州	中共党员	西北师大	大学	1985.10—1997.03	高级讲师	教学工作	
6	徐 霞	女	1944.09	河南沈丘				1985.10—1999.09	药剂师	校医工作	
7	吕永合	男	1956.05	甘肃天水	中共党员	西北师范学院	大学	1985.10—2016.05	调研员	教学、行政领导工作	
8	赵润田	男	1938.11	北京丰台		北京市三十一中		1986.06—1991.06	会计师	教学工作	
9	杨 明	女	1964.05	甘肃秦安		中央广播电视大学	大学	1986.07—2019.05	讲师	教学及教学服务工作	
10	康永堂	男	1950.03	甘肃成县	中共党员	甘肃省委党校	大学	1986.09—2010.03	调研员/经济师	行政领导工作	
11	任志民	男	1962.01	甘肃武都	中共党员	上海财经大学	大学	1986.09—2022.01	科长/讲师	教学、行政管理工作	
12	王永胜	男	1962.10	甘肃甘谷	中共党员	兰州商学院	大学	1986.10—2022.10	副校长/讲师	教学、行政领导工作	
13	郭忠宏	男	1953.08	山西汾阳		西和北关中学		1986.12—2013.08	高级技术工人	驾驶员	
14	袁惠芳	女	1941.01	甘肃天水		甘肃师范大学	大学	1987.03—1996.12	高级讲师	教学工作	

续表

序号	姓名	性别	出生年月	籍贯	政治面貌	毕业院校	学历	工作时间	职务/职称	主要工作	备注
15	陈四元	男	1955.12	甘肃天水		天水市第五中学		1987.03—2015.12	技师	驾驶员	
16	安丽坤	女	1964.08	甘肃甘谷	中共党员	西北工大	大学	1987.05—2010.03	党委书记、校长/高级讲师	教学、行政领导工作	
17	李长生	男	1960.06	甘肃漳县		天水市一中		1987.05—2020.06	技师	驾驶员	
18	张永明	女	1944.04	山西运城	中共党员	甘肃师范大学	大学	1987.06—1998.03	高级讲师	教学工作	
19	熊顺宝	男	1939.10	甘肃天水		甘肃师范大学	大学	1987.06—1999.10	高级讲师	教学工作	
20	朱英隽	男	1940.09	甘肃静宁	中共党员		大学	1987.06—2000.09	干训科科长/高级讲师	教学、行政管理工作	
21	温一平	男	1957.04	山西沁县	中共党员	西北师范学院	大学	1987.06—2017.04	高级讲师	教学、行政管理工作	
22	赵长玉	男	1938.02	甘肃天水	中共党员			1987.07—1993.02	科长	后勤管理工作	
23	马小品	男	1962.09	甘肃酒泉		西北政法学院	大学	1987.07—1996.09	助理讲师	教学工作	
24	张永伦	男	1945.09	山东				1987.07—1993.11	工程师	教学服务工作	
25	魏荣	女	1964.09	辽宁朝阳	中共党员	西北师范学院	大学	1987.07—2023.11	高级讲师	教学及教学管理工作	
26	李丽珍	女	1965.12	甘肃秦安		西北师范大学	大学	1987.07—2023.11	高级讲师	教学、管理工作	
27	赵振兴	男	1936.08	陕西洋县		天水师范专科学校	中专	1987.08—1999.10	科长	行政管理工作	
28	刘明生	男	1940.11	河北沧县	中共党员	北京交通大学	大学	1987.08—2000.11	副校长/助理调研员	行政领导工作	

序号	姓名	性别	出生年月	籍贯	政治面貌	毕业院校	学历	工作时间	职务/职称	主要工作	备注
29	陈小兰	女	1957.01	甘肃天水	中共党员	天水铁路第一子弟中学		1987.08—2012.01	助理会计师	出纳	
30	王小军	男	1962.11	甘肃秦安	中共党员	西北师范学院	大学	1987.08—2022.11	讲师	教学、行政工作	
31	周孟莲	女	1956.07	山西河曲	中共党员	河曲县城关第二中学		1987.10—2011.07	助理会计师	会计	
32	罗立仁	男	1938.05	甘肃天水	中共党员			1987.11—1998.05	科长	后勤管理工作	
33	吕志友	男	1954.04	陕西华县	中共党员	甘肃省委党校	大学	1987.11—2013.04	调研员	教师、行政领导工作	
34	杜路生	男	1958.03	甘肃天水				1987.11—2018.03	高级工	后勤服务工作	
35	马利萍	女	1963.07	甘肃康乐		兰州商学院	大学	1987.11—2018.07	讲师	教学及后勤工作	
36	王盛元	男	1961.09	山东费县		中南财经大学	大学	1987.11—2021.09	高级讲师	教学及教学管理工作	
37	李新俊	男	1961.12	山西河曲		长春税务学院	大专	1987.11—2021.12	工程师	教学服务、后勤工作	
38	邵建鹤	男	1963.09	甘肃秦安	中共党员	长春税务学院	大学	1987.11—2023.09	高级讲师	教学工作	
39	翟素元	女	1939.11	山东济南		兰州医学院	大学	1987.12—1995.03	主治医师	校医工作	
40	蒲峰	男	1964.02	甘肃天水	中共党员	中央财政金融学院	大学	1987.12—1998.04	讲师	教学、管理工作	
41	惠培兴	男	1946.02	甘肃庆阳	中共党员	兰州军区军医学校	中专	1987.12—2006.02	主治医师/副科长	后勤管理服务工作	
42	丁宗萍	女	1963.03	四川永阳		甘肃省委党校	大学	1987.12—2018.03	馆员（图书）	图书管理工作	

续表

序号	姓名	性别	出生年月	籍贯	政治面貌	毕业院校	学历	工作时间	职务/职称	主要工作	备注
43	南宝忠	男	1963.01	甘肃天水		兰州商学院	大专	1987.12—2023.01	高级技术工人	后勤工作	
44	王如恒	男	1959.07	甘肃宁县	中共党员	兰州商学院	大专	1988.02—2015.07	高级技术工人	教学、后勤服务工作	
45	马小梅	女	1964.05	陕西华县		甘肃省委党校	大专	1988.03—2019.05	馆员（图书）	后勤工作	
46	刘建青	男	1962.09	陕西凤翔		河北地质学院	大学	1988.06—1994.09	财会教研室主任/讲师	教学工作	
47	李建林	男	1965.06	甘肃甘谷		中央财政金融学院	大学	1988.07—1991.03	助理讲师	教学工作	
48	贾小莹	女	1965.05	甘肃天水	中共党员	陕西财经学院	大学	1988.07—2002.02	高级讲师	教学、行政管理工作	
49	安耀暹	男	1953.12	甘肃天水		甘肃师范大学	大专	1988.07—2013.12	讲师	教学、教学服务工作	
50	陈科军	男	1963.09	甘肃天水	中共党员	兰州商学院	大学	1988.07—2011.08	科长/高级讲师	教学、行政管理工作	
51	冯晓宇	女	1962.01	陕西洛川		西北师范学院	大学	1988.07—2022.01	高级讲师	教学工作	
52	王天宝	男	1965.05	山西闻喜	中共党员	西安体育学院	大学	1988.07—2023.11	副校长/高级讲师	教学、行政领导工作	
53	马安太	男	1965.10	甘肃张家川	中共党员	西北民族学院	大学	1988.07—2023.11	党建办主任、办公室副主任/高级讲师	教学、行政管理工作	
54	吕顺琴	女	1965.12	山西永济	中共党员	兰州商学院	大学	1988.07—2023.11	高级讲师	教学工作	
55	王国杰	男	1964.09	甘肃张家川	中共党员	西北师范学院	大学	1988.07—2023.11	教研二部主任/讲师	教学、行政管理工作	

续表

序号	姓名	性别	出生年月	籍贯	政治面貌	毕业院校	学历	工作时间	职务/职称	主要工作	备注
56	李红琰	女	1962.02	甘肃天水	中共党员	兰州商学院	大专	1988.08—2012.02	高级技术工人	后勤工作	
57	唐丽丽	女	1961.09	甘肃天水		兰州商学院	大专	1988.08—2016.09	讲师	教学服务工作	
58	郑忠勇	男	1957.01	河北阜城		天水市第二中学		1988.08—2017.01	技师	后勤工作	
59	刘勇	男	1961.09	山东齐河		天水师范专科学校	大专	1988.08—2021.09	讲师	教学、管理工作	
60	陈斌才	男	1962.06	甘肃静宁		中南财经大学	大学	1988.09—2005.07	高级讲师	教学工作	
61	李培芝	女	1964.01	江苏宿迁		上海财经大学	大学	1988.09—2023.11	高级讲师	教学工作	
62	杨向荣	男	1963.10	甘肃武山	民主党派	西北师范学院	大学	1988.10—2023.10	讲师	教学、出纳工作	
63	赵经斌	男	1965.08	甘肃武山	中共党员	甘肃省委党校	大学	1988.10—2023.11	工会主席	行政管理工作	
64	王军	男	1955.10	甘肃甘谷		西北师范学院	大学	1988.11—2015.10	教务科科长/高级讲师	教学、教学管理工作	
65	王德全	男	1939.12	甘肃天水	中共党员	甘肃师范大学	大学	1988.12—1996.06	党委书记、校长/高级讲师	教学、行政领导工作	
66	谢永强	男	1955.01	甘肃天水		兰州商学院	大专	1988.12—2000.01	中级工	后勤工作	
67	许英兰	女	1951.09	甘肃酒泉				1988.12—2001.09	高级工	后勤工作	
68	李淑霞	女	1953.06	陕西蒲城	中共党员	兰州军医学校	中专	1988.12—2008.06	主管护士	校医工作	
69	张茂吉	男	1940.12	甘肃天水		山西大学	大学	1989.01—1999.12	科长/高级讲师	教学、行政管理工作	

续表

序号	姓名	性别	出生年月	籍贯	政治面貌	毕业院校	学历	工作时间	职务/职称	主要工作	备注
70	张聪贤	男	1951.06	陕西安康	中共党员		中专	1989.01—1997.01	副校长	行政领导工作	
71	王荣生	男	1953.10	新疆哈密	中共党员	喀什师专	大专	1989.03—1997.08	科长	行政管理工作	
72	张文举	男	1967.03	甘肃甘谷	中共党员	甘肃省税务学校	中专	1989.07—1997.10	膳食科副科长	后勤管理工作	
73	白小田	男	1965.09	甘肃天水	中共党员	兰州大学	大学	1989.07—2023.11	财务管理科科长/高级讲师	教学、行政管理工作	
74	王金田	男	1965.10	甘肃天水		兰州商学院	大学	1989.07—2023.11	教研三部主任/高级讲师	教学、行政管理工作	
75	宋梅芳	女	1966.02	甘肃秦安	中共党员	兰州商学院	大学	1989.07—2023.11	高级讲师/办公室主任	教学、行政管理工作	
76	张国惠	女	1967.03	河南南阳	民主党派	西北师范大学	大学	1989.07—2023.11	高级讲师	教学、学员管理工作	
77	刘健萍	女	1967.04	甘肃徽县	中共党员	西北师范大学	大学	1989.07—2023.11	高级讲师	教学工作	
78	毛国强	男	1964.06	甘肃张家川		北京师范大学	大学	1989.07—2023.11	讲师	教学、后勤服务工作	
79	向宇	男	1966.12	湖北仙桃	中共党员	中南财经大学	大学	1989.09—1991.09	助理讲师	教学工作	
80	秦宏	女	1967.05	甘肃兰州		中南财经大学	大学	1989.09—1991.09	助理讲师	教学工作	
81	顾应存	男	1967.10	甘肃武山		中央财经大学	大学	1990.02—2001.03	讲师	教学工作	
82	马占宏	男	1966.03	甘肃临夏	中共党员	西北师范大学	大学	1990.07—2023.11	学员工作科科长/讲师	教学、行政管理工作	
83	王卫红	女	1954.02	四川平武	中共党员	甘肃广播电视大学	大专	1991.04—2009.02	馆员	档案管理工作	

序号	姓名	性别	出生年月	籍贯	政治面貌	毕业院校	学历	工作时间	职务/职称	主要工作	备注
84	赵燕萍	女	1969.04	北京市		中南财经大学	大学	1991.07—1994.06	助理讲师	教学工作	
85	张永忠	男	1968.01	甘肃甘谷		中南财经大学	大学	1991.07—2001.03	讲师	教学工作	
86	马衍伟	男	1968.10	甘肃清水		中南财经大学	大学	1991.07—2002.02	讲师	教学工作	
87	李 欣	女	1968.09	甘肃武山		中南财经大学	大学	1991.07—2005.05	讲师	教学工作	
88	郭立新	男	1967.04	甘肃武山	中共党员	中南财经大学	大学	1991.07—2011.08	讲师	教学、行政管理工作	
89	杨继昌	男	1932.10		中共党员			1991.12—1993.03	工会主席(副县)	行政管理工作	
90	安大定	男	1940.08	甘肃甘谷	中共党员	甘肃省师范大学	大专	1991.12—2000.08	副校长(主持工作)	行政领导工作	
91	杨仲凡	男	1944.02			甘肃省师范大学		1992.03—2004.02	高级讲师	教学工作	
92	李金菊	女	1940.09	甘肃甘谷		甘肃省师范大学	大专	1992.05—1995.09	馆员	图书管理工作	
93	杨文锦	男	1971.01	甘肃天水	中共党员	兰州商学院	大专	1993.06—2023.11	技 师	后勤工作	
94	刘金虎	男	1962.10	陕西大荔	中共党员	湖南大学	大学	1993.08—2022.10	工程师	后勤工作	
95	赵 权	男	1970.05	北京市		兰州大学	大学	1993.09—1994.09	讲师	教学工作	
96	胡少勇	男	1971.10	陕西凤翔	中共党员	兰州大学	大学	1994.09—1995.09	讲师	教学工作	
97	杨 正	男	1972.11	甘肃甘谷		兰州大学	大学	1994.09—1995.09	讲师	教学工作	

续表

序号	姓名	性别	出生年月	籍贯	政治面貌	毕业院校	学历	工作时间	职务/职称	主要工作	备注
98	贾曼莹	女	1954.11	甘肃天水	中共党员	中央党校函授学院	大学	1997.02—2001.07	党委书记、校长	行政领导工作	
99	刘彩霞	女	1973.09	甘肃甘谷	民主党派	西北师范大学	大学	1997.07—2023.11	讲师	教学、档案管理工作	
100	徐晓亭	男	1975.08	甘肃天水		兰州铁道学院	大学	1997.07—2023.11	教研一部主任/讲师	教学、行政管理工作	
101	杜永峰	女	1963.04	山西芮城	中共党员	西北师范学院	大学	1998.03—2023.04	高级讲师	教学工作	
102	刘虎	男	1968.09	甘肃秦安	中共党员	中国人民大学	大学	2001.08—2004.03	党委书记、校长	行政领导工作	
103	满海珍	女	1972.11	甘肃渭源	中共党员	甘肃农业大学	大学	2003.05—2023.11	讲师	后勤工作	
104	孙报荣	男	1964.06	甘肃静宁	中共党员	福建师范大学	大学	2004.04—2006.04	副校长	行政领导工作	
105	朱伟	男	1981.12	甘肃敦煌	中共党员	西北师范大学	大学	2004.07—2023.11	后勤服务科科长	后勤管理工作	
106	蔡静	女	1982.01	甘肃兰州	中共党员	长春税务学院	大学	2006.12—2012.08	助理讲师	教学工作	
107	蔡静	女	1983.07	甘肃金昌	中共党员	兰州商学院	研究生（硕士）	2006.12—2023.11	高级讲师	教学、教务管理工作	
108	王涛	男	1982.01	甘肃平凉	中共党员	兰州商学院长青学院	大学	2006.12—2023.11	教务科科长/讲师	教学、行政管理工作	
109	张海燕	女	1983.11	甘肃庆阳	中共党员	西北师范大学	大学	2006.12—2023.11	办公室副主任/讲师	教学、行政管理工作	
110	张萍	女	1982.03	甘肃兰州	中共党员	兰州商学院	大学	2010.09—2013.10	助理讲师	教学工作	
111	虞琦	女	1986.01	浙江宁波	中共党员	兰州商学院	大学	2010.09—2013.10	助理讲师	教学工作	

续表

序号	姓名	性别	出生年月	籍贯	政治面貌	毕业院校	学历	工作时间	职务/职称	主要工作	备注
112	屈正新	男	1987.09	甘肃张掖		西北师范大学知行学院	大学	2010.09—2016.05	助理讲师	教学服务工作	
113	赵胜伟	男	1984.05	甘肃临夏	中共党员	兰州商学院长青学院	大学	2010.09—2023.11	后勤服务科副科长/助理讲师	教学、后勤管理工作	
114	张继华	男	1963.06	甘肃灵台	中共党员	中央广播电视大学	大学	2011.04—2017.09	校长	行政领导工作	
115	李强	男	1985.01	甘肃漳县		湖南税务高等专科学校	大专	2012.09—2023.11	九级职员	行政工作	聘用人员
116	王彬	男	1978.12	河南新乡		甘肃职工中专	中专	2012.09—2023.11	高级工	驾驶员	聘用人员
117	邢贯中	男	1965.02	甘肃天水	中共党员	中央党校函授学院	大学	2013.07—2022.07	党总支书记、校长	行政领导工作	
118	朱玉霞	女	1989.09	甘肃定西	中共党员	北京林业大学	大学	2015.01—2023.11	讲师	党建、法律教学工作	
119	刘亚辉	男	1990.09	甘肃渭源	中共党员	南开大学	大学	2016.01—2019.06	一级行政执法员	教学工作	借调人员
120	孟媛媛	女	1988.02	甘肃临夏	中共党员	西北师范大学	研究生（硕士）	2016.01—2023.11	讲师	党建、法律教学工作	聘用人员
121	安履承	男	1988.08	甘肃庆阳		兰州理工大学	研究生（硕士）	2016.01—2023.04	一级行政执法员/五星税务培训师	教学工作	借调人员
122	王军	男	1982.11	甘肃宁县	中共党员	西北师范大学	大学	2016.01—2023.04	一级行政执法员	教学工作	借调人员
123	孙雪敏	女	1987.02	山西运城	中共党员	南京人口管理干部学院	大学	2016.01—2023.04	一级行政执法员	教学工作	借调人员
124	钱科	男	1991.11	甘肃秦安	中共党员	西北师范大学知行学院	大学	2017.05—2023.11	讲师	会计	

续表

序号	姓名	性别	出生年月	籍贯	政治面貌	毕业院校	学历	工作时间	职务/职称	主要工作	备注
125	牛尔荣	女	1993.10	甘肃通渭	中共党员	西北师范大学知行学院	大学	2017.05—2023.11	讲师	文秘	
126	于国华	男	1993.12	甘肃灵台	中共党员	兰州财经大学	大学	2017.05—2023.11	讲师	教学、学员管理工作	
127	王权	男	1992.01	甘肃甘谷	中共党员	天津师范大学	大学	2017.05—2023.11	助理讲师	教学、教务管理工作	
128	陈旭	男	1992.11	甘肃庆阳	中共党员	齐鲁工业大学	大学	2017.05—2023.11	助理讲师	人事工作	
129	史炜	男	1975.06	山西平陆	中共党员	湖南大学	大学	2022.08—2023.11	党总支书记、校长	行政领导工作	
130	李发金	男	1988.08	甘肃民勤	中共党员	兰州理工大学	大学	2022.10—2023.11	九级职员	后勤工作	

三、群团建设

群团建设是学校联系职工、团结职工、维护职工合法权益、增强主人翁意识的主要抓手，一直以来学校历任班子始终把群团建设放在工作的重要位置，坚持以人为本，充分发挥群团组织的桥梁纽带作用，营造出了风气正、干劲足、团结好、成绩优的干事创业环境。

（一）工会组织

学校工会是学校党组织领导下的职工自愿结合的群众组织，是校党委（党总支）联系教职工的桥梁和纽带，是学校管理的重要组成部分，是职工合法权益的代表者和维护者。学校工会实行地方工会与省税务系统工会双重管理体制。

1992年6月16日，学校召开首届工会会员代表大会，出席大会的代表42人。大会以差额和无记名投票方式，选举产生了第一届工会委员会和工会经费审查委员会。杨继昌当选为工会主席，温一平当选为工会副主席，吕志友同志任经费审查委员会主任。

1994年5月3日，省税务系统工会批复，同意康永堂同志任省税校工会委员会委员、工会主席。

1995年7月5日，学校召开第二次工会代表大会，选举了新一届工会委员会，新一届工会委员

1988年，省税务局宣教处处长王生杰（右二）和校长周广林在学校第一届团代会上致辞

会由7人组成，经费审查委员会由3人组成。康永堂同志被选举为工会主席，温一平、赵振兴同志当选为副主席，吕永合同志当选为工会经费审查委员会主任。

1998年11月2日，学校召开第三次工会代表大会，选举了新一届工会委员会，新一届工会委员会由7人组成，经费审查委员会由3人组成。康永堂同志被选举为工会主席，赵振兴同志当选为副主席，赵经斌同志当选为工会经费审查委员会主任。

2008年5月6日，天水市总工会批复学校工会选举结果，新一届工会委员会由5人组成，温一平同志任工会主席，刘健萍同志任工会经费审查委员会主任。

2015年5月13日，天水市总工会批复学校工会选举结果，同意任志民同志任工会主席，马占宏任副主席，刘健萍任工会经费审查委员会主任。

2019年10月29日，天水市总工会批复同意学校工会委员会选举结果，工会委员会由王小军等9人组成，赵经斌同志任工会主席，刘金虎、王小军任工会副主席，宋梅芳同志为工会经费审查委员会主任。

自学校工会成立以来，学校工会紧紧围绕学校党委（党总支）的中心工作，充分发挥工会职能作用，在参与学校民主管理、维护职工群众的合法权益、积极开展为教职工送温暖活动、建设"职工之家"、活跃职工群众文化生活等方面做了大量的工作，为推动学校的改革发展、和谐稳定和精神文明建设做出了重要贡献。

（二）共青团组织

学校团委是学校党委（党总支）直接领导下的先进青年的群团组织，在学校普通教

2019年7月，校长邢贯中给学校老党员佩戴"光荣在党50年"纪念章

育时期，紧紧围绕学校育人中心工作，组织学生开展诗歌朗诵、演讲比赛、文艺演出、体育竞技、书法绘画等丰富多彩的校园文化活动，大力推进学生素质教育，为实现学生德智体美劳全面发展，做出了卓有成效的工作。

1988年10月20日，甘肃省税务学校首届团代会、学代会在学校5楼东大教室召开，出席团代会代表73人，学代会代表86人。时任省税务局局长申健山，宣教处长王生杰，共青团天水市委书记王万忠，市委宣传部部长王德全和校领导周广林、刘明生到会祝贺。大会通过了吕志友同志做的团委筹备工作报告，任文昭同学做的学生会工作报告。大会采用无记名投票、差额选举的办法，选举产生了第一届校团委和学生会。吕志友任团委书记，安丽坤、李双玉任副书记。任文昭任学生会主席。10月27日，经共青团天水市委同意成立共青团甘肃省税务学校委员会，委员会由吕志友等11名同志组成。12月26日，经省局同意吕志友同志担任校团委书记。

1994年12月21日，学校召开第四次团代会，选举了新一届团委会，安丽坤同志当选为书记，杨宗元、程银当选为副书记。

2001年1月19日，校团委被团市委表彰为"2000年度先进团组织"。2002年2月1日，校团委被团市委表彰为"2001年度先进团组织"。

1988年，学校第一届团代会学代会代表合影

（三）妇委会组织

校妇委会是在学校党委（党总支）领导下的妇女群众组织，是党联系妇女群众的桥梁和纽带。多年来，校妇委会紧紧围绕学校党政中心工作，不断提高女教职工和女学生的整体素质，维护女教职工的合法权益，团结和组织女教职工参与学校的民主管理和民主监督。充分发挥职能作用，组织健康有益的文化体育活动，努力为广大女教职工和女学生办实事、办好事，为推动学校事业发展做出了积极贡献。

1988年，第一届学生会委员合影

1990年，学校校园歌星比赛师生合影

1994年，学校第四届运动会开幕式

1999年4月24日，学校召开女职工大会，选举李淑霞、刘健萍、李红琰为女工委员会委员，李淑霞同志为女职工委员会主任。

2015年5月13日，天水市总工会批复学校工会选举结果，同意吕顺琴同志为女职工委员会主任。

2019年10月29日，天水市总工会批复同意学校工会委员会选举结果，同意吕顺琴同志为女职工委员会主任。至此妇女工作由工会女工委员会组织实施。

第二编

行政管理

第三章　岗位设置及职责

一、基本沿革

1987年，学校建成开始招生后，学校的行政管理实行校长领导下的分工负责制。校长由上级主管部门党组织任命，第一任校长周广林，副校长刘明生。同年9月17日，中共天水市委同意成立学校党总支部委员会，支委3人（周广林、刘明生、康永堂），周广林同志任党总支书记。校长对外代表学校，对内具有重要事项决策、人事和财务管理等权利。随着学校发展，领导班子逐步健全，领导班子编制逐步规范，领导岗位设置逐步合理。

1989年1月至2013年7月，学校管理体制实行党委领导下的校长负责制，设党委委员5人。党委书记、校长主持学校全面工作；其他3位副校长分管成教（干部培训）与总务，教学与教研，学生（学员）与食宿工作；工会主席负责工会与职工福利等工作。

2013年8月至2023年11月，学校管理体制又恢复为校长领导下的分工负责制。

1987年至2023年，在普通中专教育、成人学历教育至干部教育培训的发展阶段中，历经十届领导的更迭，5任党委书记，8任校长，3任党总支书记，2任副校长主持全面工作。岗位责任进一步明确，岗位职责更加明晰，管理责任更加到位，管理质效更加有力。

从筹建开始至2023年11月，学校为正处级建制，两级管理组织。无论在哪个阶段，学校领导班子始终坚持党的教育方针，坚持以人为本的管理理念，从学校实际出发因事设岗，以岗定责，认真落实岗位职责，全方位推进各项管理工作，促进了教学质量的稳步提升，也为甘肃税务培养出了一大批专业人才，为甘肃税务的发展提供了强大的人才支撑。

附：历届校党委、校领导班子一览表

历届校党委、校领导班子一览表

姓名	职务		分管工作	任职年限	备 注
周广林	行政职务	筹建处主任	负责学校筹建工作	1985.09—1987.04	
	党内职务	党总支书记	主持学校全面工作	1987.09—1988.12	
	行政职务	校长		1987.05—1989.11	
	党内职务	党委书记	党务、党建工作	1989.12—1994.01	
刘明生	党内职务	党委（总支）委员	教学与教研	1987.09—1991.11	
	行政职务	副校长		1987.05—1991.11	
王德全	党内职务	党委书记	党务、党建工作	1989.01—1989.12	
			主持学校全面工作	1994.01—1996.06	
	行政职务	校长		1989.12—1996.06	
康永堂	党内职务	党委（总支）委员	负责工会与第三产业	1987.09—2006.04	
	行政职务	工会主席		1994.05—2006.04	
张聪贤	党内职务	党委委员	学生与膳食	1989.01—1997.01	
	行政职务	副校长		1989.12—1997.01	
安大定	党内职务	党委委员	教学与教研 毕业学生就业等	1991.12—2000.09	
		党委副书记		1994.01—2000.09	
	行政职务	副校长	主持学校全面工作	1991.12—2000.09	1996年5月至1997年1月主持工作
杨继昌	行政职务	工会主席	工会工作	1991.12—1994.04	
安丽坤	党内职务	党委委员	团委、学生会 妇女工作 膳食科	1994.04—2010.02	
		党委书记		2004.04—2010.02	
	行政职务	副校长		1997.02—2004.03	
		校 长	主持学校全面工作	2004.04—2010.02	
贾曼莹	党内职务	党委书记	主持学校全面工作	1997.02—2001.07	
	行政职务	校 长		1997.02—2001.07	

续表

姓名	职务		分管工作	任职年限	备 注
吕永合	党内职务	党委委员	教学与教研、干部培训、信息技术等	1997.02—2013.06	
	行政职务	副校长		1997.02—2013.06	2010年3月至2011年3月主持工作
刘 虎	党内职务	党委书记	主持学校全面工作	2001.08—2004.03	
	行政职务	校 长		2001.08—2004.03	
吕志友	党内职务	党委委员	学历教育、办公、财务基建、信息技术等	2001.10—2013.06	
	行政职务	副校长		2004.04—2013.06	
孙报荣	行政职务	副校长	教学、食宿、人事等工作	2004.04—2006.04	
王天宝	党内职务	党委(总支)委员	教学与教研、财务、食宿办公、工会等	2006.05—2023.11	
	行政职务	副校长		2006.05—2023.11	
王永胜	党内职务	党委(总支)委员	教学与教研、食宿、办公、工会等	2006.05—2022.10	
	行政职务	副校长		2006.05—2022.10	
张继华	党内职务	党委(总支)副书记	主持学校全面工作	2011.04—2017.10	
	行政职务	校 长		2011.04—2017.10	
邢贯中	党内职务	党总支书记	党务党建、办公、人事、信息科等	2013.07—2022.12	
	行政职务	副校长		2013.07—2017.10	
		校 长	主持学校全面工作	2017.10—2022.07	
史炜	党内职务	党总支书记	主持学校全面工作	2023.01—2023.11	
		党校副校长		2022.08—2023.11	
	行政职务	校 长		2022.07—2023.11	

学校历任主要领导剪影

周广林

王德全

安大定

贾曼莹

刘虎

安丽坤

吕永合

张继华

邢贯中

史炜

二、领导班子成员岗位职责

学校历届领导班子，均制定了班子成员岗位职责。做到了各项工作的推进有章可循，工作抓手有目标，工作考评有指标，结果兑现有依据。党委书记、校长、副校长具体岗位职责如下。

（一）党委书记岗位职责

1.坚持党的民主集中制，主持党委工作，搞好党委"一班人"的团结，实施对学校各项工作的领导；支持和协调党委委员、校长、办公室主任的工作。

2.在党务工作中，结合党的有关方针政策和本校实际，提出贯彻落实的计划、措施，提交党委会讨论，做出决定，组织实施并检查执行情况，每学期向党员大会报告一次工作。

3.尽力把党的工作渗透到业务领域中去，在学校工作发展各重大问题的方案实施过程中发挥指导和监督作用。

4.抓好全校党的建设和师生员工的思想政治工作，安排好政治学习与党员学习，注意发挥团委、工会、学生会的作用。

5.经常深入教学第一线，安排和指派党委各领导成员，每周至少两次下调研组、课堂或学生班级、宿舍，调查研究，了解情况，及时发现和解决问题，倾听群众呼声，接受群众监督，关心群众生活，全心全意为人民服务。

6.按照"积极培养，慎重发展"的方针，有计划地发展党员，优先吸收优秀骨干教师入党。

7.认真执行和检查知识分子政策落实的情况，每个学期要召开教师座谈会，走访教师、干部，听取对贯彻知识分子政策的意见和要求，特别要注意听取党外群众的意见，并进行改进或向上反映。

8.负责抓好纪检、组织、宣传等各项工作。

（二）校长岗位职责

1.贯彻执行党的教育方针，组织搞好全校教育、行政、管理工作，进行调查研究，总结教学经验，把握教学方向，负责学校全面工作。

2.召集校务会、行政会，协调和督促副校长、各科室领导开展工作，保证教学、基建任务和上级交办的各种任务的完成。

3.负责组织制定教学、科研、师资培养、学校规则、专业方向、教学改革、管理改革等问题的计划与规划工作。

4.负责组织制定和审批全校经费使用计划。

5.组织对教学人员、管理人员的业务培养考核、合理使用，并对晋级、奖惩等提出建议。

6.贯彻执行学校各项规章制度，检查各科室工作，对副校长的工作进行考核，在副校长协助下对各部门负责人进行考核。

7.每学期终结时，全面检查岗位责任制落实情况，向校职工代表大会总结报告学校工作。

8.关心学生德、智、体全面发展，召开学生座谈会，征求学生对教学和学校工作的意见，提出改进措施，协调做好教学和生活管理工作。

9.关心群众，及时处理群众意见，多办实事，解决群众实际问题。

10.接受师生员工监督，听取各方面意见，不断提高工作能力和业务水平，尽职尽责办好学校，全心全意为人民服务。

（三）主管教学副校长岗位职责

1.在校长领导下，负责全校教学及教学管理工作，对领导广大教职工圆满完成各项教学任务负全面责任。

2.审查教学工作计划，提出具体实施办法，提交校委会或行政会通过，经校长签字批准后，组织实施。

3.支持教务科长的工作，审批审查和签发有关教学方面的文件，召集教学工作会议，安排教学任务。

4.审定和批准任课教师、教研组长、班主任名单，安排做好新开课教师的试讲工作，组织检查各教学环节的落实和教师工作规范及职责执行情况，确保教学任务的完成。

5.了解教学各方面的需要，掌握教员素质状况，审定教务科制定的全校教学人员培养对象和计划以及教学人员补充计划，负责教学人员的进修和业务考核工作，对他们的使用、晋级、奖惩等项工作提出具体意见。

6.合理地有计划地安排教学经费的使用。

7.审定教学设备、仪器、体育器材等计划购置方案，负责提交校务会讨论，经批准后组织有关方面购置落实。

8.每学期两次考试后分别根据学科教学成绩组织召开教学质量检查分析会议，提出努力方向和改进意见。

9.组织年度招生计划和毕业生分配方案。督促检查教务科、学生科建立健全教学业务档案；做好学生学籍管理、助学金、奖学金评定及学生奖惩等方面的工作；做好教学力量的平衡调配、教师工作量计算、统计和上报等日常教务工作。

10.负责学生思想教育工作，完成学校交办的有关教学方面的工作，负责每学期教学工作总结任务。

（四）主管后勤副校长岗位职责

1.在校长领导下开展工作。

2.抓好食堂工作，加强对炊事人员的管理和教育，建立健全各种考核制度，经常深入检查工作，进行调查研究，不断完善食堂管理办法，配置各种所需设备，提高食堂工作科学管理水平，对办好食堂、做好师生膳食服务工作负全面责任。

3.主持有关行政工作会议，拟定行政工作计划，审查和审批有关文件，督促检查行政日常管理工作，满足教学需要，保证教学工作顺利进行。

4.熟悉和掌握各项财政制度，贯彻执行党的各项经济政策，严格执行财务制度，按学校职权范围审查年度财务计划执行情况，审批行政、后勤经费、奖金、各种会议经费和出差补助费，管好用好助学金和奖学金。

5.加强行政管理，严格组织纪律，负责全校教职工月、季、年度请销假的审核事宜，负责学校安全、爱国卫生、计划生育和校园绿化工作，关心职工劳保、福利，负责做好教职工住房、学生宿舍和办公用房的维修和调配使用工作。

6.加强思想政治工作，督促检查行政人员严格执行岗位责任制，对他们的使用、晋级、奖惩等工作提出具体意见。

7.每学期结束，向教职工汇报后勤工作情况，听取大家评议。学年结束做出工作总结，向学校和党委汇报。

第四章　行政管理

建校以来，在学校发展的各个阶段，学校实行校长负责全面工作，副校长各负其责，各科室职能分工明确，共同推进的工作模式。学校本着"因事设岗，以岗定人"的原则，科学、合理地设置机构人员，学校的行政管理、教学管理、学生（学员）管理体系健全，运行平稳。

1986年12月26日，上级部门批复学校内部机构设4个科室（正科级），并定员定岗，即：教务科定员42人，负责学校教学管理及实施；总务科定员18人，负责后勤服务等综合管理；学生科定员2人，负责学生管理工作；办公室定员13人，负责行政运行管理及人事工作。1988年11月21日，省税务局批复增设膳食科，负责学校大灶及伙食管理工作。

1989年11月1日，省税务局批复增设干部培训科，负责干部培训管理工作。1997年4月22日，省税务局批复成立成人教育科，负责成人学历教育管理及实施工作。至2013年，学校一直设有7个职能科室。随着学校工作重心的变化，科室先后更迭易名，科室职能也相应进行调整。

2014年4月，学校为了进一步适应干部培训工作的需要，上报甘肃省国家税务局批复内设机构为8个职能科室，增加了3

2006年，国家税务总局教育中心官铎（右二）来学校检查工作

个教研部，分别为教研一部、教研二部和教研三部。教研一部负责税收类、稽查类、会计类等课程的教学工作；教研二部负责公共基础类、税收相关法律类、廉政类、拓展训练等课程的教学工作；教研三部负责实施计算机、税收信息化、会计电算化、电子稽查、电子政务、网络等课程的教学工作。直至2023年11月学校撤销，内设机构保持不变。

学校行政管理工作一直由办公室承担，具体包括：党政日常事务、人事劳资、退休职工、来访接待、公务车辆、档案文印室管理等。1998年5月以前，财务工作由总务科负责，2015年5月科室设置变化，财务管理工作调整至财务管理科，撤销信息科，原信息科部分职能划归办公室。2008年1月至2015年5月，学校设人教科，负责原办公室人事劳资及退休人员管理工作。

为了做好行政管理工作，学校先后制定了一系列行政管理制度。如《党委工作制度》《会议制度》《档案管理制度》《行政值班制度》《财务管理制度》《考勤及休假管理办法》等72项制度。这些制度涵盖了学校行政管理的各个方面，是学校各项工作顺利运行坚实的制度基础。各职能科室职责明确，运行高效。

附：《学校内设机构（沿革）和科室领导一览表》

学校内设机构（沿革）和科室领导一览表

科室设置时间	科室名称	科长（主任）	任职年限	副科长（副主任）	任职年限	备注
1986年12月	办公室	康永堂	1987.06—1994.12	吕志友	1992.03—1994.12	
		吕志友	1995.01—2004.06	温一平(正科级)	1995.01—2003.10	
				王国杰	2003.05—2004.06	
				郭立新	2003.11—2007.06	
				王国杰（主持工作）	2004.06—2005.08	
		王国杰	2005.08—2008.01			
		郭立新	2008.01—2011.08	宋梅芳	2008.01—2011.08	
				宋梅芳（主持工作）	2011.08—2012.04	
		温一平	2012.04—2015.04			
		王国杰	2015.05—2019.11	徐晓亭	2015.05—2019.11	
		宋梅芳	2019.11—2023.11	马安太(正科级)	2019.11—2023.11	
				张海燕	2020.07—2023.11	

续表

科室设置时间	科室名称	科长（主任）	任职年限	副科长（副主任）	任职年限	备注
1986年12月	总务科	赵长玉	1987.07—1993.12	张学礼	1987.07—1992.08	2015年4月更名,职能并入后勤服务科
				罗立仁	1992.09—1993.12	
		罗立仁	1994.01—1998.06	惠培兴	1995.01—1998.07	
				赵经斌	1997.07—1998.06	
		赵经斌	1998.07—2002.08	刘勇	1998.07—2002.08	
		王永胜	2002.08—2005.05			
		赵经斌	2005.05—2012.04			
		任志民	2012.04—2015.04			
	教务科	张茂吉	1989.11—1993.12	朱英隽	1987.07—1989.10	
				王荣生	1989.11—1991.06	
				王永胜	1992.09—1997.06	
		吕永合	1994.01—1998.09	王军	1997.07—1998.06	
		王军	1998.07—2002.07	郭立新	1998.07—2002.07	
			2005.05—2008.03			
		陈科军	2008.03—2011.08			
		王军	2012.04—2015.04			
		马安太	2015.05—2019.11			
				王涛（主持工作）	2019.11—2020.06	
		王涛	2020.07—2023.11			
	学生科	吕永合	1991.12—1993.12	吕永合	1987.07—1991.11	2002年8月更名为学历教育科
				王荣生	1994.01—1994.12	
				安丽坤（正科级）	1994.01—1997.06	

科室设置时间	科室名称	科长（主任）	任职年限	副科长（副主任）	任职年限	备注
1986年12月	学生科	王荣生	1995.01—1997.06	王天宝	1997.07—1997.06	
		王天宝	1998.07—2002.08	贾小莹（正科级）	1998.07—2002.02	贾小莹任团委书记
1988年12月	膳食科	王荣生	1991.07—1997.09	张文举（主持工作）	1992.01—1998.07	2002年8月更名为食宿管理科
		任志民	1998.07—2002.08			
1989年11月	干部培训科	朱英隽	1989.11—1995.01			1995年1月更名为教育研究室，2002年7月又恢复原名，2005年8月更名为管理科
		赵经斌	2002.08—2005.04	陈斌才	2002.08—2003.05	
		陈斌才	2003.05—2005.08			
1995年1月	教育研究室	朱英隽	1995.01—1998.07	蒲峰	1995.01—1998.07	2002年7月更名为干部培训科，部分职能并入教务科
		蒲峰	1998.07—2000.12			
1997年4月	成人教育科			王永胜	1997.07—1998.06	2002年7月更名为学历教育科
		王永胜	1998.07—2002.07			
2002年7月	信息技术科	温一平	2003.10—2005.07	郭立新	2002.08—2003.10	2005年4月更名为信息科
	食宿管理科	王天宝	2002.08—2005.04	刘勇	2002.08—2003.05	2005年5月更名为食宿科
	教学管理科	王军	2002.08—2005.04	陈科军	2002.08—2005.07	2008年3月更名为教学科
	学历教育科	任志民	2002.08—2005.04			2005年8月更名为学历科
2005年4月	教学科	陈科军	2005.08—2008.03			2014年5月撤销，职能并入教务科
		王军	2008.03—2012.03	白小田	2008.03—2012.03	
		白小田	2012.04—2015.04			

续表

科室设置时间	科室名称	科长（主任）	任职年限	副科长（副主任）	任职年限	备注
2005年4月	管理科	温一平	2005.08—2008.03			2014年更名为学员工作科
		王国杰	2008.03—2015.04	马安太	2008.03—2012.03	
				马占宏	2012.04—2015.04	
	学历科	任志民	2005.04—2006.01			2008年1月撤销
		王永胜	2006.01—2007.06			
		郭立新	2007.06—2008.01			
	信息科			徐晓亭（主持工作）	2005.12—2015.04	2014年4月撤销，职能并入办公室
	食宿科	王天宝	2005.08—2006.01			2015年3月更名后职责并入后勤服务科
		任志民	2006.01—2008.03			
		温一平	2008.03—2012.03	马占宏	2008.03—2012.03	
		马安太	2012.04—2015.04			
2008年4月	人事教育科	任志民	2008.03—2012.03			2014年7月撤销
		宋梅芳	2012.04—2015.04			
2014年3月	教研一部	王金田	2015.05—2019.11			
				徐晓亭（主持工作）	2019.11—2020.06	
		徐晓亭	2020.07—2023.11			
	教研二部	魏荣	2015.05—2019.11	王涛	2015.05—2019.11	
		王国杰	2019.11—2023.11			
	教研三部	王盛元	2015.05—2019.11	刘金虎	2015.05—2019.11	
		王金田	2019.11—2023.11			

科室设置时间	科室名称	科长（主任）	任职年限	副科长（副主任）	任职年限	备注
2014年3月	学员工作科	赵经斌	2015.05—2019.11			
				马占宏（主持工作）	2019.11—2020.06	
		马占宏	2020.07—2023.11			
	后勤服务科	白小田	2015.05—2019.11	马占宏	2015.05—2019.11	2019年11月至2020年6月朱伟主持工作
				朱　伟	2015.05—2020.06	
		朱　伟	2020.07—2023.11	赵胜伟	2020.07—2023.11	
2014年8月	财务管理科	宋梅芳	2015.05—2019.11			
		白小田	2019.11—2023.11			

第五章　后勤管理

后勤管理是学校工作的重要组成部分，学校后勤工作一贯坚持为教学服务、为学生（学员）及教职员工服务的方向，围绕学校工作的总体思路，保障了教育培训工作有序运转。

学校后勤工作由一名副校长（副主任）具体分管。

1986年12月学校成立之初，设总务科，负责财务、伙食、招待、物资仓库、锅炉房等。

1988年12月，为适应形势发展，设立膳食科，分管学生、教职工食堂。当年新建菜窖（1988年储备各种冬菜4万余斤）、猪圈（保持存栏4头）、豆腐房（各类制品可满足本校师生的需求）等。

1992年至2001年，是学校普通教育阶段，学校内部实行全员聘任制的同时逐步完善定编定岗，后勤工作由总务科和膳食科共同负责，坚持"方便在税校，满意在税校"的服务方针。具体工作中，坚持"三个服务"，即：对教学的常规服务，对专业科研部门的优质服务和对师生员工的"三个一样"服务（为集体和为个人一样服务，为学生和为职工一样服务，正常工作和加班加点一样服务）。住宿方面从学生7人宿舍管理逐渐过渡为公寓化管理。在就餐方面，先后开设了学生灶、学生二灶、小吃部和清真灶，极大地满足了学生、学员不同层次的就餐需求。为了更好地做好后勤保障服务工作，后勤方面制定了《伙食管理制度》《车辆管理制度》《医疗门诊及医药费管理制度》和《学生管理办法》等33项制度，这些制度的执行确保了服务到位、保障到位。

2002年至2008年，学校进行了内部机构改革，设总务科和食宿管理科两个部门承担服务保障工作。后勤工作坚持"一切为了学员，为了学员一切"服务理念。在住宿方面，坚持服务人员24小时值班制度，实行宾馆化管理，让学员住得舒心。在餐饮方面，实行伙食批准制度，精心制定食谱同时不断征求学员意见，增加花色品种，提高饭菜质量，保证学员就餐满意。修订完善了《物资采购制度》和《餐厅管理制度》等多项制度，印发了《培训中心行政后勤人员道德规范》和《工勤人员职业道德规范》等3个规范文件。2002年12月，学校被天水市委评为"庭院绿化先进单位"。2003年3月，学校被甘肃省爱委会评为"卫生先进单位"。2005年，学校获得"A级食品卫生单位"称号。

2010年，学校完成了校园设施项目改造，学校教学、食宿、环境等方面发生跨越式变化，以"精细化、规范化、人性化"为目标，后勤服务工作水平全面提升。劳动用工人数从十几人增加至五十多人，后勤管理加强了公寓楼服务人员的岗前培训和餐厅后厨人员的定期培训，公寓楼、餐厅服务实行领班主管服务方式，住宿客房印发《服务指南》，按照宾馆化规格配备各类日常用品。后厨实行厨师长负责制，以自助餐供应为主，明厨亮灶（监控视频），每个菜品、食品实名负责。2013年印发了《学校车辆管理办法》和《学校食堂就餐管理办法（试行）》等有关公寓楼、食堂管理、食堂采购及食堂成本核算方面的4项制度。

2015年，学校进一步加强服务和

学校餐厅

保障能力，进一步提升学员公寓、食堂、资产管理水平，全力保障水电暖设施设备正常运转，始终保持校园洁净、美丽和安全。2016年印发了《学校公共卫生应急预案（试行）》等有关消防、自然灾害、公共卫生等方面的应急预案。

2019年至2023年，后勤管理强化措施，既保证了年度培训任务顺利完成，也保障了校园的安全稳定。2021年学校荣获"平安天水建设优秀单位"称号。

学员就餐场景

2007年7月，省国税局党组成员、副局长李雪松（中），副巡视员王长久（左二）来学校检查指导后勤管理工作

办公楼

第三编

教学管理

第六章　管理制度

　　学校自创办以来，无论是普通教育、成人教育还是干部培训阶段，教学管理始终以适应时代发展，满足教育培训需求、提高教学质量为出发点，坚持从实际出发，逐步建立起了科学、规范的制度体系，各项教学工作有章可循，达到管理制度执行与教师作用发挥的深度融合，保障了教学管理工作高质量发展。

　　1987年，学校印发了《甘肃省税务学校岗位责任制管理制度汇编》，明确主管教学副校长岗位责任、教务科职责范围、教务科长岗位责任、教务干事工作职责、教研组长工作职责、教师工作规范、图书馆工作人员职责、阅览室工作人员职责、资料员工作职责等，规范了教学各个岗位的工作任务，明确了要达到的教学效果，为学校正常开展教学管理提供了制度遵循，为教学工作的健康运行打下了坚实的基础，同时使教学管理有章可循，工作有规范，管理有流程，考核有依据，保证了各项教学管理工作健康运行。

　　2009年，学校在1987年各项制度的基础上，调整优化印发了第一部《甘肃省税务干部学校管理制度汇编》。培训教学制度包括教师教学工作制度和学员学习培训制度两部分。这些制度的执行使各项工作更加规范。

　　教师教学工作制度包括《教师管理办法》《教学管理办法》《考试管理办法》《标准化试题命题标准》《试题库管理办法》《培训项目（课题）开

学员辩论赛

发与奖励管理办法》《教研活动组织实施办法》《教师进修、实践、调研管理办法》《教材管理制度》《优秀课件评选办法》《学术科研成果奖励办法》和《培训管理工作规程》等12项制度。

学员学习培训制度包括《学员管理制度》《初任公务员培训班学员管理制度》《优秀学员、优秀学员干部评选办法》和《学员上机须知》4项制度。这些制度为以后教学制度的完善与发展奠定了坚实的基础。

2018年，在第一部《甘肃省税务干部学校管理制度汇编》的基础上修订完善相关制

学校制度汇编手册

度，形成更加全面、规范、系统，更符合干部教育培训管理实际的第二部《甘肃省税务干部学校制度汇编》。修订了《甘肃省税务干部学校教学管理办法》《甘肃省税务干部学校教学事故处理办法》《甘肃省税务干部学校教科研调研管理办法》和《甘肃省税务干部学校项目组规程》等3个办法和1个规程；出台了《甘肃省税务干部学校教师挂职管理办法》《甘肃省税务干部学校教学案例开发管理办法》《甘肃省税务干部学校兼职教师选聘和管理办法》《甘肃省税务干部学校青年教师培养计划》《甘肃省税务干部学校专职教师管理办法》《甘肃省税务干部学校贯彻落实税务系统培训项目质量评估管理办法（试行）实施意见的通知》和《甘肃省税务干部学校关于扎实做好年轻教师学习研究小组工作的通知》7项制度。

这些管理制度的制定、修订、完善和认真执行，保证了学校各项教学任务的圆满完成，为培养合格的学生、学员提供了制度保证。

第七章 教学管理

甘肃省税务干部学校先后经历了普通教育时期、普通教育与成人教育并存时期以及干部教育培训三个时期。

学校从创建伊始就十分重视教学管理，学校的教学工作计划由校长主抓，教务科协同制定，组织制定了各专业教学计划和教研组学期工作计划。教师根据教学大纲和教材内容要求，结合授课班级具体情况，按照学校教学计划、各专业教学计划、教研组学期工作计划提出的目标、任务和要求制定本课程授课计划，从而形成学校教学工作计划体系。建校以来，学校共招收普通中专生13届，以老师苦教、学生苦学相结合为抓手，培养出了合格的税收、财会、计算机等专业毕业生2283人。据2007年的统计，在全省税务系统，历届税校毕业生现已任职市、州局中层干部者近20%，有10多名学生担任了县局局长，大部分毕业生已成为全省税务战线上的骨干，还有很多学生在其他行业也取得了成就，成为国家经济建设的新生力量。

1989年，成立干部培训科。专门负责干部培训方面的教学和管理工作。这一时期，成人教育教学管理工作主要任务是进一步做好系统内岗前培训、岗位职务培训和中专专业证书教育的组织、管理及教学工作。教学工作以提高教学质量，突出专业特点为主。采取了一系列得力措施，加强了理论联系实际和"三基训练"（基本理论、基本知识、基本技能），探索出

1991年12月，学校领导周广林（前排左二）、刘明生（前排左一）、张聪贤（前排居中）和学生科长吕永合（前排右二）与优秀毕业生代表合影

了以社会大课堂教育、提高、检验和巩固知识的新路径。同年11月，省财政厅中专学校教学质量评估小组对学校进行了检查评估，认为学校教学属良好水平。

1997年，学校成立成人教育科。负责在职干部培训、函授教育的组织管理工作。这一时期成人教育教学管理的主要任务是制定年度干部培训计划、落实大、中专函授招生计划；组织函授站大专班教学工作及校内中专函授班教学工作。

2023年9月，省局党委委员、副局长向宇（左四）和教育处长安丽坤（右四）来学校调研指导工作并与部分教师合影

2018年，学校举办政治理论学习专题讲座

培训班结业合影

1995年6月，全省国税计会微机

副科以上干部培训班合影

1998年5月，全省国税系统第三期

1999年6月，培训班结业师生合影

2002年，教学管理工作分别由干部培训科、教学管理科及学历教育科分工协作。干部培训科负责各类培训班的教学行政管理工作；教学管理科负责教学管理和教学业务管理工作；学历教育科负责函授教育、远程教育和网络教育，负责联合办学并与教学管理科协同做好学历教育的教学工作。根据成人特点，深入开展教学研究和改革，研讨式、案例式、模拟式、体验式、访谈式等教学方式普遍运用，反响良好。

2005年，教学管理工作分别由教学科、教务科及学历科分工协作。教学科全面负责教学业务管理工作，下设三个教研室，负责培训计划、教学方案的实施；教务科负责培训质量的检查与评估；学历科负责成人学历教育及联合办学项目开发。为确保培训有序开展、有的放矢，2005年开始，干部培训采用项目化管理。在培训准备阶段，通过编制《培训项目计划书》明确培训准备、日常管理、教学管理和后勤服务每个环节责任科室、责任人以及具体工作；在培训实施阶段，根据不同培训班的特点编制《培训资料》，对课程设置、教学计划以及培训日程，进行科学合理的安排。项目化管理确保了整个培训工作有条不紊的进行。

2008年至2012年，教学管理工作由教学科和教务科分工协作完成。教学科全面负责教学业务管理工作，下设三个教研组（室），负责培训计划、教学方案的制定及实施；教务科负责培训的检查与评估。学校始终坚持"税校为税"的办学方向，走"特色立校、质量兴校、改革强校"的发展道路，践行"创新项目、注重实训、面向基层、增强实效"的培训理念，实现了项目研发与课程体系建设全面，教学科研水平实力雄厚，体制、机制运转高效，专兼职师资队伍结构优化的干部教育培训工作新格局。

2012年，学校印发《抓住机遇"实现三个提升、建设三个基地"为目标全力推进干部教育培训跨越式发展实施意见》。推动了项目建设和结构优化，形成了"先有项目、后有课程"的开发理念以及"实施需求调研—计划—审查—开发—组织实施—过程监控—质量评估—意见反馈—总结分析"的流程化项目管理模式，确保了项目和课程运行质量。

国家税务总局扬州税务进修学院调研评估组评价道：学校硬件设施、师资和管理队伍、培训教学管理机制、办学

2013年4月，省国税局党组成员、副局长张敬(左三)，党组成员、总经济师赵应堂(右一)来学校检查"全省国税系统信息安全技术培训班"开班前教学设备的准备情况

中国人民大学财政金融学院"财税理论与政策"研修班结业合影

能力和办学业绩在省级税务干部学校中处于较高的水平。

2014年至2021年，教务科全面负责教学业务管理工作。具体负责拟订各类教学管理制度，组织、实施各类培训计划及其教学质量检查评估。教学管理以聚焦税收中心工作和省局工作部署，坚持问题为导向，深入开展调研，加强教科研创新，大力开展专题专项培训，加大特色项目和品牌课程的研发实施为中心工作。注重青年教师培养力度。实行"师带徒"，发挥骨干教师传帮带作用。通过公开课、试讲观摩、集体备课、教学竞赛、教法交流等方式，提升教学技能。建立校际教科研合作交流机制，定期委派青年教师在总局"一主两辅"、其他税务施教机构挂教，学习先进教学理念和教学方法。学校与当地税务局、企业，探索尝试"局、校、企"三方合作共建培训实践新模式，发挥各自优势促进产学研共同提升。自主研发题库组卷系统和在线考试系统，实现培训科目试题和知识点的信息化管理，形成题库管理、自动组卷、在线考试、成绩管理一体化的信息化管理模式，提升了教务教学信息化管理水平。

2022年至今，教学管理的主要任务是以学习贯彻习近平新时代中国特色社会主义思想为主题主线，坚持不懈用党的创新理论凝心铸魂、强基固本。坚持把政治训练贯穿教育培训及日常管理全过程，教育引导广大学员树立正确的权力观、政绩观、事业观，提高政治判断力、政治领悟力、政治执行力。积极探索线上与线下相结合的培训

全国税务系统施教机构特色培训项目研讨班开班

模式，组织"微课""标课""慕课"等网络课件的开发制作，教育培训方式方法不断优化，干部教育培训主渠道、主阵地作用发挥明显。

自转型干部教育培训以来，举办各级各类培训班1094期，培训在职税务干部和其他社会人才81858人次，为提高干部业务素质和专项业务的顺利开展提供了业务支撑，实现了高质量教育培训干部，高水平服务税收事业发展。

2005年，国家税务总局党组成员、副局长宋兰（前排居中）与全体教职工合影

2019年，省税务局考核考评处处长（学校原老师）蒲峰为全省税务系统绩效管理和数字人事业务骨干培训学员授课

2022年3月，省局办公室副主任张万刚为培训学员讲授舆情管理课程

第八章 科研成果

学校自建校以来，始终坚持教学与税收科研两手抓两手都要硬的工作思路，拓宽思路，结合各个时期的税收工作发展方向，致力于税收科学研究，涌现出了一大批税收科研人才，他们将税收工作实际结合在学校的教育培训中，极大地丰富了课堂内容，增强了课堂教学的趣味性、实用性和针对性。

1992年12月10日，学校召开甘肃省税务学会成立大会暨第一次税收理论研讨会，同时成立学校税务学会，王德全同志担任会长，周广林同志担任名誉会长，安大定、张聪贤同志为副会长，张茂吉同志为秘书长，马衍伟同志为副秘书长。学校税务学会的成立标志着学校税收科学研究方面走上了正规化轨道，税收科研多点开花，当年获得地、市州以上表彰奖励论文有8篇，学校多次派代表参加全省税收理论研讨会，交流科研成果，成为甘肃省税务系统税收科研队伍中不可或缺的重要力量，对全省税收工作的发展起到了良好的推进作用。

部分科研成果一览表

序号	题目	作者	期刊名称	发表时间
1	"三讲"教育是面向新世纪全面推进党的建设新的伟大工程的内在要求	马安太	《中国高校教育与科研》	2000年3月
2	西部大开发是实现中华民族伟大复兴的世纪工程	马安太	《中国高等教育研究论丛》	2001年2月
3	深入学习贯彻十六大精神必须牢牢把握的几个方面	马安太	《中国学校教育与科研》	2003年2月
4	新形势下税收执法与纳税服务的关系	李培芝	《财会研究》	2008年7月
5	坚持以人为本 构建和谐的税收征纳关系	马安太	《财会研究》	2008年9月
6	推动我国天然气管道运输业发展的税收政策	马衍伟　王金田	《税务研究》	2008年9月

续表

序号	题目	作者	期刊名称	发表时间
7	企业负债规模研究	满海珍	《财会研究》	2009年7月
8	浅析新企业会计准则中的"公允价值"	满海珍	《甘肃科技》	2009年8月
9	对我国一般反避税方法和实践的思考	邵建鹤	《财会研究》	2009年9月
10	和谐税收体系构建中税务协调及税收绩效管理的运用	王金田	《财会研究》	2010年2月
11	投入产出方法在企业计划管理中的应用	邵建鹤	《财会研究》	2010年3月
12	投入产出方法在大企业税收征管中的应用研究	邵建鹤	《财会研究》	2010年6月
13	我国税收制度改革的价值取向探讨	王金田	《现代商贸工业》	2011年10月
14	论构建资源税体系与完善财富分配制度——资源税改革的价值取向及发展	王金田	《现代商贸工业》	2011年11月
15	加强税务干部教育培训工作的研究与探讨	张国惠	《中国校外教育》	2012年8月
16	提高纳税遵从度思考	张国惠	《现代商贸工业》	2012年11月
17	税务稽查执法风险成因分析及防范策略	张国惠	《现代商贸工业》	2013年11月
18	委托加工应税消费品的消费税处理	王 涛	《现代经济信息》	2013年12月
19	浅谈如何做好办公室信息工作	张海燕	《办公室业务》	2013年12月
20	会税差异对会计稳健性的影响	蔡 静	《商场现代化》	2014年8月
21	消费税改革初探	王 涛	《全国商情》	2015年6月
22	当前税务稽查案件取证工作问题及应对策略	张国惠	《现代商贸工业》	2015年10月
23	政府间纵向税收竞争研究的演进——一个基于不同政府类型的文献分析框架	王金田　马安太	《税务研究》	2015年11月
24	完善地方税体系　构建地方收入新格局	王金田　马安太	《中国财政》	2015年11月
25	助力供给侧结构性改革的税收制度完善	张继华	《税务研究》	2016年11月
26	全面"营改增"对电信业影响评析及企业经营模式优化策略——以甘肃省移动公司为例	蔡 静	《经济研究参考》	2016年12月
27	电信行业"营改增"效应分析——以甘肃省移动公司为例	蔡 静	《中国管理信息化》	2017年1月

续表

序号	题目	作者	期刊名称	发表时间
28	投入产出模型在复杂制造业大企业纳税遵从模型机制中的应用研究	邵建鹤	《天水师范学院学报》	2017年7月
29	基于投入产出模型的复杂制造业税收征管模式研究	邵建鹤	《兰州工业学院学报》	2017年12月
30	投入产出技术在金融风险管理模型机制中的建立与应用研究	邵建鹤	《兰州工业学院学报》	2018年8月
31	纳税争议行政诉讼"两个前置"制度的可行性分析	朱玉霞	《法制博览》	2020年7月
32	支持制造业转型升级的增值税政策	王 涛	《产业创新研究》	2020年7月
33	浅析萧红笔下女性人物形象特点	张海燕	《参花（上）》	2020年8月
34	计算机应用的发展现状与展望	刘彩霞	《电子技术》	2020年9月
35	新时期下如何提高食堂食品卫生安全管理的质量	满海珍	《食品安全导刊》	2020年9月
36	后现代主义视角下对余华文学作品的解读	张海燕	《散文百家（理论）》	2020年12月
37	浅析计算机网络信息安全及其防护对策	刘彩霞	《信息记录材料》	2021年2月
38	民族声乐与美声唱法的风格差异	马占宏	《艺术大观》	2021年4月
39	传统文化对音乐教育的影响分析	马占宏	《参花（下）》	2021年4月
40	习近平经济思想对当前经济健康稳定发展的重大意义	邵建鹤	《兰州工业大学学报》	2021年4月
41	新个税改革后存在的问题与解决策略研究	王 涛	《今日财富》	2021年5月
42	民族声乐演唱艺术的情感表达	马占宏	《戏剧之家》	2021年6月
43	民族声乐艺术的继承发展建议	马占宏	《戏剧之家》	2021年8月
44	中小企业税收优惠政策体系的优化路径	于国华	《投资与合作》	2022年1月
45	税务系统全面推进行政执法三项制度的思考探究	朱玉霞	《支点》	2022年6月
46	浅谈加强现代企业财务会计管理的具体措施	钱 科	《商场现代化》	2022年6月
47	汉语言文学对传统茶文化的作用分析	牛尔荣	《文化产业》	2022年7月
48	云计算在计算机数据处理中的应用发展	刘彩霞	《数字技术与应用》	2022年10月
49	国际税收行政合作法律机制的完善	朱玉霞	《法制博览》	2023年2月
50	大数据背景下网络安全的重要性及防范策略浅析	王 权	《网络安全技术与应用》	2023年4月

第九章　校风　学风

　　学校始终坚持以人为本的社会主义办学方向，坚持党的教育方针，坚持教育为社会主义建设服务的指导思想，把培养有理想、有道德、有文化、有纪律，热爱祖国、热爱党、热爱人民，具有科学态度和献身精神的税务干部和经济管理人才作为学校教育的出发点，形成了"从严治教、严格管理、严格要求、严格组织纪律、严格规章制度"的"五严"校风。

　　在学风建设上，学校按照学生全面发展的要求和突出中等专业学校实践性特色的原则，加强了理论教学、实践教学、体育教学、技能培养的各自提高和有机配合，鼓励学生勇于探索，积极拓展学习视野，加强与兄弟院校的学习交流，全力提升学生的综合素质。在参加全省财经20多所中专的两次《数学》统考、《国家税收》统考、计算机知识竞赛和1992年全省财政系统珠算比赛中，学校代表队都取得了第二、三名的好成绩。

学校举办科学发展观专题辅导讲座

1989年10月，学校举办珠算大赛，参赛者与老师合影

加强学员管理。学校坚持从严治校、从严治教、从严治学，严格要求、严格管理、严格考核，狠抓培训纪律，把入学教育作为必修课，开展培训纪律和廉政教育，签订廉洁自律承诺书；加强上课率、就餐率、晚归率考核，落实纪律督察和通报制度，营造良好的教学秩序和学习风气。

学校坚定不移地全面贯彻党的教育方针，坚持社会主义办学方向，落实立德树人的根本任务，培育和弘扬社会主义核心价值观；注重教学改革创新，坚持质量强校、品牌立校，教学质量稳步提升，培训规模逐年递增，年培训干部4万多（人）天，发挥了全省税务系统党员、干部教育培训主渠道的作用。学校1999年被省教委命名为"省部级重点中专"，2009年被中央文明委命名为"全国文明单位"，2012年被国家税务总局命名为"税务系统廉政教育基地"，2013年被最高人民检察院授予"全国百家优秀预防职务犯罪警示教育基地"。

校风正、学风实，是甘肃省税务干部学校校风、学风建设的真实写照，在全国税务干部学校中，甘肃省税务干部学校以其创新的思路、新颖的方式、规范的管理、良好的学风、优质的效果享誉税务系统，在陇原税务系统撑起了干部培训的一方天空，为各项新软件上线、新政策执行、新业务研究、好经验交流提供了强力支撑。

2022年3月3日，学校举办"学习先进典型 弘扬榜样力量"先进工作者事迹报告会和青年干部论坛，图为先进工作者、县（区）局领导和领军人才与校领导合影

第四编
学生 学员

第十章　学制设置、班级设置及学生学员管理

　　1985年3月26日，根据甘肃省计划委员会，甘肃省教育厅批复，将"天水地区财经职工中等专业学校"改为"甘肃省税务学校"，学制为两年，由省税务局和天水地区行政公署领导，以省税务局为主，主要招收应届高中毕业生。1987年秋，开始招收普通中专生，当年招收学生100人，专业为税收。

　　1992年秋季，学校开始实现学制转换，逐步由招收高中毕业生改为招收初中毕业生并招，学制由两年逐步过渡为四年，至1994年秋季，全部招收初中毕业生，专业设置为税收专业和税收计会统专业。

1989年7月，学校1987级毕业生合影

1993年2月14日，省税务局委托长春税务学院举办税收专业专科函授教育，计划招生50名，学制三年；在省税务学校举办税收专业成人中专班，计划招生45名，学制两年。

　　1994年2月16日，根据甘肃省人民政府《甘肃省人民政府关于组建直属税务机构和地方税务局实施意见的通知》，甘肃省税务学校划甘肃省国家税务局，每年的招生计划和毕业生根据国税、地税需求合理分配，同时承担国税、地税干部培训任务。

　　1995年6月5日，甘肃省教育委员会下达学校1995年市场调节招生计划40人。

　　1995年7月20日，长春税务学院在甘肃省天水市建立税务函授站，函授站建立在省税务学校。

　　1995年8月17日，总局下发《国家税务总局关于普通中等税务学校税收专业教学计划的暂行意见》，规范了专业课程设置，学校随即执行。

　　建校以来，先后共招收普通中专生13届，培养税收、财会、计算机等专业毕业生2283人，很大程度上改善了税务干部队伍的年龄结构和知识结构，为税务系统注入了新的活力。

第十一章　普通教育、成人教育历届学生名单

1987级一班

专业：税收　　　人数：49　　　学制：2年　　　班主任：张永明　吕顺琴

杨马珍	闫世祥	高永山	陶明昇	卢有彦	牛啸峰
吴军强	包 嗣	卢方元	王红民	李 磊	司多俊
徐 竣	周衍浩	王新义	王军锋	李双玉	吕福录
刘建江	张进仁	吉维珍	侯秉刚	谷小虎	李岳峰
甄 武	王 侃	任文昭	朱连学	于立新	王 巍
陈 清	王自荣	罗相辅	张小川	赵结运	赵勇强
张文举	成晓春	周艳霞	许云霞	李秀君	李 辉
贾玲芬	张 军	金 霞	叶秀清	田秀芬	黄建英
周玉芳					

1987级二班

专业：税收　　　人数：50　　　学制：2年　　　班主任：温一平

佘旭平	贾志宏	陈富定	李建全	张元明	任番喜
梁 铁	沈正明	秦占兵	徐万辉	王建兵	窦世俊
宋 诚	李仁喜	梁金平	王友璧	冯永虎	刘 通
王 涛	张世忠	李 平	王 峰	郭建武	史文龙
秦天宇	赵滋民	行相锋	李少林	董宪君	王东福
高怀忠	田中山	袁志勇	祁 芜	李过海	杨 杰
侯志成	陈亦新	郭林婷	李 茹	雷朝晖	黄莲菊
赵 侠	王泉芳	李清萍	赵晓芬	李清华	夏 明
高 岚	于 纬				

学校1987级学生20年师生聚会合影

1988级一班

专业：税收　　　人数：45　　　学制：2年　　　班主任：王国杰

孔宝新	补 启	裴晓周	杜国权	徐 虎	张家栋
王建平	张国鼎	熊英剑	孙柏福	方子红	芦永泰
边振忠	李雁彬	杨小强	王凤琪	万玉胜	田多海
安清晨	张鹏家	王 宏	辛旭东	李迎春	赵 继
王国民	魏传强	耿生华	李 劼	慕荣年	胥长路
魏 萍	林雪梅	董国琴	胡晓晗	刘慧淑	曹秋娟
刘宜春	郭晓池	张红霞	蔡巧玲	孙玉兰	张丽霞
张 雯	尹红霞	陈 东			

1988级二班

专业：税收　　　人数：45　　　学制：2年　　　班主任：任志民

刘虎生	郭 庆	李跟定	藏积聪	魏 东	白建军
韩永军	李文懿	袁玉平	李学良	李卫忠	郭永海
赵怀玉	乔心平	杨万昌	李英来	刘 军	武小军
刘向民	曹占荣	任志平	李志奇	王田土	谢 斌
虞武卫	魏成曼	脱向东	廖仲权	路智权	毕 渊
蒋红娟	陶立香	魁永惠	冯菊芳	王 丽	张君霞
魏 强	成爱梅	陈道红	刘春兰	王秀芳	陈 婷
胡领华	范泉益	王红娟			

1988级三班

专业：税收　　　人数：45　　　学制：2年　　　班主任：杨向荣　温一平

王新林	邵保平	王晓维	蒋银善	马文熙	安显勇
刘学军	吴真春	龙广子	王 晖	刘玉忠	顾有国

王文涛	文 举	魏雅科	王万亮	刘洪东	刘 俊
王万龙	柏迂雪	刘生先	赵 哲	黄 艾	李建国
赵银川	吕安祥	姚碧林	任青虎	王晓军	马武生
杨小彦	杨金茹	吴菊红	李晓宁	蒋玉芳	金陆平
赵月萍	崔历程	刘永玲	余小红	虎永玲	赵莉萍
谢志英	刘玉梅	祁 琰			

1988级四班

专业：税收　　　　人数：45　　　　学制：2年　　　　班主任：王天宝

文永红	巩爱勇	王定海	赵胜天	梁文良	董万福
石建国	张汉杰	马明学	刘宗文	李红兴	满自祥
陈宝刚	焦晓东	蔡志峰	刘尚文	赵 涛	甘永峰
张正延	王全福	付小忠	杨志祥	李施伟	龙庆云
徐小龙	刘 忠	李文革	马万里	王 斌	石金钟
刘延琴	张保红	王 惠	王 燕	赵春英	曾云倩
潘艳华	曾 伟	张巧花	龚晓萍	彭凤英	曹英华
舒 芳	梁颜军	刘丽琴			

1988级五班

专业：税会1　　　人数：43　　　学制：2年　　　班主任：陈科军

李文安	宋 明	高彦强	张济民	柴述东	蔡 琳
王 泽	杨成学	周都勤	滕宝乾	王春来	张连英
杨进荣	魏生宏	王霞明	李文胜	赵瑞斌	杨富强
齐 宪	刘朝晖	任鹤龄	刘正玉	翟玉发	李 刚
武殿顺	樊景莲	张顺利	董东明	陈彩萍	孙文秀
魏冬花	杨培红	许 红	孙肖敏	刘鸿雁	张桂先
王弟芳	马 巧	唐桂枝	孙雅萍	牛新华	俞红芳
陈 燕					

1988级六班

专业：税会2　　　人数：45　　　学制：2年　　　班主任：王小军

谢志霄	马孝文	石钟泰	余加凌	汤 新	王世茂
张 昊	王红军	唐小鹏	周新国	陈岩佳	杨国敏
雒泰民	李世峰	金玉平	贾正时	刘子英	魏明义

1990年7月，学校1988级毕业生合影

续表 1988 级六班

张保明	张彩峰	吴小军	张军发	谢春明	冯世军
魏国珠	薛 成	李亚军	舒召矿	付春香	王金丽
李庆秀	赵 晖	郑宝萍	王淑玲	范红丽	杨建湘
赵雯娴	冯春虹	冯玉先	宋丽华	刘慧萍	汤玉霞
张菊叶	李金珠	崔 娟			

1988 级专业证书班

专业：税收　　　人数：47　　　学制：1年　　　班主任：吕志友

张应科	张文源	冯田喜	巩银科	潘正明	杨荣庆
杨建平	杨卫东	黄海林	王 仲	庄鸿平	王国祥
景立元	王 旭	李恩厚	董靖平	王永平	闫亚辉
温舟芸	石淑芬	唐永峰	石 雄	牟玉生	张红星
袁玫亮	韩钦荣	张志强	候纪平	高招礼	李东庆
韩建军	马 云	王锡明	丁金贵	陈文明	陈永忠
魏万军	张耀华	戚登泰	狄国兴	蔺 义	李生岗
王凌伯	张天靖	田得昇	杨天成	仵顺选	

1989 级一班

专业：税收　　　人数：46　　　学制：2年　　　班主任：王军

张林科	唐永孝	鲁明红	罗春宝	潘玉军	章建宏
赵 强	费万成	王正午	王羲强	王廷强	徐家汇
卢冰泉	夏菓洲	张银国	丁文军	王卫军	闻世全
唐军远	王定国	何永锋	杨 桦	康克成	麻万国
解惠明	蔺周剑	姜 锟	杨石成	屈可端	刘星郁
杨维红	赵羽农	敖 敏	王永久	潘作平	王 文

焦学林	赵辉明	乔国强	郭　清	陈　静	何云霞
赵宏宇	杨崇琳	王利君	刘　峻		

1989级一班毕业生合影

1989级二班

专业：税收　　　人数：46　　　学制：2年　　　班主任：张永明　王永胜

王耀成	陈　峥	雷胜利	陈充全	张爱国	刘振涛
万　田	高　峻	吴　涛	任海玉	贺国才	贠　翩
吴玉珠	刘钊三	王万成	杨　轲	张丰东	秦建荣
唐翔宇	丁　宏	潘多军	杨发守	张小忠	张立新
袁金民	刘宝银	李来卓	李　赋	彭　飞	张晓嵘
任广阔	李洪国	康继龙	水兴有	尉文平	武兴平
胡晓忠	马　新	赵沛生	张　晖	薛　健	王瑞琴
王丽芳	郝巧红	刘　军	李雷芳		

1989级三班

专业：税会　　　人数：45　　　学制：2年　　　班主任：蒲峰

薛建国	张维福	王东辉	安建明	张 也	董小勇
王 强	司永国	张敬国	蔺全平	王世杰	龚熙浩
张 军	石志宏	王 辉	麻强国	王智己	陈建武
李少勇	任立新	郑国玺	王 焜	马正平	魏伟平
侯 鑫	杨冰云	杜永炜	朱志蔚	裴生琴	张军兰
苏 妍	张景萍	程立军	刘彩娟	党兰琴	关玉花
秦为农	孙嘉红	牛小燕	王希贤	钟国强	马 悦
窦 岩	叶 强	王一村			

1989级四班

专业：税会　　　人数：44　　　学制：2年　　　班主任：毛国强

金恩孔	林军红	李东辉	邵 钟	段国栋	汤 岚
焦宗明	杨宏军	王 东	沈怀平	豆永迁	徐军民
张 宏	唐培新	柳 峰	陈 雄	杨思彦	罗 辉
李荣奎	任 君	赵海林	李艺平	张继南	张 轶
薄新会	杜 斌	马翠玲	苏红萍	李 芳	李 婧
姚 利	安志宏	张淑宇	朱燕云	王银秀	赖振菊
李桂琴	何丽君	刘万军	华建春	汤 江	牛辉东
刘 晖	萧文云				

1989级专业证书班

专业：税收　　　人数：39　　　学制：1年　　　班主任：宋梅芳

刘国成	陈爱梅	孔繁成	成 江	白玉生	丁晓林
刘迎春	王广红	张小军	黄兰芳	李 军	宋云霞
赵平凡	麻建明	康 南	金文兰	闫顺明	马晓军

郎文俊	魏生明	刘秉杰	张脍	王 刚	周向阳
邓小琴	文正林	常怡文	宋土生	周生建	李银平
吕晓峰	仇龙生	郭小军	李 军	李灵芝	岳一庆
郭彦平	李爱明	李秀武			

1990级一班

专业：税收　　　　人数：47　　　　学制：2年　　　　班主任：王金田

刘旭林	蒲 剑	袁文革	陆 云	李丛民	王晓刚
谷见辉	刘小军	郑建宁	张 泓	张旭华	马登山
郑忠贤	蒋 涛	周瑞梅	仲兴岚	张生乔	冯 晓
李晓暖	王维德	张闻天	王婷婷	高 毅	吴明文
朱跟成	陈毅敏	张贤亮	程朱海	乔文冰	柴宗梅
田建勋	季 洁	陈桂兰	汪世忠	许倡盛	程耀东
巩 明	张 强	鲁学军	何德生	陈自力	宋子军
张岁强	董文刚	于 庆	张国庆	宋光兰	

1990级二班

专业：税收　　　　人数：48　　　　学制：2年　　　　班主任：王天宝

李锦旭	康世林	龚卫明	刘小伟	何桂林	钟德懿
张满堂	张霖先	姚小明	景稳勤	卢永生	李 岩
董彦明	纪存民	赵望东	黎 霖	赵建亮	郭 进
方 炳	董 峰	孙 涛	田大勇	刘践铭	段红旗
罗建兵	范红霞	朱雅静	刘 芳	龚成茹	张晖霞
李天喜	公立民	仵顺涛	李善红	黄 平	任思源
王旭霖	蔡 喜	王金荣	王小龙	蒋长雄	户建西
刘芹艳	赵 萍	张晓莉	赵福蕊	李爱英	许芙蓉

1990级三班

专业：税会　　　　人数：47　　　　学制：2年　　　　班主任：安丽坤

于长泽	胡曼琳	陈秀红	杜国平	刘海燕	王　斌
谢小军	郭　蜂	路鹏程	曹　驭	王栓林	郭黄奇
杨维康	程铁军	王永东	王海林	郭　刚	王　瑛
赵志清	肖　琼	喻长宏	李国文	李胜强	赵方文
王　胜	刘得海	刘勇尧	秦　真	张东会	尤文彬
郭陇源	李文蓉	张黎明	李建军	宋国斌	任建祖
张　麟	袁　瑛	潘苏荣	刘小英	杨　枫	张海霞
徐红梅	高宏源	闫学忠	陈银业	郑宁莉	

1990级四班

专业：税会　　　　人数：47　　　　学制：2年　　　　班主任：刘健萍

孔德荣	韩宏梅	陆金鑫	邵凯英	王　奎	张　洁
王　东	杨志多	张　鸿	于灵科	张登癸	庄界庭
王　军	石福红	杨蓬柏	张义勤	万国芳	杨海宏
刘　平	王　健	林晓红	马金平	蔡　琦	张兆升
张玉成	晏永高	蔺迎九	秦泾川	贺国武	王宗华
郭　瑾	石　军	班　俊	尤芳霞	张爱萍	陈文奎
戚晓燕	李展芳	张　忠	杨映乾	代　晖	石维成
马建丽	付　强	黄海英	王永寿	刘成珺	

1991级一班

专业：税收　　　　人数：45　　　　学制：2年　　　　班主任：贾小莹

苟永香	晏鹏飞	李庆功	张安乐	康卫华	苏晓春
董凌云	马尚礼	李军科	李靖仁	王林斌	李彩虹

李晨辉	孔繁武	张琴琴	董雪霖	李彩荣	张义莲
张恩茂	秦冬生	吉彦芳	杜丽	宋伟强	马卫兰
曹彦君	杨增萍	脱旭昇	李群	庞国海	孙志毅
张波鸿	郭德庆	杨克平	丁超	李根想	杜新宁
许东	戴国勤	梁红强	秦莉	王蓉	韩军刚
白小红	丁相斌	张晨曦			

1991级二班

专业：税会　　　人数：40　　　学制：2年　　　班主任：李欣

康艳丽	张智国	孟彩虹	汤希成	祁滟	杜建成
何天寿	何春艳	甄天兴	张学宏	沈茂强	张力
原战军	樊鸿斌	董新全	刘尚魁	王海琛	叶书明
王琳	王强	何淑娟	贾小龙	谢艳文	冯彩萍
许万佐	李智勇	张弨	邢洁	汪杰恩	董安佐
苏琴	史俊英	赵宁	芦林霞	程东辉	包天昌
夏青郁	王应军	周继科	徐磊		

1991级三班

专业：税收（职工中专）　　人数：46　　　学制：2年　　　班主任：王军

康艳霞	杨萍	范德珍	叶枫惠	肖惠萍	尹莉莉
杨琳	陈建华	杨永淑	姚九莲	徐英	张雯
张红燕	郑晓霞	李红琰	鲁乃霞	王晓花	王建信
张军	高峰	牛占林	冯建华	郑育国	陈继晓
濮武	张小龙	张志雄	李金强	赵元	张晓云
刘建明	张亚明	石宏伟	杜学东	司甫	汪亚春
赵文广	王庆国	何吉林	李晟		

1993届财会班毕业合影

1992级一班

专业：税收　　　人数：51　　　学制：4年　　　班主任：安丽坤　赵经斌

郑雅芳	寇新翠	绽东兰	刘娟娟	贾君华	王随俊
戚春梅	王康萍	杨俊锋	曹岩	王文燕	任宏艳
金万莉	杜宏兵	郝建华	尹丽霞	汪卫东	崔玉耀
景红生	陈晓平	韩军诚	李明	魏银霞	梁永刚
王亚军	薛晓莉	马晓文	程银	张本泰	丁海光
冯自萍	刘红玲	王英	韩华	袁金彪	张志亮
裴文华	蔡奋强	师丽春	肖玉诚	段存社	王淑红
王丽红	赵吉明	范效奎	金海霞	王容平	俞天春
张磊	高鸿	李武军			

1992级一班毕业合影

1992级二班

专业：税收　　　人数：45　　　学制：2年　　　班主任：王天宝

苏万生	鲍银风	卢建伟	付 江	郝爱红	马 宁
王 诚	王力永	权娟妮	郭荣福	庆晓红	梁环荣
刘永平	郭永发	张艳梅	刘占永	梁小飞	包 鑫
马效玉	宋锦霞	杨树花	亢永平	王鹏国	景国民
安思源	陆 晴	金 鸣	杨 艳	万 黎	王正荣
滕汉晓	岳立明	胡玉荣	罗一平	杨 臻	张思忠
刘永博	韩 平	冯 玲	崔 瑜	寇新燕	吴天军
王长吉	赵宏图	曹建光			

1992级三班

专业：财会　　　人数：43　　　学制：2年　　　班主任：赵燕萍　刘　勇

祝永霞	王胜选	刘宏宾	杜　飞	韩　冬	刘　炜
雷俊琴	喻　涛	李晓霞	高小菊	欧阳至春	金小荣
彭鑫栋	唐淑芽	宋长占	郭亚明	潘伟荣	黄　娟
陈晶玉	郑喜天	刘冬梅	李德川	陈佑平	张强军
曹荣军	吴巨龙	徐旺林	何风玺	吴怀银	谢焕琳
陈　源	尹文平	薛健民	张恒宝	姜　华	廖民太
张文学	高作宾	师　翀	黄　燚	王忠才	赵　雅
张志兵					

1993级一班

专业：税收　　　人数：51　　　学制：4年　　　班主任：王军

王明仁	高永生	董　宁	武赞军	赵军虎	杨立军
漆爱国	邵亚亚	孙　辰	车　菲	陈玉宏	孙仕惠
凌亚欣	蔺和平	孟福贵	苏　娟	冯晓霞	买文平
鲁红梅	杨振华	王　旭	张积海	李春伟	文彩娥
万广国	王万虎	庞红丽	刘宏霞	张学宏	李　婷
肖　蓉	吴　梅	兰雪梅	侯政礼	陈　丽	徐文辉
宋良军	葛　兰	王亚东	鲍艳春	杨文霞	罗　亮
鲍　军	桑学军	王　杨	陈秀琴	张芳红	付尧德
李淑霞	邱永宁	张广明			

1993级一班毕业合影

1993级二班

专业：税收　　　人数：45　　　学制：2年　　　班主任：张永忠　魏　荣

赵长宁	李　红	赵　江	龙　琳	杜　忠	蒋道宏
梁济华	杨刀如曼	刘鸿雁	陈爱香	王绍华	张建华
马卿云	李　昊	沈小琴	林　燕	胡玉贵	陈立梅
南　辉	樊晓诚	卢晓石	刘　晓	马勇刚	关会明
杨丽娟	李世伟	张明琦	张　耘	徐永成	夏　鹏
李树凯	胡乃明	高　杨	王　磊	陈玉春	闻　华
解　健	李喜仍	张智理	李　欣	田　君	雷拥军
戴翔武	曾大山	罗　哲			

1993级三班

专业：税收　　　人数：45　　　学制：2年　　　班主任：温一平

姬　凯	马诚明	张朝霞	刘　皓	李晓霞	刘桂香
曹志刚	徐芸香	刘　震	马晓睿	刘　仑	赵志刚
安志峰	贾双娜	王　维	王芳玲	陈　萍	马新霞
李　强	谢春涛	令存者	张文姑	李建军	杨宗元

续表1993级三班

赵燕萍	陆 炜	韩军峰	沈美玲	王永贤	杨成林
罗世军	李宁军	金爱国	宋莉萍	何媛媛	梁和平
曾继奎	何夏珍	南秀琴	王红玲	张 静	许 娟
何 敬	裴赟娟	白云鹏			

1994级一班

专业：税收　　　人数：50　　　学制：4年　　　班主任：马安太

杨建洲	张琦祺	张 强	汪 娟	陈 军	马晓荣
贠娣萍	赵 强	贾探珠	杨雪梅	张林琳	刘小兰
寇 军	赵 晶	鲜鸿玲	马晓芳	麻晓燕	杨旭锋
韩文忠	范桂林	马翠芳	赵丽莉	马秀兰	郑 杰
马小燕	马 虹	张冬冬	李德胜	金学桂	马学宏
赵 霞	许文霞	周 花	姜小云	杨世国	宋田生
王治国	魏德鹏	解 非	张彩霞	任 燕	陈国兵
李海虹	连金兰	杨崇旭	王俊宽	曹 欣	李 丽
雷燕宁	李亚军				

1994级二班

专业：财会　　　人数：48　　　学制：4年　　　班主任：白小田

保先炳	赵志文	杨 琴	刘光耀	汪碧玲	贺天龙
田 禾	邢 云	罗 琼	魏天军	李亚玲	张松柏
师 晶	马春梅	王海蓉	李继红	王锡海	陈 龙
孙树栋	赵瑞英	王宏志	贾 军	马文林	魏玲梅
尚忠仁	路章红	薛 皓	王雪霞	程仙桃	唐晓蓉
刘惠玲	张科英	芸 草	崔建刚	赵开勋	李雪艳
朱 凯	文彦兵	郭俊伟	杨小艳	李文意	丁雪松
王 珍	田海龙	李兆岳	杜彦洲	高秋彦	邱红梅

1994级三班

专业：财会　　　　人数：39　　　　学制：2年　　　　班主任：张永忠

崔　丽	王泓宇	高　静	苗红霞	郭成玉	宋惠全
武永芳	钟菊英	马小莉	胡天月	曹　宁	张晓勇
张正亭	李卫星	孔林风	李爱学	邓　君	袁小勇
范春静	李　兰	武勤兰	洋青草	郭海莉	王　霞
范玉忠	李安梅	谈　军	白雪萍	冯庆华	乔永茂
杨志平	马有海	邓永莉	汪春梅	刘常玺	段玉忠
王　华	方　军	张育萍			

1994级四班

专业：计算机　　　　人数：47　　　　学制：2年　　　　班主任：李丽珍

武晓方	张燕华	张全秀	张叶峰	郭常翠	陈其根
师莉萍	刘　丰	王　琴	李旺春	鱼　辉	赵桦林
郭小平	秦春霞	沈玉娟	王自平	陈宝霞	赵小红
琚书德	马亚绒	王建英	刘　汉	丁军平	孔令鸿
祁青春	马建应	李佩莉	李伟明	王莉萍	侯庆平
鲍天树	王　伟	张桂珍	白　剑	高丽兰	杨秀娟
杨子琴	李建梅	曹小华	唐永红	运小萍	卢家荣
谢丽芳	王福川	曹晓春	邵小燕	陈斌元	

1994级五班（师专班）

专业：财会　　　　人数：40　　　　学制：2年　　　　班主任：王金田

邱瑞琴	孔令军	曲云亭	王　宏	刘建强	刘文龙
李继荣	崔淑明	路建国	马继平	徐　瑾	高学东
张文全	刘芳霞	张红霞	颉小红	裴艳红	颜小红
裴雪艳	张芳文	吴　乐	张文娴	王维武	雷进平

续表1994级五班（师专班）

蔡瑞霞	梁玉保	李晓琴	蒲建军	黄　婷	崔惠静
马永莉	张长丽	富剑琼	马晓卫	谢红灵	孙　莉
李芳玲	王秀丽	兰锦凤	王　劲		

1995级一班

专业：税收　　　人数：50　　　学制：4年　　　班主任：魏荣

付　娟	张勃勃	韩世雄	任新海	王小平	曹　惠
史文涛	雷翠翠	翟蓉娟	王万红	焦晓云	高贤桂
刘学芬	郑雪芹	梁桃李	翟丽娟	张利军	李大国
陆文润	王　霞	叶开鑫	马　俊	漆喜红	杨小燕
张　平	付小燕	牛永庆	保春英	李志平	张有珍
郭志洲	朱　华	陆文军	杜振华	许恒山	赵小博
马小军	李春燕	李敏慧	常　静	刘　斐	张建宏
王　宏	江　丽	王辉波	吕佳丽	杨小科	刘胜东
卢有良	吴宝成				

1995级二班

专业：财会　　　人数：49　　　学制：3年　　　班主任：郭立新

郭海霞	杨　波	刘　芸	赵　霞	李文伯	张　莉
张明霞	王　中	马　芳	赵　虹	孔丽文	张海琳
袁　芳	王娟娟	魏明华	曾　嵘	朱小鹏	王　靖
杨　玲	杨晓辉	康　婧	董林虎	张晓晖	赵　璐
赵　瑷	宋劭康	何双慧	韩文著	朱元山	王耀峰
吴　娟	贺鹏锐	杜曼丽	杨　敏	张小勇	韩恒斌
王　燕	王小明	郭　强	张　鹏	张　磊	韩艳莉
鲁远生	张　晶	刘亚军	吴　媛	王俊峰	邢凯胜
周治国					

1996级一班

专业：税会　　　人数：39　　　学制：3年　　　班主任：李丽珍

申　晖	苏海琴	李鹏庆	杜申梅	胡元梅	赵　亮
王理生	肖　娴	高峻峰	林桂兰	王　宁	谢恩代
高　妍	牛晓平	刘丽涛	马丽梅	杨玉霞	成春霞
吾则吉	张雯婷	袁冬亮	张玉兰	后凌霞	郭晓丹
杜晨琛	李得风	索南昂杰	陈　鹏	邓哲芸	李燕玲
张淑瑜	奚永刚	王立文	王鲁合	闫　波	苏玲爱
张春华	张迎春	谈红卫			

1996级一班毕业合影

1996级二班

专业：财会　　　人数：45　　　学制：3年　　　班主任：刘金虎

郭天亮	王小芬	刘　炜	蒲　寅	刘　敏	蔡双兰
马喜德	赵　莉	田　莉	李　兴	王瑞霞	吕会珍

杨柳菊	沈海英	刘 芳	李霞玲	杨延华	胡 静
白翠萍	李 杰	马桂英	汪 斌	李冬梅	张建兵
杨利东	陈 炜	安海霞	柴宗颖	铁玉芳	韩 喻
胡开诚	李小燕	朱雪萍	高恒恒	何海彦	董艳辉
唐 艳	窦天明	张彩虹	李钰龙	赵军琴	崔晓峰
孙渝龙	彭晓花	付 浩			

1996级三班

专业：财会　　　人数：50　　　学制：2年　　　班主任：李培芝

王旭光	张 洁	肖月新	李雪梅	李晓英	贾彩萍
丁彩凤	孟育莲	马玺恒	妥建勋	伏东霞	贾存琴
杨鸿雁	张晓兰	许元华	朱红莉	管小萍	藏巧变
张 蓉	葛志强	罗小军	豆志辉	马 骁	李文军
王秀娟	张 俊	赵海峰	王晓东	安玲霞	王安平
梁 虹	李晓燕	杨小平	刀杰九	李晓蓉	马含之
薛江琴	郭学昌	乞 飞	杨青娥	罗亚琴	黎和灵
董建辉	张连成	韩小红	黎瑞红	张 源	王彦博
逢立霞	王 逸				

1996级四班

专业：财会　　　人数：51　　　学制：2年　　　班主任：杨向荣

王小华	冯 亮	王丽荣	严丽萍	董 妍	贾广慧
单晓静	张丰琴	王燕红	王丽君	王淑娥	尤旭东
宋鹏程	张秉海	余治国	张双梅	冯 霞	常 妍
李 婧	高建军	何雪莲	陈芳林	宋丽琼	黄 鑫
向 媚	朱小风	蒋智田	陈 岚	冯 瑞	王春燕

桑雪婷	马晓琼	张晓翡	杨俊芬	杨素芬	何伟军
赵双喜	杨志勇	李宏斌	南江涛	谢重武	郭高文
刘克强	王天虎	董亚农	杨天龙	朱彦岐	宋怀亮
周臻	白晓花	韩世虎			

1996级五班（师专班）

专业：财会　　　人数：36　　　学制：2年　　　班主任：王盛元

李红珍	杨玉萍	王贵贤	杨小红	吴莲芳	杨雅林
刘占奎	张军明	王真	李海强	胡晓博	王国义
程高勤	岳维奇	张宾	陈俊清	陈江平	席小英
郑春梅	汪双艳	段苏桂	王茂竹	康永福	王少璠
靳岭雲	张克宏	王军吉	梁智	赵志明	雷兰香
吴庆爱	高文林	卢西军	李文杰	猴守甲	孟正斌

天水师专1998届财会班毕业合影

1997级一班

专业：财会　　　　人数：44　　　　学制：4年　　　　班主任：刘健萍

高铁生	王维智	杨海珍	王 娜	周毛草	程 芸
梁宏花	罗 芳	魏代立	赵燕平	马秀英	王春蕾
吕 洁	赵 鹏	李文博	郭 芊	谢 琴	张红芳
马富礼	李永娟	王海芸	麻小红	张孝龙	张自强
张玉魁	张 昱	姚亚东	文丰年	李 芳	孙夕林
王 萍	刘荷月	刘在玲	雷振宇	王君慧	薛凤珍
滕海燕	马玉芳	刘向清	任维刚	张海南	邓轶群
怀海波	李晓峰				

1997级一班毕业合影

1997级二班

专业：财会　　　人数：35　　　学制：4年　　　班主任：陈科军

朱小军	丁 艳	杨措吉	杨晓花	康 妮	张莹莹
张永艳	刘桂芳	赵艳霞	李晓燕	汪晓慧	张旭旭
汤 磊	谢 嘉	王 钰	王 妍	尚 涛	王 魁
程 鹏	李晓燕	辛天宝	黄 琼	杨东辉	李 喆
吴 洁	李红霞	刘掌宏	马小强	马 娟	杨 晋
黄延海	唐志清	蔡新强	魏 峰	狄小燕	

1997级三班

专业：电算会计　　　人数：52　　　学制：2.5年　　　班主任：吕顺琴

魏红利	常维民	马 群	王 莉	李 娜	杨谢平
张兴德	王廉杰	朱晓丽	张 瑜	文永熙	苏 蓉
张梦媛	袁国文	刘 华	崔荣兴	赵 琦	白守秀
张海燕	刘 菁	李宝琦	李晓霞	褚健羣	苟玉娟
柳 娟	闫祎珍	徐新杰	苏 哲	唐 磊	陈 展
缑玲玲	马小彦	窦晓芳	孔德文	赵志诚	赵 亮
汝 强	王 义	石国龙	赵 萍	陈丽萍	赵 鹏
刘 李	闫 妮	任官奇	郭艳艳	闫 虎	张 玮
邵海军	周梅芳	刘宏博	马红霞		

1997级四班

专业：电算会计　　　人数：51　　　学制：2.5年　　　班主任：宋梅芳

杨丽璇	朱康娥	由才让	陆 韬	徐梅芳	包佶舜
王 鹏	朱文琴	刘 波	安 菁	裴小晶	刘 燕
潘 燕	王亚芹	周海鱼	吴 敏	刘 婷	王琳璘

续表1997级四班

李琪	孙小燕	王晓龙	徐韬	李昕	赵小芳
毛成林	马淑芹	王丽君	赵静	高勇	刘占霞
朱冠军	王瑾磊	牛亮	周娟	高祥	李强
张惠琴	加华杰	徐力恒	高晓丽	闫丽	方丽君
王彦才	裴惠娟	吴慧贤	毛燕	王国强	王毅
梁伟	刘岩	陈洁			

1998级一班

专业：财会　　　人数：45　　　学制：4年　　　班主任：杜永峰

王玉红	刘宇	李璐	赵海云	张丽	李敏
张晓丽	张爱玲	金鑫	窦凌云	王元莹	陈新
秦红艳	翟文海	孙刚刚	寇俊杰	蔡淑娟	柏梅
贾爱英	孙维红	齐彦雄	佛青道杰	何海花	王强
李庆菊	李银花	杨玉换	姚小育	付国元	徐玲
马照旭	吴瑞霞	赵翰碧	杨朝晖	李菊花	季德养
季德尚	辛辉	高文军	谭芳因	冯沛	陈永峰
马志明	王静文	骆瑛			

1998级二班

专业：电算会计　　　人数：39　　　学制：3年　　　班主任：白小田

邱伦辉	赵瑞	张鑫	王江	李林强	高勇
董磊	裴春霞	张怿	张荣	高天龙	杨帆
骆娟	雒婕雯	王薇薇	张坤	王莎莉	宋惠玲
霍佳	许婧	孙玉翠	张小莉	冯新燕	李丽娜
李莹	王勇慧	何静	邵晓静	郭晶	谢辉
张晓玲	湛辉	林丽	刘婷	颉伟	张瑨
金玲玲	陈薇	戴丽			

1998级三班（师专班）

专业：财会　　　　人数：32　　　　学制：2年　　　　班主任：马安太

孙跃铭	杨　玲	王　宇	杜　莉	康　婧	杜曼丽
张晓晖	陈　洁	马　芳	孔令艺	王淑娥	陈晓霞
陈芳林	钱　婷	郭云霞	王　婧	马　瑞	李　健
李　斌	黄　玮	吴玉堂	张喆杰	白　磊	李振华
邵　康	唐　辉	董建辉	王天虎	何雪莲	杨晓晖
王振兴	董文君				

1998级三班毕业合影

1998级四班

专业：会计电算化　　　　人数：49　　　　学制：2.5年　　　　班主任：王小军

蔡小花	汪美艳	李艳梅	李晓瑜	吴 梅	毛 芳
张 霞	苏 燕	陈 君	马 祥	管治磊	温玉莹
张 鹏	孙亮亮	马树东	张芸丽	徐 勤	陈 佳
杨鹏涛	张文霞	郭 毅	王 路	卢 娜	董露霞
黄 朕	柏亚媚	马 玮	李文娟	王嘉欣	刘文义
魏文权	杨高峰	崔 岩	周 强	肖 芳	周红梅
高 雯	杨文博	杨立琼	赵 睿	郑冀龙	李丽芳
张 丽	裴艳洁	坚 毅	张彩霞	杨 瑞	王 彪
喇建国					

1999级一班

专业：计算机及应用　人数：58　学制：4年　　　　班主任：杨 明　刘金虎

刘 宏	冯小龙	皮争艳	赵 鑫	樊德学	张立玮
王士浩	徐雨果	司小燕	贾永先	俄 苗	薛 锋
付亚丽	朱灵伟	段志清	刘君利	董颜鹏	马玉磊
于晶晶	张雅娟	张 本	邓斌斌	裴 毅	李小婵
陈 丽	马明杰	周 婷	赵 莉	辛 波	刘志伟
张海军	田正娴	梁青花	孙彩霞	柴晓霞	高旭东
张学奋	贺 磊	周小波	付美勤	王 璐	石进兵
车彦斌	李宇荣	陈 茜	杜学平	王春瑞	刘淑珍
詹海霞	汪晓慧	尚培栋	石代智	刘小鹏	张花花
陈 刚	董晓英	鱼建明	晁党梅		

甘肃省税务学校99级（1）班毕业合影
2003、4、23

1999级一班毕业合影

1999级二班

专业：计算机及应用　　人数：57　　　　学制：4年　　　　班主任：马占宏

王浩光	苏 琳	陈丽霞	虎文明	祁禛禛	苏晓妍
张福民	李常武	赵千军	杨亚娟	马育珍	卢文基
李建强	张芳萍	张月红	程晶晶	陈 娟	张小平
金海霞	王朝霞	张和平	张春燕	陈 渊	胡文文
武建国	杨贵珍	刘元春	张海燕	陈雅君	曾玉鑫
高彦宾	刘中华	罗海霞	张志文	方鹏燕	高永成
王建国	王 静	豆伟东	张文钰	高文静	马灵伟
刘 敏	张幸福	白 彬	杨 超	杨继荣	陆慧玲
贺 媛	程 立	陈 璇	张 魏	邵丽丽	赵兰兰
尹艳红	王永峰	王智国			

1999级三班

专业：电算会计　　　人数：35　　　学制：2.5年　　　班主任：毛国强

杨海霞	李红霞	沈瑞平	师丽霞	董晓东	曹苗
任睿婧	吕宾	李玮佳	张科	张勃勃	赵强
刘斌	胥小龙	魏晶	杨光远	周杰	高芝锐
李密	李萍	马小芳	马强	赵鹏	刘峰峰
李昕	王小军	王静	王发亮	李亚博	张军
才让旺秀	段宝华	王彩芸	罗汐	魏黎明	

1999级四班

专业：税收（职工中专）　　人数：33　　　学制：2年　　　班主任：魏荣

杨宏亮	舒炜	秦佳	张文晶	邹旭	芦娟
王耀武	赵阳	马亚萍	崔宜斐	王芳	马兰
魏海涛	牛宏泉	霍晓静	陈燕	王晨	赵浩
徐丽珍	潘丽萍	李淑英	张晗	王莹	姚红霞
刘薇	崔建军	杨莎莎	王娟	王亚琴	张文婷
何娟	杨帆	武曼曼			

第十二章　干部培训情况及班次

从1988年4月开始至7月结束，学校举办首届职工培训班天水班47人，甘南班47人，共94人，揭开了学校干部职工培训的序幕。

1995年，根据全国教育管理体制改革的需求，学校确定了"立足普教，面向成教；立足税务，面向社会"的办学方向，普通中专教育、成人学历教育和干部培训三管齐下，并从制度上、管理上逐步向干部培训倾斜，为从普通中专教育向干部培训过渡奠定了基础。

1999年6月17日，经省局党组同意，成立甘肃省税务培训中心，与甘肃省税务学校一套人马，两块牌子，按照"巩固、转向、提高、转型"的要求开展工作。

2000年，根据税收工作形势变化和国家税务总局要求，税务学校停止普通中专招生，成立甘肃省税务培训中心，由学历教育向干部培训转型。

2002年7月，最后一届四年制初中中专学历教育毕业生离校，学校工作全面转入税务干部培训。自2002年至2023年11月底，共举办各级各类培训班1094期（含送教上门），计81858人次培训。

附：2002年至2023年11月干部培训情况班次一览表

2002年干部培训情况统计

序号	培训班名称	人数	天数	主办单位
1	天水国税局第三期中层干部培训班	60	16	天水市国税局
2	甘谷、武山、清水、张川四县微机培训班	68	11	四县国税局
3	全省国税系统再提高人员培训班	137	46	甘肃省国税局
4	全省国税系统统计财软件培训第一期	121	8	甘肃省国税局
5	全省国税系统统计财软件培训第二期	115	8	甘肃省国税局

续表

序号	培训班名称	人数	天数	主办单位
6	天水国税局网上报税培训班	210	2	天水市国税局
7	全省国税系统纪检监察干部培训班	87	16	甘肃省国税局
8	全省国税系统公务员初任培训班	103	30	甘肃省国税局
9	全省国税系统信息调研、通讯员培训班	74	9	《甘肃税务》杂志社
10	全省国税系统稽查局协查系统培训班	53	3	甘肃省国税局
11	陇南地税局微机培训班	30	11	陇南市地税局
12	天水国税局税收执法认证考试培训班	202	3	天水市国税局
13	全省国税系统基建会计制度和内部审计规程培训班	59	4	甘肃省国税局
14	全省国税系统地、县局长法治培训班	59	11	甘肃省国税局
15	全省国税局直局分局增值税防伪税控开票子系统企业培训班	78	5	甘肃省国税局
16	天水市国税局新任职人员培训班	25	5	天水市国税局
17	全省国税局新征管法实施细则第一期师资培训班	91	6	甘肃省国税局
18	全省国税局新征管法实施细则第二期师资培训班	68	5	甘肃省国税局
19	兰州市国税局CTAIS推广应用第六期培训班	79	4	兰州市国税局
20	兰州市国税局CTAIS推广应用第七期培训班	83	5	兰州市国税局
21	兰州市国税局CTAIS服务与管理第九期培训班	93	5	兰州市国税局

2003年干部培训情况统计

序号	培训班名称	人数	天数	主办单位
1	兰州市国税局CTAIS推广应用第十一期培训班	102	7	兰州市国税局
2	全国税务稽查管理信息系统软件第五期培训班	66	6	甘肃省国税局
3	全国税务稽查管理信息系统软件第六期培训班	75	6	甘肃省国税局
4	全省国税系统公务员初任培训班(税收班)	71	31	甘肃省国税局
5	全省国税系统公务员初任培训班(计算机班)	71	31	甘肃省国税局

序号	培训班名称	人数	天数	主办单位
6	全省国税系统税收征管报表汇审工作会议	35	3	甘肃省国税局
7	定额管理软件培训班	64	5	天水市建设局定额管理站
8	全省国税系统税收计会统报表管理软件培训班	61	4	甘肃省国税局
9	防伪税控开票子系统企业开票人员培训班	220	10	天水市国税局
10	新人营销理念培训班	98	7	天水市人寿保险公司
11	金税工程二期拓展培训班	40	6	天水市国税局
12	全省国税系统处级干部培训班	14	28	甘肃省国税局
13	全省国税系统税收征管、计会软件培训班(第一期)	114	4	甘肃省国税局
14	交警队培训班	27	5	天水市交警队
15	全省国税系统税收征管、计会软件培训班(第二期)	124	3	甘肃省国税局
16	天水市秦城区计算机基础培训班(第一期)	63	8	秦城区国税局
17	陇南地税系统"依法治税"培训班	56	7	陇南市地税局
18	天水市秦城区计算机基础培训班(第二期)	64	15	秦城区国税局
19	全省国税系统增值税一般纳税人纳税申报办法及"免、抵、退"税培训班	93	5	甘肃省国税局
20	甘肃省注册税务师后续教育培训班(第一期)	74	6	注册税务师协会
21	甘肃省注册税务师后续教育培训班(第二期)	75	6	注册税务师协会
22	全省国税系统第二期地、县国税局长法规培训班	55	11	甘肃省国税局
23	全省农村信息员培训班	90	4	天水市农业局

全省国税系统第二期地县国税局局长法规培训班结业合影

2001级湖南税专班毕业合影

全省国税系统文秘写作培训班开班仪式

兰州市国税局日常检查暨纳税评估培训班开班

2004年干部培训情况统计

序号	培训班名称	人数	天数	主办单位
1	金昌市国税局所得税培训班（就地培训）	185	13	金昌市国税局
2	白银市国税局CTAIS培训班	55	16	白银市国税局
3	全省国税系统第一期总局综合征管软件骨干师资培训班	82	17	甘肃省国税局
4	兰州市国税局稽查干部培训班	61	17	甘肃省国税局
5	全省国税系统第二期总局综合征管软件骨干师资培训班	96	17	甘肃省国税局
6	全省国税系统公务员初任培训班	106	48	甘肃省国税局
7	全省国税系统第三期总局综合征管软件骨干师资培训班	96	18	甘肃省国税局
8	全省国税系统第四期总局综合征管软件骨干师资培训班	92	16	甘肃省国税局
9	武威市国税局CTAIS培训班（就地培训）	180	11	武威市国税局
10	陇南国税局领导干部综合软件及法制培训班（就地培训）	150	2	陇南市国税局
11	全省国税系统少数民族及边远地区第一期培训班	100	18	甘肃省国税局
12	全省国税系统稽查干部业务骨干法律培训班	60	18	甘肃省国税局
13	民勤县国税局CTAIS培训班（就地培训）	35	12	民勤县国税局
14	兰州市国税局政务信息、文秘写作培训班	34	9	兰州市国税局
15	甘肃省注册税务师后续教育培训班	121	5	注册税务师协会
16	公选后备干部培训班（就地培训）	30	3	嘉峪关、张掖、庆阳国税局
17	定西市国税系统稽查培训班	47	16	定西市国税局
18	陇南市地税局计算机操作与网络管理培训班	31	8	陇南市地税局
19	全省国税系统所得税业务骨干培训班	56	13	甘肃省国税局
20	兰州市国税局第二期稽查干部培训班	49	16	兰州市国税局
21	省国税系统出口退税业务培训班	78	7	甘肃省国税局
22	全省国税系统重点税源管理软件培训班	114	4	甘肃省国税局
23	全省国税系统财务管理培训班	45	5	甘肃省国税局

2005年干部培训情况统计

序号	培训班名称	人数	天数	主办单位
1	武威市凉州区综合业务培训班	110	5	武威市凉州区
2	武威市古浪县、民勤县综合业务培训班	60	10	武威市古浪县、民勤县
3	甘肃省国税系统2005年公务员初任培训班	45	37	甘肃省国税局人事处、教育处
4	甘肃省国税系统车辆购置税划转人员第一期培训班	58	30	甘肃省国税局车购办、教育处
5	甘肃省国税系统车辆购置税划转人员第二期培训班	70	28	甘肃省国税局车购办、教育处
6	甘肃省国税系统车辆购置税划转人员第三期培训班	77	29	甘肃省国税局车购办、教育处
7	甘肃省国税系统消防安全业务培训班	52	8	甘肃省国税局服务中心
8	甘肃省国税系统税务稽查综合法律与查账技能培训班	63	16	甘肃省国税局稽查局
9	平凉市国税系统县局领导班子成员、分局(所)长、业务骨干培训班	54	16	平凉市国税局
10	甘肃省国税系统办公室主任培训班	103	11	省局办公室
11	兰州市国税局日常检查与纳税评估培训班(第一期)	60	16	兰州市国税局
12	白银市国税局分局长、所长、指导员培训班(第一期)	32	11	白银市国税局
13	甘肃省国税系统企业财务核算与所得税管理培训班	107	11	甘肃省国税局所得税处
14	兰州市国税局日常检查与纳税评估培训班(第二期)	60	16	兰州市国税局
15	白银市国税局分局长、所长、指导员培训班(第二期)	31	11	白银市国税局
16	甘肃省国税系统车辆购置税征管软件培训班	53	2	甘肃省国税局信息中心
17	甘肃省国税系统成品油以进控销评估软件培训班	37	3	甘肃省国税局流转税处
18	甘肃省国税系统所得税管理与纳税申报表分析培训班	109	11	甘肃省国税局所得税处
19	甘肃省国税系统2006年预算编制培训班	133	3	甘肃省国税局财务管理处
20	庆阳市国税局日常检查与纳税评估培训班	53	11	庆阳市国税局
21	兰州市国税局日常检查与纳税评估培训班(第三期)	62	16	兰州市国税局
22	天水市国税局业务骨干培训班	50	11	天水市国税局
23	甘肃省国税系统贯彻落实《惩防体系建设实施方案》培训班	61	7	省局监察室
24	甘南、临夏州国税局中层下部培训班	99	31	甘南、临夏州国税局
25	甘肃省国税系统文秘写作人员培训班	103	8	省局办公室

序号	培训班名称	人数	天数	主办单位
26	兰州市国税局税务票证培训班	79	7	兰州市国税局
27	兰州市国税局基层税所二级网络管理员培训班	50	7	兰州市国税局
28	甘肃省国税系统物业管理知识培训班	46	7	甘肃省国税局服务中心
29	陇南市国税局纳税评估培训班	52	11	陇南市国税局
30	甘肃省国税局办税服务厅人员培训班	100	11	省局征管处
31	兰州市国税局企业所得税培训班	86	14	兰州市国税局
32	税务法规培训班	120	8	省局征管处
33	财务软件升级及固定资产培训班	96	6	省局财务处
34	甘肃省国税系统2005年公务员初任培训班	80	48	省国税局

甘肃省国税系统税务稽查综合法律与查账技能培训班结业合影

全省国税系统企业财务核算与所得税管理培训班结业合影

兰州市国税局日常检查暨纳税评估第二期培训班结业合影

全省国税系统2006年预算编制培训班结业合影

兰州市国税系统税收票证管理培训班结业合影

兰州市国税系统基层税所二级网络管理员培训班结业合影

陇南国税局纳税评估师资骨干培训班结业合影

全省国税系统办税服务厅人员培训班结业合影

2006年干部培训完成情况统计

序号	培训班名称	人数	天数	主办单位
1	全省国税系统税务稽查培训班	59	16	甘肃省国税局
2	全省国税系统税收执法管理信息系统培训班(第一期)	148	7	甘肃省国税局
3	全省国税系统税收执法管理信息系统培训班(第二期)	154	7	甘肃省国税局
4	定西市国税局税收执法管理信息系统培训班	88	3	定西市国税局
5	天水市国税局税收执法管理信息系统培训班(第一期)	100	3	天水市国税局
6	天水市国税局税收执法管理信息系统培训班(第二期)	100	3	天水市国税局
7	天水市国税局税收执法管理信息系统培训班(第三期)	100	3	天水市国税局
8	临夏州国税局税收执法管理信息系统培训班	80	5	临夏州国税局

序号	培训班名称	人数	天数	主办单位
9	兰州市国税局办税服务厅人员培训班	53	15	兰州市国税局
10	全省国税系统办税服务厅人员培训班	99	7	甘肃省国税局
11	白银市国税局税收执法管理信息系统培训班	64	3	白银市国税局
12	平凉市国税局税收执法管理信息系统培训班	100	3	平凉市国税局
13	武威市国税局税收执法管理信息系统培训班	64	3	武威市国税局
14	兰州市国税局税收分析员培训班	46	15	兰州市国税局
15	兰州市国税局税收管理员培训班	55	15	兰州市国税局
16	全省国税系统税收资料调查软件培训班	44	5	甘肃省国税局
17	全省国税系统2006年第一期初任公务员培训班	45	46	甘肃省国税局
18	全省地税系统稽查局长、业务骨干培训班	51	11	甘肃省地税局
19	兰州市地税局新征管软件操作培训班	40	7	兰州市地税局
20	全省地税系统税收管理暨纳税评估培训班	49	12	甘肃省地税局
21	全省国税系统进出口退税业务骨干培训班	60	7	甘肃省国税局
22	全省国税系统国际(涉外)税收政策业务培训班	46	6	甘肃省国税局
23	兰州市国税局所得税培训班	55	12	兰州市国税局
24	全省国税系统财务培训班	135	8	甘肃省国税局
25	全省国税系统税收科研骨干培训班	45	7	甘肃省国税局
26	兰州市国税局物业管理及消防业务培训班	28	8	兰州市国税局
27	全省国税系统处级后备干部培训班	40	16	甘肃省国税局
28	全省国税系统信息中心JAVA技术培训班	50	27	甘肃省国税局
29	全省国税系统企业所得税纳税申报表培训班	110	4	甘肃省国税局
30	兰州市地税局新任职干部培训班	40	11	兰州市地税局

续表

序号	培训班名称	人数	天数	主办单位
31	全省地税系统文秘写作培训班	118	11	甘肃省地税局
32	全省国税系统税收管理员培训班	50	11	甘肃省国税局
33	全省国税系统企业所得税培训班	106	10	甘肃省国税局
34	庆阳、嘉峪关市国税局税收管理员培训班	71	10	庆阳、嘉峪关市国税局
35	陇南市国税局专项稽查及日常检查培训班	30	11	陇南市国税局
36	庆阳市国税局税收管理员培训班	50	10	庆阳市国税局
37	全省国税系统增值税纳税评估培训班	47	7	甘肃省国税局
38	兰州市地税局税收管理与纳税评估培训班	50	11	兰州市地税局
39	全省国税系统车辆购置税培训班	40	7	甘肃省国税局
40	全省国税系统计会统业务培训班	54	8	甘肃省国税局
41	全省国税系统纪检组组长、监察室主任贯彻落实《监督办法》研讨班	39	6	甘肃省国税局
42	全省注册税务师后续教育第一期培训班	109	6	注册税务师协会
43	全省注册税务师后续教育第二期培训班	88	6	注册税务师协会
44	全省国税系统2.2版财务管理软件培训班(第一期)	129	8	甘肃省国税局
45	全省国税系统2.2版财务管理软件培训班(第二期)	129	8	甘肃省国税局
46	全省国税系统2.2版财务管理软件培训班(第三期)	129	8	甘肃省国税局
47	全省国税系统2006年第二期初任公务员培训班	63	46	甘肃省国税局

2023年9月，省局党委书记、局长管振江来学校出席新录用公务员初任培训班入职仪式

平凉市国税局县局领导、分局（所）长业务骨干培训班开班

全省国税系统财务培训班结业合影

2007年干部培训情况统计

序号	培训班名称	人数	天数	主办单位
1	全省国税局协查系统升级软件培训班	119	4	甘肃省国税局
2	全省国税系统公务员初任培训班(第一期)	103	46	甘肃省国税局
3	兰州市国税局税收管理员培训班	50	12	兰州市国税局
4	兰州市国税局税收分析员培训班	50	10	兰州市国税局
5	全省国税系统资产清查软件第一期培训班	108	2	甘肃省国税局
6	全省国税系统资产清查软件第二期培训班	111	2	甘肃省国税局
7	全省国税系统副处级后备干部培训班	38	10	甘肃省国税局
8	天水市国税局税收管理员培训班	60	15	天水市国税局
9	全省国税系统税收管理员培训班	66	10	甘肃省国税局
10	白银市国税局税收管理员培训班	45	30	白银市国税局
11	平凉市国税局税收管理员培训班	60	11	平凉市国税局
12	定西市国税局税收管理员培训班	69	10	定西市国税局
13	全省国税系统"五五"普法及政策执行反馈机制骨干人员培训班	80	10	甘肃省国税局
14	兰州市国税局办税服务厅培训班	63	10	兰州市国税局
15	全省国税系统增值税、消费税纳税评估培训班	106	15	甘肃省国税局
16	兰州市国税局税收稽查业务培训班	52	10	兰州市国税局
17	全省国税系统资产管理与节能培训班	41	8	甘肃省国税局
18	全省国税系统oracle高级培训班	30	25	甘肃省国税局
19	全省国税系统少数民族及边远地区业务骨干培训班	60	15	甘肃省国税局
20	"六员七能手"业务骨干培训班	43	13	天水、陇南、定西国税局
21	全省注册税务师后续教育培训班	92	6	注册税务师协会
22	甘青两省注册税务师后续教育培训班	101	6	注册税务师协会
23	全省国税系统办税服务厅人员培训班	50	10	甘肃省国税局
24	兰州市国税局纳税评估培训班	49	11	兰州市国税局
25	全省国税系统税收宣传通讯员培训班	57	7	甘肃省国税局
26	全省国税系统国库集中支付专用软件第一期培训班	110	5	甘肃省国税局

续表

序号	培训班名称	人数	天数	主办单位
27	全省国税系统国库集中支付专用软件第二期培训班	105	5	甘肃省国税局
28	全省国税系统公务员初任培训班(第二期)	98	46	甘肃省国税局
29	甘南州国税局税收管理员培训班	40	20	甘南州国税局
30	全省国税系统企业所得税师资培训班	100	8	甘肃省国税局

全省国税系统税收征管报表汇审工作会议合影

2008年干部培训情况统计

序号	培训班名称	人数	天数	主办单位
1	全省个体工商户计算机核定定额系统培训班	95	4	甘肃省国税局
2	个险渠道执行能力建设暨九个基本问题传承培训班	120	4	中国人寿保险股份有限公司天水分公司
3	张掖市国税系统2008年所得税业务培训班	51	15	张掖市国税局
4	白银市国税局第一期稽查业务培训班	35	15	白银市国税局
5	第三轮持证执法法律知识培训班	131	3	天水市烟草专卖局
6	全市非税收入管理业务培训班	65	4	天水市非税收入管理局
7	全省国税系统第一期稽查业务技能培训班	200	11	甘肃省国税局

续表

序号	培训班名称	人数	天数	主办单位
8	甘肃省国税局直属分局企业税收业务培训班	83	3	甘肃省国税局
9	天水市国税系统计算机操作技能培训班	77	8	天水市国税局
10	新人岗前培训班	120	6	中国人寿保险股份有限公司天水分公司
11	全省国税系统第二期稽查业务技能培训班	200	11	甘肃省国税局
12	全省国税系统第一期综合征管软件1.1版升级业务培训班(第一期)	50	6	甘肃省国税局
13	全省国税系统第二期综合征管软件1.1版升级业务培训班(第二期)	48	6	甘肃省国税局
14	副处级后备干部考前培训班	48	8	白银、定西、平凉、天水市国税局
15	中国人寿甘肃省分公司2008年营销分处经理天水培训班	80	4	中国人寿保险股份有限公司天水分公司
16	副处级后备干部考前培训班	17	6	陇南市、甘南州、金昌市国税局
17	庆阳市国税局综合征管软件1.1版升级业务培训班	65	5	庆阳市国税局
18	兰州市国税系统税收分析员培训班	10	50	兰州市国税局
19	兰州市国税局税收分析员培训班	50	10	兰州市国税局
20	农村网点负责人培训班	24	4	中国人寿保险股份有限公司天水分公司
21	全省国税系统短信服务平台师资培训班	92	3	甘肃省国税局
22	秦州区地方税务局第一期税收综合业务培训班	57	7	秦州区地税局
23	兰州市国税系统税收执法检查业务培训班	50	12	兰州市国税局
24	兰州市国税系统税收执法检查业务培训班	12	55	兰州市国税局
25	定西市国税系统计算机人员培训班	60	10	定西市国税局
26	秦州区地方税务局第二期税收综合业务培训班	52	7	秦州区地税局
27	陇南市国税局综合征管软件1.1版升级业务培训班	63	6	陇南市国税局
28	全省国税系统所得税业务骨干培训班	100	15	甘肃省国税局
29	全省国税系统信息中心技术骨干培训班	43	14	甘肃省国税局
30	2008年军队转业干部初任培训班	24	31	甘肃省国税局

续表

序号	培训班名称	人数	天数	主办单位
31	兰州市国税系统企业所得税骨干培训班	10	60	兰州市国税局
32	兰州市国税系统企业所得税骨干培训班	60	10	兰州市国税局
33	全省国税系统税收分析业务骨干培训班	57	10	甘肃省国税局
34	内蒙古巴彦淖尔市临河区国税局综合业务培训班	40	5	内蒙古巴彦淖尔市临河区国税局
35	陇南市地税系统公务员初任培训班	27	11	陇南市地税局
36	全省国税系统税务所长（分局长）培训班	100	15	甘肃省国税局
37	兰州市国税系统税收管理员培训班	12	50	兰州市国税局
38	兰州市国税系统税收管理员培训班	50	12	兰州市国税局
39	全省国税系统财税库银税收收入电子缴库横向联网培训班	117	3	甘肃省国税局
40	全省国税系统纳税服务师资培训班	100	10	甘肃省国税局
41	兰州市国税系统办税服务厅人员培训班	12	50	兰州市国税局

平凉市国税局业务骨干培训班结业合影

2009年干部培训情况统计

序号	班级名称	人数	天数	主办单位
1	全省国税系统2008年第四期稽查业务技能培训班	239	10	甘肃省国税局
2	全省国税系统2009年第一期稽查业务技能培训班	200	10	甘肃省国税局
3	全省国税系统2009年第二期稽查业务技能培训班	230	10	甘肃省国税局
4	天水市、甘南州国税系统稽查考试培训班	88	7	天水市、甘南州国税局
5	天水市、白银市、嘉峪关市地税系统稽查考试培训班	120	9	天水市、白银市、嘉峪关市地税局
6	兰州市地税系统稽查考试培训班	130	10	兰州市地税局
7	金昌市、定西市地税系统稽查考试培训班	69	10	金昌市、定西市地税局
8	陇南市、定西市国税系统稽查考试培训班	90	12	陇南市、定西市国税局
9	天水市公安局户籍业务培训班	130	4	天水市公安局
10	全省国税系统副处级后备干部培训班	58	15	甘肃省国税局
11	全省国税系统流转税税改政策培训班	110	7	甘肃省国税局
12	全市检查机关办公办案软件培训班	40	3	天水市检察院
13	全省国税系统纪检监察干部业务培训班	69	10	甘肃省国税局
14	全省国税系统纳税服务师资培训班	50	10	甘肃省国税局
15	全市检查机关办公办案软件培训班	40	3	天水市检察院
16	全省国税系统所得税业务骨干培训班	50	11	甘肃省国税局
17	全省国税系统税收业务暨财税库银横向联网推行培训班	120	4	甘肃省国税局
18	全省国税系统2009年公务员初任培训班	48	45	甘肃省国税局
19	全省国税系统综合征管软件升级业务培训班	50	4	甘肃省国税局
20	全省国税系统所得税与会计业务培训班	100	15	甘肃省国税局
21	定西市国税局科级干部培训班	40	6	定西市国税局

续表

序号	班级名称	人数	天数	主办单位
22	全省国税系统网络信息安全技术培训班	26	5	甘肃省国税局
23	全省国税系统行业纳税评估辅助软件操作培训班	100	5	甘肃省国税局

2010年干部培训情况统计

序号	班级名称	人数	天数	主办单位
1	嘉峪关市地方税务局注册税务师资格考试培训班	34	15	嘉峪关市地方税局
2	庆阳市地方税务局公务员初任培训班	43	30	庆阳市地方税务局
3	全省国税系统税务纪检监察管理信息系统V1.0版培训班	120	6	省国税局监察室
4	全省国税系统信息化管理企业税务稽查实务培训班	54	15	省国税局稽查局
	全省国税系统信息化管理企业税务稽查实务培训班	14	3	省国税局稽查局
5	全省国税系统税收资料调查及重点税源培训班	107	7	省国税局收入规划处
6	定西市国税局纳税服务培训班	53	7	定西市国税局
7	兰州市国税局税收分析员知识拓展培训班	50	9	兰州市国税局
8	陇南市国税局纳税服务培训班	38	7	陇南市国税局
9	甘肃省地税系统纳税服务培训班	53	6	甘肃省地税局
10	全省国税系统培训项目规范化建设研讨班	50	7	省国税局教育处
11	庄浪县崇信县国税局纳税服务培训班(第一期)	31	5	庄浪县、崇信县国税局
12	庄浪县崇信县国税局纳税服务培训班(第二期)	31	4	庄浪县、崇信县国税局
13	庄浪县崇信县国税局纳税服务培训班(第三期)	32	4	庄浪县、崇信县国税局
14	庆阳市、平凉市、陇南市、武威市国税局税收管理员与纳税服务业务竞赛培训班	79	10	庆阳市、平凉市、陇南市、武威市国税局
15	兰州市、白银市、甘南州国税局税收管理和纳税服务业务赛培训班	81	10	兰州市、白银市、甘南州、兰州经济区国税局
16	天水市、张掖市、酒泉市、嘉峪关市、金昌市国税局税收管理和纳税服务业务竞赛培训班	87	9	天水市、张掖市、酒泉市、嘉峪关市、金昌市国税局

续表

序号	班级名称	人数	天数	主办单位
17	全省执业注册税务师继续教育培训班(第一期)	146	4	省注册税务师协会
18	全省执业注册税务师继续教育培训班(第二期)	150	4	省注册税务师协会
19	白银市地税系统科级干部任职培训班	21	4	白银市地税局
20	全省国税系统成品油税费改革接收人员初任培训班	60	45	省国税局人事处
21	全省国税系统财务人员短期业务培训	120	6	省国税局财务管理处
22	兰州市国税系统财务管理培训班	40	9	兰州市国税局
23	2010年内蒙古自治区国税局科(局)长岗位业务培训班(第二期)	60	15	内蒙古自治区国税局培训中心
24	全省国税系统税收政策业务培训班	50	7	省国税局货劳处
25	人保财险甘肃省分公司第五期出单员培训班	37	4	人保财险天水分公司
26	全省国税系统出口退税业务培训班	50	7	省国税局出口退税处
27	全省国税系统信息安全技术培训班	40	10	省国税局信息中心
28	全省国税系统大企业和国际税收业务培训班	50	7	省国税局大国处
29	兰州市国系统大企业和国际税收业务培训班	31	7	兰州市国税局
30	全省国税系统2010年新录用公务员初任培训班	60	45	省国税局人事处
31	全省国税系统2010年新录用事业干部与军转干部初任培训班	63	30	省国税局人事处
32	全省国税系统组织机构代码信息共享项目及综合征管软件升级业务培训班第一期	65	3	省国税局征科处
33	全省国税系统组织机构代码信息共享项目及综合征管软件升级业务培训班第二期	61	3	省国税局征科处
34	全省国税系统普通发票简并票种统一式样及开票系统师资培训班	111	2	省国税局征科处
35	全省国税系统税务稽查与审计业务培训班培训班	50	15	省国税局稽查局
36	全省国税系统纳税服务培训班	110	9	省国税局纳税服务处

全省国税系统税务稽查培训班结业合影

2011年干部培训情况统计

序号	班级名称	人数	天数	主办单位
1	全省国税系统纪检监察案件管理2.0版软件培训班	20	4	省国税局监察室
2	全省国税系统12366纳税服务热线业务培训班	50	30	省国税局纳税服务处
3	秦州区国税局2011年度提高全员整体素质业务培训班	70	7	天水市秦州区国税局
4	全省2009版计划生育药具购调存管理信息系统培训班	65	3	天水市计划生育委员会
5	全省国税系统纪检监察骨干培训班	50	10	省国税局监察室
6	全省国税系统第一期行政单位会计操作实务培训班	100	7	省局财务管理处
7	大连市国税局2011年财务培训班	29	7	大连市国税局
8	河北省沙河市地方税务局干部更新知识培训班(一)	43	6	河北省沙河市地方税务局
9	河北省沙河市地方税务局干部更新知识培训班(二)	46	6	河北省沙河市地方税务局
10	甘谷县地方税务局部综合业务培训班	43	7	甘谷县地方税务局
11	白银市国家税务局综合业务技能提高培训班	50	10	白银市国家税务局

续表

序号	班级名称	人数	天数	主办单位
12	临夏州国家税务局会计业务培训班	50	15	临夏州国家税务局
13	全省国税系统税收法规工作业务培训班	40	9	省国税局政策法规处
14	山西省晋城市国家税务局科级干部培训班(一)	60	7	山西省晋城市国家税务局
15	全省城市语言文字工作评估培训班	100	5	甘肃省教育厅天水市教育局
16	白银区地税局干部更新知识培训班(一)	50	7	白银区地税局
17	白银区地税局干部更新知识培训班(二)	50	7	白银区地税局
18	全省国税系统人事管理系统2.0版培训班	127	7	省国税局人事处
19	河南省漯河市国税局中层干部业务培训班(一)	61	7	河南省漯河市国税局
20	全省执业注册税务师培训班(一)	167	4	省注册税务师协会
21	全省执业注册税务师培训班(二)	160	4	省注册税务师协会
22	贵州省毕节地区国税局党务工作者培训班	30	9	贵州省毕节地区国税局
23	河南省漯河市国税局中层干部业务培训班(二)	58	9	河南省漯河市国税局
24	河北省邢台市邢台县地方税务局干部更新知识培训班(一)	48	7	河北省邢台市邢台县地方税务局
25	山东省国税局财务培训班(一)	66	8	山东省国税局财务处
26	山东省国税局财务培训班(二)	64	8	山东省国税局财务处
27	白银区地税局干部更新知识培训班(三)	39	8	白银区地税局
28	河北省邢台市邢台县地方税务局干部更新知识培训班(二)	39	7	河北省邢台市邢台县地方税务局
29	全省国税机关后勤管理知识培训班	40	7	省国税局机关服务中心
30	河北省邢台市平乡县地方税务局干部培训班	23	4	河北省邢台市平乡县地方税务局
31	天水市秦州区国税局会计基础知识培训班(一)	40	4	天水市秦州区国税局
32	石家庄市地方税务局党务干部培训班	37	7	石家庄市地方税务局
33	全省国税系统办税业务规程培训班	52	5	省国税局纳税服务处
34	天水市国税局《会计基础知识·税务版》师资培训班	60	6	天水市国税局
35	河北省邢台市内丘县地方税务局干部更新知识培训班(一)	24	6	河北省邢台市内丘县地方税务局
36	全省国税系统车辆购置税业务培训班	50	7	省国税局货物和劳务税处

续表

序号	班级名称	人数	天数	主办单位
37	全省国税系统计算机知识更新培训班	40	15	省国税局信息中心
38	山西省晋城市国家税务局科级干部培训班(二)	60	6	山西省晋城市国家税务局
39	河北省邢台市内丘县地方税务局干部更新知识培训班(二)	24	6	河北省邢台市内丘县地方税务局
40	全省国税系统督察内审业务培训班	45	10	省国税局督察内审处
41	天水市秦州区国税局会计知识培训班(二)	73	4	天水市秦州区国税局
42	全省国税系统公务员和军转干部初任培训班	61	45	省国税局人事处
43	全省国税系统税收数据综合分析应用和风险管理平台师资培训班第一期	113	7	省国税局征管和科技发展处
44	全省国税系统税收数据综合分析应用和风险管理平台师资培训班第二期	117	7	省国税局征管和科技发展处
45	定西市国税局发票管理与会计基础知识培训班	50	10	定西市国税局
46	全省国税系统税收数据综合分析应用和风险管理平台师资培训班第三期	117	7	省国税局征管和科技发展处
47	全省国税系统办公室政务信息培训班	45	7	省国税局办公室
48	全省国税系统税务稽查业务骨干培训班	50	15	省国税局稽查局
49	全省国税系统小企业财务会计知识培训班	100	15	省国税局所得税处
50	全省国税系统人事业务工作会议暨人事业务培训班	151	7	省国税局人事处
51	全省国税系统纳税服务培训班	38	5	省国税局纳税服务处
52	平凉市国税局会计基础知识辅导培训班	16	5	平凉市国税局
53	兰州市国税局电子税务稽查培训班	43	13	兰州市国家税务局

全省国税系统县局局长培训班结业合影

2012年干部培训情况统计

序号	培训班名称	人数	天数	主办单位
1	全省国税系统金税三期网络改造培训班	144	11	省国税局信息中心
2	兰州市地税局岗前基础业务培训班	62	31	兰州市地税局
3	全省国税系统行政强制法培训班	52	4	省国税局法规处
4	兰州市城关区国税局《小企业会计准则》培训班（一）	170	4	兰州市国税局
5	兰州市城关区国税局《小企业会计准则》培训班（二）	180	4	兰州市国税局
6	全省国税系统纳税评估专业化人才培训班	100	7	省国税局征管和发展处
7	全省国税系统纪检监察骨干培训班	64	10	省国税局监察室
8	武山县国税局干部全员培训班	64	1	天水市武山县国税局
9	甘肃省电力公司税务管理培训班	50	6	甘肃省电力公司
10	全省国税系统收入规划人员培训班	53	15	省国税局收入规划处
11	中国邮政储蓄银行甘肃分行税收管理培训班	36	6	中国邮政储蓄银行甘肃分行
12	兰州市国税局纳税服务与税收管理培训班（一）	41	7	兰州市国税局（敦煌教学点）
13	全省计划生育药具购调存管理信息系统培训班	137	4	甘肃省计生委

续表

序号	培 训 班 名 称	人数	天数	主 办 单 位
14	中国信合甘肃分社财会业务培训班	208	5	中国信合甘肃分社
15	天水市公安系统业务培训班	70	18	天水市公安局
16	兰州市国税局纳税服务与税收管理培训班(二)	40	7	兰州市国税局(敦煌教学点)
17	内蒙古自治区国税局业务骨干培训班	60	15	内蒙古自治区国税局
18	全省国税系统稽查业务培训班	50	15	省国税局稽查局
19	全省国税系统消费税业务培班	100	7	省局货劳处
20	北京市房山区地税局全员更新知识培训班(一)	69	6	北京市房山区地税局
21	北京市房山区地税局全员更新知识培训班(二)	67	6	北京市房山区地税局
22	兰州市城关区国税局纳税评估培训班	50	6	兰州市城关区国税局
23	内蒙古乌海市海南区国税局更新知识培训班(一)	63	6	内蒙古乌海市海南区国税局
24	北京市房山区地税局全员更新知识培训班(三)	71	6	北京市房山区地税局
25	全省国税系统纪检监察系统软件培训班	103	4	省国税局监察室
26	全省国税系统非居民税收及反避税业务骨干培训班	60	7	省国税局大国处
27	内蒙古乌海市海南区国税局更新知识培训班(二)	36	6	内蒙古乌海市海南区国税局
28	全省国税系统办公自动化业务骨干培训班(一)	90	7	省国税局办公室
29	北京市房山区地税局全员更新知识培训班(四)	62	6	北京市房山区地税局
30	北京市房山区地税局全员更新知识培训班(五)	54	6	北京市房山区地税局
31	全省国税系统税收科研所培班摄影技能培训班	50	10	省国税局科研所
32	兰州市国税局财务管理培训班	45	9	兰州市国税局
33	甘谷县地税局全员更新知识培训班	45	6	甘谷县地税局
34	甘肃省全员流动人口服务管理信息系统培训班	137	2	天水市计生委
35	吉林省地税系统人事业务培训班(一)	63	6	吉林省地税局
36	全省国税系统办公自动化业务骨干培训班(二)	158	10	省国税局办公室
37	吉林省地税系统人事业务培训班(二)	58	9	吉林省地税局

续表

序号	培训班名称	人数	天数	主办单位
38	全省国税系统公务员初任培训班	100	45	省国税局人事处
39	鄂尔多斯国税局干部轮训培训班	31	6	鄂尔多斯国税局
40	全国税务系统"智力援西"培训班	110	10	省国税局教育处
41	山西省临汾市国税局科级干部更新知识培训班	59	10	山西省临汾市国税局
42	天水市国税局分局长更新知识培训班	45	7	天水市国税局(敦煌教学点)
43	全省注册税务师培训班(一)	185	4	全省注册税务师管理中心
44	全省注册税务师培训班(二)	160	4	全省注册税务师管理中心
45	兰州市地税局纳税评估培训班	40	24	兰州市地税局
46	西安市国税局更新知识培训班	45	2	西安市税校
47	广西田林县地税局更新知识培训班	34	1	广西地税局(敦煌教学点)
48	白银市国税局财务管理培训班	50	10	白银市国税局
49	庆阳市国税局财务管理培训班	38	5	庆阳市国税局
50	全省国税系统科级干部任职培训班	100	10	省国税局人事处
51	全省国税系统基本建设管理培训班	60	4	省国税局财务处
52	全省国税系统资金监管系统培训班	138	3	省国税局财务处
53	兰州市国税局稽查业务培训班	45	6	兰州市国税局稽查局
54	国际税务司税收协定实务专题培训班	90	7	总局国际税务司税收协定处
55	天水市秦州区国税局小企业会计准则培训班(一)	76	4	天水市秦州区国税局
56	天水市秦州区国税局小企业会计准则培训班(二)	80	4	天水市秦州区国税局
57	全省国税系统所得税管理培训班	200	18	省国税局所得税管理处
58	全省国税系统纳税服务培训班	50	10	省国税局纳税服务处
59	福建省莆田市地税局更新知识培训班	44	7	福建省莆田市地税局
60	全省国税系统内部财务审行业务培训班	42	9	省国税局督察内审处

内蒙古乌海市南区国税局更新知识培训班开班

全省国税系统纳税评估第一期培训班开班

2013年干部培训情况统计

序号	培训班名称	人数	天数	主办单位
1	张掖市国税局稽查人员税收业务培训班	110	2	张掖市国税局(送教上门)
2	全省二级建造师继续教育天水培训班	310	5	天水市建设局
3	全省国税系统领导干部学习贯彻十八大精神研修班	52	9	甘肃省国税局
4	营改增政策培训班	37	3	甘肃省国税局
5	天水市秦州区地税局纳税评估培训班	50	4	秦州区地税局(送教上门)
6	甘肃省国家税务局协查系统软件培训班	105	4	甘肃省国税局
7	全省国税系统办税服务厅业务培训班	50	10	甘肃省国税局
8	全省国税系统稽查业务骨干培训班	50	15	甘肃省国税局
9	全省国税系统企业所得税师资培训班	106	15	甘肃省国税局
10	全省国税系统基层分局长税源专业化管理培训班(第一期)	60	10	甘肃省国税局
11	兰州高新、经开区局小企业会计准则培训班	54	7	兰州高新、经开区税务局
12	小企业会计准则考试辅导培训班	50	3	天祝县国税局(送教上门)
13	小企业会计准则考试辅导培训班	50	4	民勤县国税局(送教上门)
14	小企业会计准则考试辅导培训班	50	4	古浪县国税局(送教上门)
15	小企业会计准则考试辅导培训班	100	4	凉州区国税局(送教上门)
16	全省国税系统基层分局长税源专业化管理培训班(第二期)	60	10	甘肃省国税局
17	陇南市国税局纳税评估培训班	50	15	陇南市国税局(援助项目)
18	全省国税系统基层分局长税源专业化管理培训班(第三期)	60	10	甘肃省国税局
19	天水市国税局业务骨干培训班	110	5	天水市国税局
20	全省国税系统税收资料调查工作及网上直报系统培训班	46	7	甘肃省国税局
21	兰州市榆中县地税局会计基础知识培训班(第一期)	42	9	榆中县地税局
22	全省国税系统纳税服务培训班	50	10	甘肃省国税局(敦煌教学点)
23	全省国税系统科级领导干部任职培训班(第一期)	100	10	甘肃省国税局
24	2012年度教育培训科研结项课题评审会	15	5	国家税务总局

序号	培训班名称	人数	天数	主办单位
25	2013年度教育培训科研结立课题评审会	15	5	国家税务总局
26	全省国税系统纪检监察业务骨干培训班	105	10	甘肃省国税局
27	兰州市榆中县地税局会计基础知识培训班(第二期)	37	9	榆中县地税局
28	全省国税系统先进模范人物疗养班	54	6	甘肃省国税局
29	全省国税系统营业税改征增值税师资和业务骨干培训班	208	6	甘肃省国税局
30	全省国税系统营业税改征增值税师资和业务骨干培训班(天水市国税局参加人员)	84	6	天水市国税局
31	全省执业注册税务师"营改增"培训班(第一期)	251	4	注册税务师协会
32	平凉市国税局税源专业化管理及纳税评估培训班	50	15	平凉市国税局(援助项目)
33	全省执业注册税务师"营改增"培训班(第二期)	128	4	注册税务师协会
34	全省国税系统税收执法督察业务培训班	50	7	甘肃省国税局
35	全省国税系统稽查干部高级研修班	60	12	甘肃省国税局
36	全省国税系统内部审计业务培训班	50	7	甘肃省国税局
37	定西市国税局纳税评估培训班	50	15	定西市国税局(援助项目)
38	兰州市地税局科级领导干部任职培训班	60	7	兰州市地税局
39	兰州市西固区地税局税收业务知识培训班(第一期)	47	7	西固区地税局
40	兰州市西固区地税局税收业务知识培训班(第二期)	36	7	西固区地税局
41	山西省阳泉市国税局机关干部综合业务知识第一期培训班	31	9	山西省阳泉市国税局(敦煌教学点)
42	兰州市地税局税务稽查业务培训班	50	10	兰州市地税局
43	福建省漳州市地税局科级干部培训班	50	10	福建省漳州市地税局
44	兰州市西固区地税局税收业务知识培训班(第三期)	40	7	西固区地税局
45	全省国税系统财务工作会议	67	3	甘肃省国税局
46	全省国税系统财务骨干培训班	65	5	甘肃省国税局

序号	培训班名称	人数	天数	主办单位
47	全省国税系统国税资金监管系统培训班	124	4	甘肃省国税局
48	兰州市地税局纳税评估培训班	64	11	兰州市地税局
49	临夏州国税局基层业务骨干会计基础知识及纳税评估培训班	50	15	临夏州国税局(援助项目)
50	全省国税系统科级领导干部任职培训班(第二期)	100	10	甘肃省国税局
51	全国进出口税收政策培训班	116	7	国家税务总局
52	兰州市国税局进出口税收政策业务培训班	45	7	兰州市国税局
53	青岛胶南国税局税务干部更新知识培训班	76	9	青岛胶南国税局
54	全省国税系统纪检监察领导干部培训班	49	10	甘肃省国税局
55	福建省三明市地税局科级干部素质拓展培训班	42	10	福建省三明市地税局
56	全省国税系统保密普查业务培训班	40	4	甘肃省国税局
57	全省国税系统信息安全技术培训班	70	6	甘肃省国税局
58	全省国税系统思想政治暨干部教育培训工作研讨班	55	8	甘肃省国税局
59	甘南州国税局基层业务骨干纳税评估及税收政策培训班	50	5	甘南州国税局(送教上门援助)
60	全省国税系统2013年新录用公务员、军转干初任培训班	62	45	甘肃省国税局
61	全省国税系统2014年新录用公务员、军转干初任培训班	91	45	甘肃省国税局
62	全省国税系统办公政务培训班	62	9	甘肃省国税局
63	甘肃省国税局大企业税务审计系统培训班	60	10	甘肃省国税局
64	全省国税系统税收征管业务骨干培训班	55	9	甘肃省国税局
65	全省国税系统计算机技术骨干培训班	40	15	甘肃省国税局
66	定西市国税局成本会计培训班	50	6	定西市国税局
67	天水市人口信息管理系统升级及二代证指纹信息采集系统管理培训班	135	3	天水市公安局
68	甘肃省国税局高清视频会议系统改造培训班	119	5	甘肃省国税局
69	庆阳市国税局税收业务知识培训班	68	7	庆阳市国税局(送教上门援助)

续表

序号	培训班名称	人数	天数	主办单位
70	中国邮政公司、兰州铁路局送教上门培训	570	1	中国邮政公司、兰州铁路局
71	全省国税系统铁路运输和邮政服务业"营改增"试点业务视频培训班	620	1	甘肃省国税局
72	（武威、白银、陇南、榆中、民勤、秦州区、北道区、天水）送教上门培训	670	0.5	各市（州）国税局

2014年干部培训情况统计

序号	培训班名称	人数	天数	主办单位
1	兰州市城关区国税局"营改增"业务骨干培训班	90	3	城关区国税局
2	天水市公安派出所所长轮训培训班	107	6	天水市公安局
3	全省国税系统正处级以上领导干部学习习近平总书记系列讲话暨创新国税发展研讨班	52	7	甘肃省国税局
4	天水市住房公积金管理中心新版业务系统第一期上线培训班	26	6	天水市住房公积金管理中心
5	全省国税系统政府采购计划和信息统计工作培训	45	4	甘肃省国税局
6	全省国税系统2013年新录用公务员、军转干部初任培训一班（第三阶段培训）	76	16	甘肃省国税局
7	全省国税系统2013年新录用公务员、军转干部初任培训二班（第三阶段培训）	77	16	甘肃省国税局
8	白银市国税局基层业务骨干培训班	60	9	白银市国税局
9	武威市国税局基层业务骨干培训班	52	7	武威市国税局
10	全省国税系统纪检监察领导干部培训班	50	10	甘肃省国税局
11	兰州市地税局办税服务厅业务培训班	114	7	兰州市地税局
12	甘肃移动"营改增"财税政策培训班	60	4	甘肃移动公司
13	全省国税系统基层税务分局局长第一期培训班	50	11	甘肃省国税局
14	全省地税系统绩效管理工作培训班	146	4	甘肃省地税局
15	全省国税系统副处级领导干部学习习近平总书记系列讲话精神第一期培训班	53	6	甘肃省国税局
16	兰州市国税局注册税务师考前辅导培训班	43	7	兰州市国税局

续表

序号	培训班名称	人数	天数	主办单位
17	全省国税系统副处级领导干部学习习近平总书记系列讲话精神第二期培训班	55	6	甘肃省国税局
18	天水市国税局注册税务师考前辅导培训班	42	7	天水市国税局
19	全省国税系统基层税务分局局长第二期培训班	50	11	甘肃省国税局
20	全省国税系统办税服务综合业务第一期培训班	50	11	甘肃省国税局
21	全省国税系统收入核算业务骨干培训班	50	11	甘肃省国税局
22	全省地税系统财务管理暨内部审计业务第一期培训班	78	10	甘肃省地税局
23	武山县国税局更新知识培训班	48	2	武山县国税局
24	全省地税系统财务管理暨内部审计业务第二期培训班	76	10	甘肃省地税局
25	全省国税系统科级领导干部任职培训班	100	11	甘肃省国税局
26	全省国税系统计算机知识更新培训班	110	11	甘肃省国税局
27	全省国税系统干部教育培训工作研讨班	52	6	甘肃省国税局
28	武威市国税局基层纳税评估培训班	57	16	甘肃省国税局(援助项目)
29	平凉市、甘南州国税局税源管理培训班	51	16	甘肃省国税局(援助项目)
30	定西市国税局税源管理培训班	50	16	甘肃省国税局(援助项目)
31	庆阳市国税局税源管理培训班	26	12	庆阳市国税局
32	天水市国税局征管业务培训班	45	14	天水市国税局
33	全省国税系统所得税与会计知识培训班	50	16	甘肃省国税局
34	临夏州、陇南市、酒泉市国税局财务会计知识培训班	60	16	甘肃省国税局(援助项目)
35	国家税务总局督察内审司执法考核系统业务需求培训班	18	10	国家税务总局
36	全省国税系统办税服务综合业务第二期培训班	50	11	甘肃省国税局
37	国家税务总局智力援西甘肃国税稽查培训班	70	10	甘肃省国税局
38	2014年全国税务系统税收科研机构负责人培训班	90	7	国家税务总局
39	全省地税系统土地增值税业务和城镇土地使用税以地控税推广培训班	72	7	甘肃省地税局
40	白银市国税局税源管理培训班	58	9	白银市国税局
41	全省国税系统内部审计业务培训班	50	6	甘肃省国税局

续表

序号	培训班名称	人数	天数	主办单位
42	全省国税系统税收执法督察培训班	54	6	甘肃省国税局
43	兰州市地税局办税服务厅业务第二期培训班	97	8	兰州市地税局
44	全省国税系统大企业税务审计培训班	69	15	甘肃省国税局
45	福州市地税系统科级领导干部党的十八大精神研修班	36	7	福州市地税局
46	天水市国税局办税服务厅人员更新知识培训班	50	4	天水市国税局
47	全省国税系统财务及政府采购业务培训班	100	6	甘肃省国税局
48	内蒙古西部三盟市国税系统业务骨干培训班(第一期)	74	7	内蒙古西部三盟市国税局
49	全省国税系统税收征管专业人才培训班(第一期)	50	8	甘肃省国税局
50	内蒙古西部三盟市国税系统业务骨干培训班(第二期)	63	7	内蒙古西部三盟市国税局
51	全省国税系统税收征管专业人才培训班(第二期)	51	8	甘肃省国税局
52	2014年全省国税系统新录用公务员、军转干部初任培训班(财经类)	79	31	甘肃省国税局
53	2014年全省国税系统新录用公务员、军转干部初任培训班(非财经类)	133	31	甘肃省国税局
54	甘南州国税局送教上门	264	2	甘肃省国税局(援助项目)
55	全省国税系统车辆购置税业务培训班	100	6	甘肃省国税局
56	嘉峪关市国税局"营改增"业务培训班	41	8	嘉峪关市国税局
57	全省地税系统工会经审业务培训班	46	5	甘肃省地税局
58	平凉市国税局送教上门	100	3	甘肃省国税局(援助项目)
59	全省地税系统税收新闻写作培训班	53	6	甘肃省地税局
60	全省国税系统"营改增"业务培训班	150	6	甘肃省国税局
61	天水市国税局"营改增"业务培训班	56	6	天水市国税局
62	全市乡镇党委书记纪委书记"两个责任"培训班	243	5	天水市纪委
63	全省国税系统稽查基本业务培训班	50	15	甘肃省国税局
64	全省注册税务师第一期培训班	90	5	注册税务师协会
65	全省注册税务师第二期培训班	85	5	注册税务师协会

全省国税系统所得税管理与纳税申报表分析培训班开班

2015年干部培训情况统计

序号	培训班名称	人数	天数	主办单位
1	全省地税系统企业所得税年度纳税申报表培训班	142	4	甘肃省地税局
2	全省国税系统2014年新录用事业干部初任培训班（第一阶段）	82	31	甘肃省国税局
3	全省国税系统企业所得税年度纳税申报表师资培训班	150	5	甘肃省国税局
4	兰州市城关区国税局稽查、评估岗位人员更新知识培训班（第一期）	100	5	城关区国税局
5	全省国税系统纳税服务规范师资培训班	60	5	甘肃省国税局
6	兰州市城关区国税局稽查、评估岗位人员更新知识培训班（第二期）	100	5	城关区国税局
7	全省国税系统增值税发票系统升级版与"营改增"相关业务师资培训班	125	4	甘肃省国税局
8	全省国税系统出口退（免）税政策业培训班	150	5	甘肃省国税局
9	临夏、定西国税局"营改增"及纳税评估培训班	60	13	甘肃省国税局（援助项目）
10	全省国税系统税收法制业务高级研修班	50	7	甘肃省国税局
11	天水市国税局税务稽查业务培训班	60	7	天水市国税局

续表

序号	培训班名称	人数	天数	主办单位
12	全省国税系统国际税收业务培训班	50	4	甘肃省国税局
13	全省国税系统2014年新录用公务员、军转干部及事业干部初任培训班(第二期)	287	16	甘肃省国税局
14	全省国税系统门户网站管理员培训班(第一期)	54	4	甘肃省国税局
15	全省国税系统巡视工作会议暨纪检监察领导干部和巡视干部培训班	62	7	甘肃省国税局
16	武威市地税系统纪检监察干部培训班	50	7	甘肃省国税局
17	全省国税系统县区局长任职能力培训班	88	8	甘肃省国税局
18	全省国税系统门户网站管理员培训班(第二期)	54	4	甘肃省国税局
19	全省国税系统大企业税收风险管理业务培训班	50	16	甘肃省国税局
20	全省国税系统车辆购置税业务培训班	50	4	甘肃省国税局
21	全省国税系统所得税专业人才培训班	50	11	甘肃省国税局
22	全省国税系统信息化稽查暨出口退(免)税专项检查查前培训班	60	8	甘肃省国税局
23	酒泉、张掖、武威国税局"营改增"及税收政策法规培训班	60	13	甘肃省国税局(援助项目)
24	武威市国税局党建与党风廉政建设培训班	50	7	武威市国税局
25	全省国税系统办税服务综合业务培训班	50	8	甘肃省国税局
26	全省国税系统办公政务及税收科研综合培训班	50	8	甘肃省国税局
27	全省国税系统财务管理能力提高培训班	100	8	甘肃省国税局
28	清水县、张川县国税局更新知识培训班(第一期)	37	5	清水县、张川县国税局
29	全省国税系统财税库银横向联网业务培训班	142	5	甘肃省国税局
30	清水县、张川县国税局更新知识培训班(第二期)	36	5	清水县、张川县国税局
31	全省国税系统科级领导干部任职培训班	99	11	甘肃省国税局
32	全省国税系统关联申报数据审核培训及集中汇审工作班	50	4	甘肃省国税局
33	全省地税系统稽查工作会议	86	3	甘肃省地税局
34	甘南州、平凉市国税局营改增及税收政策法规培训班	60	13	甘肃省国税局(援助项目)
35	全省国税系统总局定点联系企业集中案头审计工作班	50	16	甘肃省国税局

续表

序号	培训班名称	人数	天数	主办单位
36	全省地税系统税务稽查工作执行力培训班	48	7	甘肃省地税局
37	全省国税系统纳税服务专业人才培训班	50	11	甘肃省国税局
38	天水庆阳陇南国税局营改增及税源管理骨干培训班	60	13	甘肃省国税局
39	全省国税系统收入核算业务培训班	50	8	甘肃省国税局
40	全省国税系统税收收入分析会议	23	3	甘肃省国税局
41	执业注册税务师继续教育培训班第一期	157	4	注册税务师协会
42	天水市国税系统金税三期工程优化版业务操作培训班第一期	100	4	天水市国税局
43	执业注册税务师继续教育培训班第二期	146	4	注册税务师协会
44	天水市国税系统金税三期工程优化版业务操作培训班第二期	100	4	天水市国税局
45	全省国税系统督察内审业务培训班	50	7	甘肃省国税局
46	广东台山市地方税务局2015年领导干部更新知识培训班	44	7	台山市地税局
47	全省国税系统网络与信息安全培训班	60	8	甘肃省国税局
48	全省国税系统党建与思想政治工作培训班	56	6	甘肃省国税局
49	全省国税系统税收资料调查业务培训班	50	6	甘肃省国税局
50	全省地税系统税收资料调查业务培训班	50	6	甘肃省地税局
51	全省国税系统办税服务厅业务骨干培训班	50	8	甘肃省国税局
52	嘉峪关市国税局党务干部培训班	33	6	嘉峪关市国税局
53	全省国税系统财务及政府采购业务培训班	120	7	甘肃省国税局
54	全省国税系统稽查业务骨干培训班	50	11	甘肃省国税局
55	广东省江门市地方税务局2015年信息技术人员信息安全专业技术及政治素养培训班	40	7	广东省江门市地税局
56	全省国税系统2015年新录用公务员及军转干部初任培训班（第一阶段培训）	166	30	甘肃省国税局
57	甘南州国税局纳税服务和税收业务培训班	183	6	甘肃省国税局
58	全省国税系统人事干部更新知识培训班	118	6	甘肃省国税局
59	秦州区国税局企业所得税征管实务培训班	90	6	秦州区国税局

续表

序号	培训班名称	人数	天数	主办单位
60	全省国税系统人事工作会议	145	3	甘肃省国税局
61	全省地税系统税收征管业务培训班	50	6	甘肃省地税局
62	全省地税系统税收科技信息培训班	50	6	甘肃省地税局
63	天水市国税局稽查业务更新知识培训班	55	8	天水市国税局
64	全省国税系统协查信息管理系统操作人员培训班	99	5	甘肃省国税局

全省国税系统所得税管理与纳税申报表分析培训班开班仪式

2016年干部培训情况统计

序号	培训班名称	人数	天数	主办单位
1	全省国税系统绩效管理4.0版培训班	61	6	甘肃省国税局
2	天水市公安户籍员业务培训班	148	2	天水市公安局
3	天水市公安局派出所所长培训班	130	3	天水市公安局
4	全省国税系统"营改增"相关政策和业务操作师资培训班	155	5	甘肃省国税局
5	甘肃省国家税务局直属税务分局"营改增"相关政策和业务操作培训班	87	4	甘肃省国税局

序号	培训班名称	人数	天数	主办单位
6	全省国税系统企业所得税风险管理研讨班	55	8	甘肃省国税局
7	全省国税系统出口退(免)税操作实务培训班	40	5	甘肃省国税局
8	甘肃省公安厅刑侦总队儿童失踪紧急发布平台"团圆"系统的操作与应用(东片)培训班	50	2	天水市公安局
9	天水市国家税务局网络版查账软件系统推行培训班	63	3	天水市国税局
10	全省国税系统政府采购业务培训班	40	4	甘肃省国税局
11	全省国税系统2015年公务员初任培训班(第三阶段培训)	166	16	甘肃省国税局
12	全省国税系统数字人事培训班	70	6	甘肃省国税局
13	全省国税系统"营改增"办税应急服务培训班	46	3	甘肃省国税局
14	2016年车辆购置税征管系统全国培训班	54	4	国家税务总局
15	全省国税系统车辆购置税业务培训班	33	4	甘肃省国税局
16	全省国税系统网站建设培训班	60	4	甘肃省国税局
17	全省国税系统税务稽查专业人才培训班	50	11	甘肃省国税局
18	国家税务总局2016年全面推开"营改增"试点税负分析培训班	84	4	国家税务总局
19	全省国税系统2016年"营改增"专门业务初级人员培训班	50	12	甘肃省国税局
20	全省执业注册税务师继续教育培训班第一期	149	4	注册税务师协会
21	全省执业注册税务师继续教育培训班第二期	157	4	注册税务师协会
22	全国税务系统督察内审业务骨干培训班	60	8	甘肃省国税局
23	《全国税收征管规范(1.1)版》研讨班	50	6	甘肃省国税局
24	全省国税系统科级领导干部任职培训班(第一期)	99	11	甘肃省国税局
25	全省税务系统税收理论研究骨干培训班	45	6	甘肃省税务学会
26	全省国税务系统税收宣传、舆情应对及政务管理研讨班	50	7	甘肃省国税局
27	全省国税务系统科级领导干部任职培训班(第二期)	94	11	甘肃省国税局
28	全省国税务系统边远地区"营改增"及"金税三期"援助性培训班	50	11	甘肃省国税局
29	全省国税务系"金三"应用系统技术运维培训班	50	7	甘肃省国税局
30	2016年全省国税务系统反避税业务及关联申报集中汇审培训	40	6	甘肃省国税局
31	全省国税务系教育培训软件推广应用与全员能力素质提升研讨培训班	114	4	甘肃省国税局

续表

序号	培训班名称	人数	天数	主办单位
32	全省国税务系2016年新录用公务员及军转干部初任培训班(第一期)	215	53	甘肃省国税局
33	全省国税系统金税三期系统业务操作培训班	60	6	甘肃省国税局
34	全省国税系统税收资料调查和重点税源监控业务培训班	40	6	甘肃省国税局
35	全省国税务系2016年新录用公务员及军转干部初任培训班(第二期)	231	53	甘肃省国税局
36	全省国税系统提升收入核算能力业务培训班	45	7	甘肃省国税局
37	全省国税系统出口退(免)税培训研讨班	40	4	甘肃省国税局
38	全省国税系统税务稽查项目负责人培训班	50	11	甘肃省国税局
39	全省国税系统营改增业务骨干培训班	50	5	甘肃省国税局
40	全省国税系统企业所得税重点税源和高风险事项管理研讨班	96	6	甘肃省国税局

培训学员上课场景

全国培训班开班
2016年车辆购置税征管系统

2017年干部培训情况统计

序号	培训班名称	人数	天数	主办单位
1	全省国地税纳税信用管理系统操作流程和指标口径培训班	107	4	甘肃省国税局　甘肃省地税局
2	天水市公安户籍员业务培训班	144	2	天水市公安局
3	天水市国税系统党支部书记学习贯彻十八届六中全会精神专题培训班	80	5	天水市国税局
4	全省国税系统稽查局营改增税收政策培训班	50	7	甘肃省国税局
5	全省国税系统绩效管理工作培训班	60	5	甘肃省国税局
6	全省国税系统企业所得税重点税源和高风险事项研讨班	60	8	甘肃省国税局
7	兰州市国税系统办税服务厅人员综合能力提升培训班	50	7	兰州市国税局
8	全市公安机关派出所所长、治安大队长培训班	137	4	天水市公安局
9	甘肃省国税系统2016年新招录公务员初任培训第三阶段培训班第一期	212	11	甘肃省国税局
10	武威市国税局税收征管业务培训班	60	9	武威市国税局
11	甘肃省国税系统2016年新招录公务员初任培训第三阶段培训班第二期	213	11	甘肃省国税局
12	全省国税系统税收风险管理业务骨干培训班	50	6	甘肃省国税局
13	全省税收调查布置培训班	60	4	甘肃省国税局
14	全省国税系统党务干部培训班	60	6	甘肃省国税局
15	全省国税系统专题税收分析研讨班	40	6	甘肃省国税局
16	全省国税系统基层分局长专题培训班	99	6	甘肃省国税局
17	武威市国税局办税服务厅人员培训班	57	9	武威市国税局
18	全省国税系统内控信息化平台资产管理模块集中上线	140	6	甘肃省国税局
19	甘肃国税大企业税收管理服务平台培训班第一期	60	3	甘肃省国税局
20	全省国税系统2016年新录用事业干部初任培训班	168	42	甘肃省国税局
21	甘肃国税大企业税收管理服务平台培训班第二期	60	3	甘肃省国税局
22	全省国地税系统公职律师培训班	67	6	甘肃省国税局、甘肃省地税局
23	《国税系统财务管理规范(1.0版)》培训班	57	4	甘肃省国税局

续表

序号	培训班名称	人数	天数	主办单位
24	全省国税系统关联报数据审核培训及集中汇审工作班	40	6	甘肃省国税局
25	全省国税系统财税库银实务及系统操作培训班	50	5	甘肃省国税局
26	全省国税系统2017年度科级领导干部任职培训班	100	16	甘肃省国税局
27	中国邮政储蓄银行甘肃分行2017年度税务管理人员培训班	36	4	中国邮政储蓄银行甘肃分行
28	兰州市、嘉峪关市国税系统税务干部综合能力提升培训班	76	6	兰州市国税局 嘉峪关市国税局
29	全省执业税务师继续教育培训班第一期	146	5	注册税务师协会
30	全省执业税务师继续教育培训班第二期	148	5	注册税务师协会
31	全省国税系统政府采购业务培训班	57	4	甘肃省国税局
32	全省国税系统"互联网+"移动应用软件开发培训班	48	7	甘肃省国税局
33	全省国税系统督察内审业务骨干培训班	70	6	甘肃省国税局
34	甘肃省国税系统纪检监察巡视干部培训班	92	6	甘肃省国税局
35	山东省国税局进出口与货劳领导干部培训班	40	6	山东省国税局
36	全省地税系统纪检监察干部培训班	90	7	甘肃省地税局
37	全省国税系统边远贫困地区"营改增"及风险防范培训班	58	6	甘肃省国税局
38	第3期全国税务系统数字人事题库建设工作研讨班	61	7	国家税务总局
39	全省国税系统提升收入核算能力业务培训班	45	6	甘肃省国税局
40	全省国税系统国际税收业务培训班	47	6	甘肃省国税局
41	全省国税系统政务管理培训班	55	6	甘肃省国税局
42	全省国税系统纳税服务培训班	50	6	甘肃省国税局
43	全省国税系统少数民族地区"营改增"及风险防范援助培训班	46	6	甘肃省国税局
44	全省国税系统税收风险管理业务骨干培训班	50	6	甘肃省国税局
45	全省国税系统出口(退)免税操作实务师资培训班	56	6	甘肃省国税局
46	全省国税系统2017年度新录用公务员初任培训班	278	37	甘肃省国税局
47	全省国税系统车辆购置税业务培训班	49	4	甘肃省国税局

续表

序号	培训班名称	人数	天数	主办单位
48	全省国税系统涉税专业服务信息采集和纳税服务培训班	50	6	甘肃省国税局
49	全省国税系统基层党支部书记培训班	60	5	甘肃省国税局
50	全省国税系统税务检查项目负责人培训班	50	7	甘肃省国税局
51	全省国税系统增值税风险防控业务培训班	50	5	甘肃省国税局

2017年，学校举办甘肃省国税系统纳税服务业务大比武个人竞赛

2018年干部培训情况统计

序号	培训班名称	人数	天数	主办单位
1	甘肃省国税系统内控监督平台推广上线培训班	118	8	甘肃省国税局
2	全省地税系统纳税服务师资培训班	50	5	甘肃省地税局
3	全省国税系统纳税服务师资培训班	50	6	甘肃省国税局
4	全省国税系统税务稽查要素协查培训班	110	4	甘肃省国税局
5	天水市国税系统内控监督平台推广上线培训班	76	3	天水市国税局

续表

序号	培训班名称	人数	天数	主办单位
6	甘肃省国税系统2017年度新招录公务员初任培训第二阶段集中培训	277	11	甘肃省国税局
7	甘肃省国税系统税务稽查业务青年骨干培训班暨2018年度精品培训项目（第一阶段）	40	11	甘肃省国税局
8	嘉峪关市地方税务局税务稽查培训班	30	8	嘉峪关市地税局
9	金昌市地方税务局税务稽查培训班	20	8	金昌市地税局
10	兰州市国税系统劳务派遣人员税收业务培训班	50	12	兰州市国税局
11	全省国税系统绩效管理6.0版培训班	74	5	甘肃省国税局
12	税收风险管理业务骨干培训班	100	6	甘肃省国税局
13	全省国税系统思想政治工作培训班	50	6	甘肃省国税局
14	全省国税、地税税收分析专题暨税收资料调查数据布置培训班	45	6	甘肃省国税局
15	企业所得税重点税源和高风险事项管理培训班	100	8	甘肃省国税局
16	兰州高新区国税局党务干部培训班	30	5	兰州高新区国税局
17	金税三期系统操作业务培训班	110	6	甘肃省国税局
18	全省国税系统纪检监察培训班	50	6	甘肃省国税局
19	全省国税系统巡视干部培训班	40	6	甘肃省国税局
20	全省国税系统市、县国税局基层党支部书记集中培训班	100	6	甘肃省国税局
21	全省地税系统土地增值税培训班	211	6	甘肃省地税局
22	天水市国税系统转变作风改善发展环境建设年基层党支部书记暨党务干部培训班	79	4	天水市国税局
23	全省出口退（免）税操作规范及风险防控专门业务培训班	50	6	甘肃省国税局
24	全省国税系统2018年科级干部任职培训班	60	12	甘肃省国税局
25	全省关联申报数据汇审培训班	51	6	甘肃省国税局
26	全省国税系统网络安全高级培训班	50	6	甘肃省国税局
27	天水市税务局新综合办公信息系统培训班	20	2	天水市税务局
28	全省税务师继续教育培训班(第一期)	59	5	注册税务师协会

序号	培训班名称	人数	天数	主办单位
29	全省税务师继续教育培训班(第二期)	59	5	注册税务师协会
30	全省税务师继续教育培训班(第三期)	67	5	注册税务师协会
31	全省税务师继续教育培训班(第四期)	68	5	注册税务师协会
32	国家税务总局陇南市税务局稽查业务培训班	74	5	陇南市税务局
33	国家税务总局甘肃省税务局2017年度新录用事业干部初任培训班	192	40	甘肃省税务局
34	国家税务总局甘肃省税务局精品示范项目培训班(稽查业务青年骨干培训第二阶段)	40	10	甘肃省税务局
35	国家税务总局甘肃省税务局2018年税收资料调查数据应用培训班	20	7	甘肃省税务局
36	国家税务总局金昌市税务局稽查业务综合培训班	50	10	金昌市税务局
37	2018年全省税务系统信息化稽查实务操作培训班	124	8	甘肃省税务局
38	2018年全省税务系统税收执法资格考试培训班第一阶段	85	11	甘肃省税务局
39	全省税务系统办税服务培训班	50	6	甘肃省税务局
40	全省税务系统打击虚开和骗税案件专项行动培训班	50	7	甘肃省税务局
41	全省税务系统绩效管理暨数字人事业务培训班	90	7	甘肃省税务局
42	国家税务总局甘肃省税务局新录用公务员初任培训班	231	41	甘肃省税务局
43	2018年全省税务系统税收执法资格考试培训班第二阶段	84	19	甘肃省税务局
44	2018年纳税服务中心12366纳税服务热线培训班	62	12	甘肃省税务局
45	全省税务系统纳税服务部门负责人培训班	50	7	甘肃省税务局
46	全省税收分析人才库及税收业务培训班	51	6	甘肃省税务局
47	全省税务系统青年才俊专题培训班	99	16	甘肃省税务局
48	天水市税务局金税三期社保费征管信息系统软件操作师资培训班	108	3	天水市税务局
49	全省税务系统货劳税(出口退税)业务培训班	50	7	甘肃省税务局
50	全省税务系统分管税收经济分析业务局领导培训班	50	5	甘肃省税务局
51	全省税务系统内控机制建设培训班	85	6	甘肃省税务局
52	全省税务系统分局局长专题培训班	100	7	甘肃省税务局

全省国税系统少数民族及边远地区业务骨干培训班开班

2019年干部培训情况统计

序号	培训班名称	人数	天数	主办单位
1	新版税务干部培训管理软件上线操作培训班	115	4	甘肃省税务局
2	2018年新录用公务员第二次集中培训班	225	11	甘肃省税务局
3	全省税务系统企业纳税信用管理师资培训班	56	6	甘肃省税务局
4	2018年新录用公务员初任培训班	222	31	甘肃省税务局
5	全省税务系统依法治税业务培训班	50	7	甘肃省税务局
6	全省税务系统税务稽查基本业务培训班	50	7	甘肃省税务局
7	"智税2019"大数据竞赛培训班	48	7	甘肃省税务局
8	全省税务系统个人所得税培训班	50	7	甘肃省税务局
9	全省税务系统政府会计制度培训班	163	7	甘肃省税务局
10	全省税务系统纪检监察业务骨干培训班	120	7	甘肃省税务局
11	全省税务系统金税三期系统(并库版)师资培训班	70	7	甘肃省税务局
12	全省税务系统教育培训工作部门负责人及业务骨干培训班	50	6	甘肃省税务局

续表

序号	培训班名称	人数	天数	主办单位
13	全省税收调查布置培训班	30	6	甘肃省税务局
14	全省税务系统第一期党支部书记培训班	100	6	甘肃省税务局
15	兰州市税务系统办税服务厅业务骨干培训班	60	7	兰州市税务局
16	张家口市税务系统纪检干部培训班	47	7	张家口市税务局
17	2019年度全省税务系统基建管理培训班	49	6	甘肃省税务局
18	2019年度全国税务系统基建管理培训班	150	6	国家税务总局
19	全省税务系统新闻宣传和舆论处置培训班	50	6	甘肃省税务局
20	全省税务系统车辆购置税业务培训班	50	6	甘肃省税务局
21	2019年纳税服务中心业务培训班	50	7	甘肃省税务局
22	2019年资源税和环境税业务培训班	50	7	甘肃省税务局
23	兰州市税务系统内部控制管理培训班	48	6	兰州市税务局
24	2019年全省税务系统巡察干部能力提升培训班	102	5	甘肃省税务局
25	全省税务系统内控机制建设培训班	100	7	甘肃省税务局
26	全省税务系统第二期党支部书记培训班	100	6	甘肃省税务局
27	全省税务系统社会保险费业务培训班	49	7	甘肃省税务局
28	国家税务总局安顺市税务局税收专业化能力培训班	60	8	安顺市税务局
29	兰州市税务局系统征管规范业务培训班	51	7	兰州市税务局
30	全省关联申报数据汇审培训班	35	6	甘肃省税务局
31	全省税务系统网络安全高级研讨班	50	7	甘肃省税务局
32	中国税务杂志社2019年税收宣传专家研讨会	45	4	中国税务出版社
33	天水市税务局税务稽查网络培训班	67	1	天水市税务局
34	国家税务总局安顺市税务局税收专业化能力培训班(第二期)	80	8	安顺市税务局
35	全省税务系统税务稽查专业高级骨干人员培训班	50	7	甘肃省税务局
36	全省税务系统"双随机、一公开"监管工作培训班	50	7	甘肃省税务局
37	全省税务系统第二期青年才俊培训班	60	16	甘肃省税务局
38	2019年全省税务系统非税业务综合培训班	65	7	甘肃省税务局

续表

序号	培训班名称	人数	天数	主办单位
39	全省税务系统资产管理信息系统数据集中治理培训班	44	3	甘肃省税务局
40	国家税务总局安顺市税务局税收专业化能力培训班(第三期)	60	8	安顺市税务局
41	2019年全省大企业税收风险管理实务培训班	50	6	甘肃省税务局
42	全省税收资料调查数据应用培训班	15	6	甘肃省税务局
43	全省税务系统基层分局长培训班	60	7	甘肃省税务局
44	菏泽市税务局企业所得税管理培训班	74	7	菏泽市税务局
45	国家税务总局江门市税务局科级以上干部培训班	73	5	江门市税务局
46	2019年甘肃省税务系统税收分析基础培训班	40	7	甘肃省税务局
47	全省税务系统网站管理员培训班(第一期)	76	4	甘肃省税务局
48	全省税务系统网站管理员培训班(第二期)	66	4	甘肃省税务局
49	2019年全省税务系统科研调研人员及"一报一刊"通讯员写作能力提升培训班	50	7	甘肃省税务局
50	国家税务总局安顺市税务局税收专业化能力(纳税服务)培训班	60	7	安顺市税务局
51	全省税务系统企业所得税预缴管理培训班	50	7	甘肃省税务局
52	2019年全省税务系统通讯员写作培训班	50	7	甘肃省税务局
53	2019年税务总局业务比武决赛集训辅导班	10	25	甘肃省税务局
54	2019年新录用公务员第一阶段集中培训班	172	40	甘肃省税务局
55	全省税务系统运维骨干能力提升培训班	48	6	甘肃省税务局
56	2019年全省税务系统涉税专业服务监管培训班	50	5	甘肃省税务局
57	全省税务系统绩效管理和数字人事业务骨干培训班	60	7	甘肃省税务局
58	全省税务系统办税服务培训班	50	7	甘肃省税务局
59	全省个人所得税业务培训班	50	7	甘肃省税务局
60	全省税务系统第一期青年才俊培训班	110	16	甘肃省税务局
61	全省税务稽查指挥管理系统暨协查系统应用操作培训班	116	7	甘肃省税务局
62	全省税务系统出口退税政策业务培训班	50	6	甘肃省税务局
63	党的十九届四中全会精神培训班	100	4	甘肃省税务局

2016年，学校教师赴陇南市国税局开展学习贯彻党的十八届六中全会精神辅导讲座

2020年干部培训情况统计

序号	培训班名称	人数	天数	主办单位
1	全省税务系统第一批领军人才培养对象结业培训班	40	4	甘肃省税务局
2	全省税务系统纳税信用培训班	50	5	甘肃省税务局
3	全省税务系统第二批青年才俊第2年度集中培训班	56	8	甘肃省税务局
4	全省税务系统税收资料调查布置培训班	26	4	甘肃省税务局
5	全省税务系统廉政档案信息管理系统培训班(计划内)	50	5	甘肃省税务局
6	全省税务系统廉政档案信息管理系统培训班(计划外)	90	4	甘肃省税务局
7	全省税务系统督察内审业务骨干培训班	50	5	甘肃省税务局
8	全省税务系统税务稽查业务师资培训班	74	6	甘肃省税务局
9	定西市税务系统稽查业务师资培训班	20	6	定西市税务局
10	全省关联申报数据汇审培训班	35	7	甘肃省税务局
11	白银市税务系统政务培训班	45	5	白银市税务局
12	全省税务系统绩效管理和数字人事业务骨干培训班	50	5	甘肃省税务局
13	天水市税务局社保业务培训班	35	4	天水市税务局

续表

序号	培训班名称	人数	天数	主办单位
14	陇南市税务局社保业务培训班	17	6	陇南市税务局
15	金昌市税务局社保业务培训班	8	6	金昌市税务局
16	全省税务系统税务稽查基本业务培训班	75	6	甘肃省税务局
17	定西市税务系统稽查业务师资培训班	20	6	定西市税务局
18	天水市税务局稽查业务提升培训班	50	6	天水市税务局
19	庆阳市税务系统企业所得税业务培训班	17	5	庆阳市税务局
20	陇南市税务系统企业所得税业务培训班	16	5	陇南市税务局
21	金昌市税务系统企业所得税业务培训班	8	5	金昌市税务局
22	秦州区税务局岗位练兵业务比武培训班	35	3	秦州区税务局
23	全省税务系统个人所得税业务骨干培训班	50	5	甘肃省税务局
24	武威市税务局稽查业务培训班	23	7	武威市税务局
25	陇南市税务局稽查业务培训班	20	7	陇南市税务局
26	全省税务系统新任科级干部第1期任职培训班	100	16	甘肃省税务局
27	全省税务系统财产和行为税培训班	50	5	甘肃省税务局
28	嘉峪关市税务局稽查业务培训班	50	7	嘉峪关市税务局
29	全省税务系统资源和环境税业务培训班	50	5	甘肃省税务局
30	白银市税务系统纳税服务培训班	50	5	白银市税务局
31	全省税务系统大企业税收服务和管理业务骨干培训班	50	5	甘肃省税务局
32	全省税务系统税收执法资格考试辅导培训班	204	11	甘肃省税务局
33	2020年全省纳税服务和宣传中心业务培训班	46	5	甘肃省税务局
34	白银市税务局党建工作培训班	50	5	白银市税务局
35	全国税务系统后勤专业培训班	90	6	国家税务总局
36	2020年全省税务人员执法资格考试培训班(第二期)	207	10	甘肃省税务局
37	全省税务系统党务干部示范培训班	50	5	甘肃省税务局
38	全省税务系统社会保险费征管业务专题培训班	50	5	甘肃省税务局

续表

序号	培训班名称	人数	天数	主办单位
39	全省税务系统第三批青年才俊培训班	50	11	甘肃省税务局
40	定西市税务局税收一体化管理业务培训班	50	6	定西市税务局
41	国家税务总局民勤县税务局综合业务培训班	50	7	民勤县税务局
42	全省税务系统税收风险管理培训班	50	5	甘肃省税务局
43	安定区税务局行政政务及税收业务培训班	50	7	安定区税务局
44	全省税务系统金税三期系统业务操作师资培训班	50	5	甘肃省税务局
45	全省税务系统优化执法方式 规范执法行为业务培训班	50	5	甘肃省税务局
46	天祝县税务局综合业务培训班	50	7	天祝县税务局
47	全省税务系统企业所得税处纳税申报培训班	50	5	甘肃省税务局
48	全省税务系统政务文秘和通讯员写作培训班	50	5	甘肃省税务局
49	平凉市税务局稽查业务培训班	47	7	平凉市税务局
50	天水市税务局全员稽查业务强化培训班	57	12	天水市税务局
51	省局机关党支部书记、党务干部能力提升暨党员干部理想信念教育和党性教育培训班	49	5	甘肃省税务局
52	全省税务系统非税业务培训班	50	5	甘肃省税务局
53	全省税务系统县(市、区)税务局机关党委专职副书记示范培训班	50	5	甘肃省税务局
54	武威市税务系统政务管理培训班	45	5	武威市税务局
55	全省税务系统专职巡察干部培训班	50	5	甘肃省税务局
56	白银市税务局纪检业务培训班	49	5	白银市税务局
57	临夏州税务局依法行政培训班	48	6	临夏州税务局
58	甘肃省税务系统大企业税收业务管理培训班	90	10	甘肃省税务局
59	国家税务总局定西市安定区税务局行政政务及税收业务骨干培训班	55	7	定西市税务局
60	2020年全省税务系统财务管理培训班	50	5	甘肃省税务局
61	兰州市税务系统办税服务培训班	50	5	兰州市税务局
62	全省税务系统工会干部培训班	50	5	甘肃省税务局
63	陇西县税务局综合业务培训班	40	5	陇西县税务局

续表

序号	培训班名称	人数	天数	主办单位
64	2020年全省税务系统县处级主要领导干部学习贯彻 党的十九届五中全会精神专题研讨班	74	5	甘肃省税务局
65	全省税务系统分管税收分析局领导及业务骨干培训班	40	5	甘肃省税务局
66	全省税务系统2020年度新录用公务员初任培训班	246	31	甘肃省税务局
67	全省税务系统学习兴税平台应用业务培训班	50	5	甘肃省税务局

2021年干部培训情况统计

序号	培训班名称	人数	天数	主办单位
1	全省税务系统2020年新录用公务员第二期初任培训班	89	16	甘肃省税务局
2	全省税务系统2021年度税务干部执法资格考试考前培训班（第一期）	187	10	甘肃省税务局
3	全省税务系统老干部业务培训班	39	4	甘肃省税务局
4	全省税务系统庆祝建党100周年暨党史学习教育示范培训班	50	5	甘肃省税务局
5	全省税务系统个人所得税业务骨干培训班	50	5	甘肃省税务局
6	全省税务系统2021年度税务干部执法资格考试考前培训班（第二期）	183	10	甘肃省税务局
7	全省税务系统税收法治实务	60	5	甘肃省税务局
8	全省税务系统纪检机构业务骨干培训班	119	5	甘肃省税务局
9	全省税务系统税收大数据业务培训班	25	5	甘肃省税务局
10	天水市网络安全会议	34	6	天水市公安局
11	全省税务系统非税收入业务培训班	50	5	甘肃省税务局
12	全省税务系统税收资料调查布置培训班	33	5	甘肃省税务局
13	全省税务系统机关后勤业务培训班	40	3	甘肃省税务局
14	全省税务系统税收科研骨干培训班	40	3	甘肃省税务局
15	2021年度全省税务系统公务员职级晋升方案对接审核集中办公	44	3	甘肃省税务局
16	全省税务系统职级晋升工作培训班	55	2	甘肃省税务局
17	天水市税务局税收征管与风险专门业务培训班	50	8	天水市税务局
18	陇南市税务系统基层分局长业务培训班	50	4	陇南市税务局

序号	培训班名称	人数	天数	主办单位
19	甘肃省总工会培训班	45	3	甘肃省总工会
20	天水市税务局稽查业务能力培训班	60	7	天水市税务局
21	全省税务系统财务管理综合业务培训班	50	6	甘肃省税务局
22	天水市税务系统纪检业务培训班	55	5	天水市税务局
23	兰州市税务局基层税务分局长素质提升培训班	49	6	兰州市税务局
24	白银市税务系统税收法治实务培训班	50	5	白银市税务局
25	兰州市税务系统办税服务能力提升培训班	60	7	兰州市税务局
26	全省税务系统关联申报数据汇审培训班	35	6	甘肃省税务局
27	全省税务系统资源环境税业务培训班	40	4	甘肃省税务局
28	全省税务系统税收分析及收规业务培训班	49	5	甘肃省税务局
29	全省税务系统科级领导干部任职培训班(第一期)	80	7	甘肃省税务局
30	全省税务系统党务干部培训班	50	5	甘肃省税务局
31	全省税务系统纳税服务中心业务提升暨12366热线坐席培训班	40	4	甘肃省税务局
32	国家税务总局武威市税务局稽查业务培训班(第一期)	60	7	武威市税务局
33	定西市税务局稽查业务能力提升培训班	50	6	定西市税务局
34	全省税警执法协作打虚打骗培训班	100	7	甘肃省税务局
35	全省税务系统第四批青年才俊第1年度集中培训班	50	8	甘肃省税务局
36	全省税务系统企业所得税征收管理培训班	50	5	甘肃省税务局
37	全省税务系统科级领导干部任职培训班(第二期)	80	7	甘肃省税务局
38	全省税务系统国际税收业务培训班	50	5	甘肃省税务局
39	白银市税务局政治能力提升培训班	50	5	白银市税务局
40	天水市税务局业务大比武考前集训班	30	11	天水市税务局
41	全省税务系统巡察干部业务能力提升培训班	50	5	甘肃省税务局
42	全省税务稽查执法风险防范培训班	50	7	甘肃省税务局

2022年干部培训情况统计

序号	培训班名称	人数	天数	主办单位
1	国家税务总局武威市税务局稽查业务培训班(第二期)	60	7	武威市税务局
2	全省税务系统2021年新录用公务员第一期初任培训班	146	13	甘肃省税务局
3	天水市税务局业务比武集中辅导培训班(第一期)	40	15	天水市税务局
4	全省税务系统基层党支部书记示范培训班	50	5	甘肃省税务局
5	2022年全省离退休干部党支部书记示范培训班	125	5	甘肃省委老干部局
6	全省税务系统2022年资源和环境保护税条线业务比武培训班	20	11	甘肃省税务局
7	全省税务系统信息安全条线业务比武培训班	20	11	甘肃省税务局
8	全省税务系统集采条线业务比武培训班	20	11	甘肃省税务局
9	全省税务系统2022年财产和行为税条线业务比武培训班	20	11	甘肃省税务局
10	全省税务系统税收风险管理实战化培训项目线下集中培训班	50	6	甘肃省税务局
11	天水市税务局业务比武集中辅导培训班(第二期)	30	15	天水市税务局
12	甘肃省税务局2022年总局条线业务比武竞赛集中培训班	38	18	甘肃省税务局
13	全省大企业税收管理业务骨干培训班	48	5	甘肃省税务局
14	天水市税务局大企业税收管理业务骨干培训班	20	3	天水市税务局
15	全省税务系统国际税收业务培训班	46	5	甘肃省税务局
16	天水市税务局2022年税务人员执法资格考试培训班	25	5	天水市税务局
17	天水市税务系统个人所得税业务专题培训班	31	4	天水市税务局
18	武威市税务系统贯彻落实《意见》和社保非税业务培训班	50	7	武威市税务局
19	全省税务系统信息化现状及发展趋势培训班	48	5	甘肃省税务局
20	全省税务系统关联申报数据汇审培训班	48	6	甘肃省税务局
21	全省税务系统税收大数据业务骨干培训班	21	9	甘肃省税务局
22	全省税务系统党务(巡察)干部示范培训班	49	5	甘肃省税务局

初任培训班学员军训汇报场景

2023年干部培训情况统计

序号	培训班名称	人数	天数	主办单位
1	2022年新录用公务员初任培训班（第一期）	291	9	甘肃省税务局
2	全省财产行为税业务培训班	66	5	甘肃省税务局
3	天水市税务系统财产行为税业务培训班	20	5	天水市税务局
4	2022年新录用公务员初任培训班（第二期）	290	9	甘肃省税务局
5	全省常态化打击虚开骗税违法犯罪六部门联合培训班	160	7	甘肃省税务局
6	天水市常态化打击虚开骗税违法犯罪六部门联合培训班	10	7	天水市税务局
7	全市公安派出所业务培训班	151	2	天水市公安局
8	天水市税务局2022年新录用公务员培训班	59	5	天水市税务局
9	2021年新录用公务员和2022年新录用事业干部初任培训班	189	9	甘肃省税务局
10	全省企业所得税和国际税收工作会议	40	3	甘肃省税务局
11	全省税务系统关联申报数据汇审培训班	45	6	甘肃省税务局
12	全省税务系统税收分析和收规业务培训班	49	5	甘肃省税务局
13	全省税务系统提升税收经济形势分析能力培训班	50	5	甘肃省税务局
14	天水市税务系统提升税收经济形势分析能力培训班	7	5	天水市税务局

续表

序号	培训班名称	人数	天数	主办单位
15	全省税务系统网络安全高级培训班	50	5	甘肃省税务局
16	天水市税务系统网络安全高级培训班	6	5	天水市税务局
17	全省税务系统纪检业务骨干培训班	120	5	甘肃省税务局
18	天水市税务系统纪检业务骨干培训班	10	5	天水市税务局
19	甘肃省税务系统税收法治培训班	49	5	甘肃省税务局
20	全省税务系统市县局基层党支部书记示范培训班	50	5	甘肃省税务局
21	全省税务系统企业所得税政策管理培训班	48	5	甘肃省税务局
22	全省大企业税收风险管理实战化培训项目线下集中培训班	50	5	甘肃省税务局
23	天水市大企业税收风险管理实战化培训项目线下集中培训班	25	5	天水市税务局
24	2023年全省税务人员执法资格考试培训班	176	12	甘肃省税务局
25	全省税务系统电子税务局业务和操作培训班(第一期)	45	5	甘肃省税务局
26	全省税务系统税收资料调查业务培训班	35	5	甘肃省税务局
27	全省税务系统考核考评业务能力提升培训班	49	5	甘肃省税务局
28	天水市税务系统考核考评业务能力提升培训班	8	5	天水市税务局
29	全省税务系统电子税务局业务和操作培训班(第二期)	45	5	甘肃省税务局
30	天水税务系统电子税务局业务和操作培训班	13	5	天水市税务局
31	全省税务系统科级领导干部任职培训班(第一期)	70	6	甘肃省税务局
32	全省税务系统科级领导干部任职培训班(第二期)	70	6	甘肃省税务局
33	全省税务系统纳税服务中心业务提升暨12366热线坐席培训班	40	5	甘肃省税务局
34	全省税务系统巡查业务培训班	50	5	甘肃省税务局
35	天水市税务系统巡查业务培训班	16	5	天水市税务局
36	全省税务系统财务管理业务培训班	50	5	甘肃省税务局
37	天水市税务系统财务管理业务培训班	8	5	天水市税务局
38	天水市税务系统税收宣传业务技能提升培训班	64	3	天水市税务局
39	全省税务系统第五批青年才俊第2年度集中培训班	50	6	甘肃省税务局

序号	培训班名称	人数	天数	主办单位
40	全省税务系统外语岗位能力强化和选拔工作培训班	39	10	甘肃省税务局
41	全省税务系统货物劳务税综合管理培训班	50	5	甘肃省税务局
42	天水市税务系统货物劳务税综合管理培训班	16	5	天水市税务局
43	全省税务系统个人所得税业务培训班	50	5	甘肃省税务局
44	兰州市税务局个人所得税业务培训班	40	5	兰州市税务局
45	2023年总局条线比武竞赛集训备战培训班	53	29	甘肃省税务局
46	全省关联申报数据集中汇审培训班	42	5	甘肃省税务局
47	中国税务报社2023年度第一期通讯员培训班	91	6	中国税务报社
48	2023年新录用公务员初任培训班(集中脱产)第一期	324	9	甘肃省税务局
49	2024年新录用公务员初任培训班(集中脱产)第二期	327	9	甘肃省税务局
50	国际碳税比较研究结题研讨会	35	3	中国国际税收研究会
51	兰州新区税务局学习贯彻习近平新时代中国特色社会主义思想主题教育读书班	44	3	兰州新区税务局

第五编

校园文化建设

第十三章　基层党组织建设

　　建校以来，学校党组织经历了从无到有、从设立党的总支委员会到设立党委、再由设立党委到设立党总支的发展变化过程。党的建设逐步加强，引领作用日益凸显，为各项工作的顺利开展提供了强大的政治保障。

　　1987年9月17日，中共天水市委同意成立甘肃省税务学校党总支部委员会，支委由周广林、刘明生、康永堂3位同志组成，周广林同志任党总支书记。

　　1989年1月18日，天水市委批准成立中共甘肃省税务学校委员会，委员会由王德全、周广林、刘明生、张聪贤、康永堂5位同志组成，王德全同志任党委书记。1989年12月19日，天水市直机关工委，同意周广林同志转任甘肃省税务学校党委书记，免去王德全同志党委书记职务。1997年2月24日，省国税局党组任命贾曼莹同志为甘肃省税务学校校长、党委委员、党委书记；任命吕永合同志为甘肃省税务学校副校长、党委委员；任命安丽坤同志为甘肃省税务学校副校长。2001年8月20日，省国税局任命刘虎同志为中共甘肃省税务学校党委书记；同日，任命刘虎同志为甘肃省税务学校校长（试用期一年）。

　　2002年10月16日，学校隆重举行"甘肃省税务培训中心"挂牌仪式，省国税局党组书记、局长杨继元，天水市委副书记、市长赵春为"甘肃省税务培训中心"揭牌，省市领导及相关部门负责人，全校师生200多人参加仪式，标志着普通中专教育即将结束，税务干部培训进入到了一个新阶段。2004年4月30日，省国税局党组任命安丽坤同志为培训中心党委书记；同时，省国税局任命安丽坤同志任培训中心主任（试用期一年）。同日，免去刘虎同志原甘肃省税务学校党委书记职务，原甘肃省税务学校校长职务。2004年6月16日，市直机关工委批复"中共甘肃省税务学校委员会"更名为"中共甘肃省税务培训中心委员会"，安丽坤任培训中心党委书记，免去刘虎同志省税务学校党委书记职务。

　　2008年1月24日，根据国家税务总局文件精神，"甘肃省国家税务局培训中心"更名为"甘肃省税务干部学校"，机构级别保持不变。2008年4月28日，省国税局任命安丽坤同志为中共甘肃省税务干部学校党委书记，同日，任命其为学校校长。

　　2011年4月17日，省国税局任命张继华同志为甘肃省税务干部学校校长（试用期一年）。同时任命其为校党委委员、党委副书记职务。

2022年6月，学校举办庆祝建党101周年"喜迎二十大 奋进新征程"党史知识竞赛

　　2013年6月8日，天水市直机关工委下发关于撤销省税务干部学校党委的通知，撤销中共甘肃省税务干部学校党委，其党员组织关系转入省国税局机关党委。2013年6月28日，省国税局下发《关于调整甘肃省税务干部学校党组织管理的通知》，将中共甘肃省税务干部学校委员会调整为中共甘肃省税务干部学校总支委员会，隶属于中共甘肃省国家税务局机关党委管理。2013年7月23日，省国税局机关党委批复了学校党总支选举结果，总支委员会由五人组成，邢贯中任总支书记，张继华任总支副书记。2018年8月20日，省局机关党委批复省税务干部学校总支委员会选举结果，总支委员会由王天宝、王永胜、王国杰、任志民和邢贯中5人组成，邢贯中同志任总支书记。2022年6月30日，省局机关党委批复学校党总支换届选举结果，同意党总支委员会由马安太、王天宝、王永胜、王涛和邢贯中5人组成，刑贯中同志担任总支书记。2023年1月17日，省局机关党委批复，学校党总支届中补选总支委员、书记选举结果。史炜同志任学校总支委员、党总支书记。邢贯中同志不再担任学校总支委员、书记职务。同意朱伟同志任总支委员，王永胜同志不再担任总

支委员职务。学校党总支委员会由马安太、王天宝、王涛、史炜、朱伟5名同志组成，史炜担任总支书记。

至2023年10月31日，学校共有党员46名。党总支所属5个支部：第一党支部委员会由马安太、张海燕、魏荣3名同志组成，马安太同志任书记，有党员6名。第二党支部委员会由王涛、钱科、孟媛媛3位同志组成，王涛同志任书记，有党员8名。第三党支部由于国华、朱玉霞、赵经斌3位同志组成，赵经斌同志任书记，有党员5名。第四党支部委员会由马占宏、朱伟、赵胜伟3位同志组成，朱伟同志任书记，有党员7名。第五党支部委员会（退休）由吕志友、李淑霞、惠培兴3位同志组成，吕志友同志任书记，有党员20名。

学校党的建设一路走来，始终坚持加强和改进党的思想、组织、作风建设，充分发挥党组织的战斗堡垒和党员干部的先锋模范作用，持续提升党建工作质量和水平，引领学校每个历史时期的各项工作健康发展。

建校以来，学校抓党建突出政治功能，政治建设持续强化。坚持以党的政治建设为统领，坚持社会主义办学方向，坚持党的教育方针，坚持德育为首、育人为本，坚持党校姓党、税校为税，把政治建设放在首位，把握正确政治方向，营造良好的政治氛围。

建校以来，学校筑牢政治忠诚，思想教育常抓不懈，注重理论武装，强化思想建设，建立实施"第一议题制度"，全力抓好党在各个历史时期发展阶段的创新理论学习，坚持不懈用党的创新理论凝心铸魂，开展重温入党誓词、党规党纪知识测试、爱国主义教育、革命传统教育等主题活动，坚定理想信念，提升理论水平，增强党性观念，不断增强政治判断力、政治领悟力和政治执行力。

建校以来，学校党组织履行"一岗双责"，主体责任全面落实。学校坚持全面从严治党，树牢党建责任观念。健全党建工作机制，建立主体责任横到边、纵到底的责任体系。坚持两手抓，把党建工作与教育培训工作同计划、同部署、同实施、同检查、同考核，推动党建工作任务落实。全力加强支部建

2012年，学校廉政教育基地落成

设，严格党的组织生活，提高组织生活质量。不折不扣落实"三会一课"、民主评议党员、组织生活会、党员谈心谈话、思想状况分析等党内基本制度，深入推进党支部标准化建设，提升支部工作的规范化和科学化水平。

建校以来，学校严格从严治校，纪律作风稳步推进。突出抓党的纪律和规矩教育，贯彻中央八项规定及其实施细则精神，坚持把纪律和规矩挺在前面，加强党风廉政建设，重视对党员干部的日常教育监督，深化廉政风险防控，强化责任担当，营造风正劲足、真抓实干、干事创业的良好风气。

建校以来，学校狠抓基地创建，廉政教育成效显著。立足税务，面向社会，扎实开展廉政教育和预防职务犯罪教育。甘肃省税务干部学校廉政教育基地创建于2012年初，始终秉承"大力弘扬艰苦创业精神，深入开展廉洁从政教育"的主旨，面向系统内外广大党员干部开展廉洁从政教育和预防职务犯罪警示教育。2012年5月，被中共天水市委预防职务犯罪工作领导小组命名为"廉政教育基地"。同年10月，被国家税务总局命名为"全国税务系统廉政教育基地"。2013年7月，被最高人民检察院授予"全国百家优秀预防职务犯罪警示教育基地"。基地展馆采取平面展示和立体创意造型相结合的方式创建，总体布局为1个开放式大厅、6个展室、1个资料室、1个办公室，面积约400平方米。展馆由"廉洁从政篇""反腐历程篇""艰苦创业篇""人生警示篇""预防职务犯罪篇""学习实践篇"六个篇章组成。展厅内设计了"廉政警钟""四条高压线""鸟笼""手铐""重拳砸碎腐败""万丈深渊""如履薄冰""指南针""铜镜"等体验式教学造型。展馆定位准确，主题突出，史实确凿，运用声、光、电感应技术，将创意设计与场景有机结合起来，使参观者身临其境，达到教育入脑入心的效果。展馆自投入使用以来，培训学员年均接受警示教育3000多人次，地方党政部门、企事业单位等干部1000多人次，得到了各级领导机关的高度肯定，极大地提升了学校的社会知名度和影响力。

基层党组织建设的不断加强，筑牢了党建引领全面发展的坚强政治保证，有力地促进了学校各项工作的高质量发展。

第十四章　精神文明建设

　　建校38年来，学校始终把精神文明建设作为促进发展的一项重要工作，一以贯之抓好精神文明创建工作。聚焦凝心铸魂，推动精神文明建设走向自觉。学校坚持拓宽思路，创新载体，丰富内容，常抓不懈。坚持以理想信念教育为主线，以社会主义核心价值观为根本，开展争创先进领导班子、文明科室、文明楼院、"五好家庭"、最美家庭、先进教职工、优秀教师、优秀共产党员、优秀党务工作者、先进基层党组织等评优奖先活动，树立先进典型，形成积极向上的比学赶帮氛围。以社会实践、专题讲座、拓展训练、红歌比赛、礼仪知识竞赛、趣味运动会等创建活动为载体，形成了讲正气、学先进、促和谐的良好风尚。多年来，学校主动承担社会责任，积极参加扶贫济困、慈善捐款、无偿献血、军民共建、疫情防控等社会公益活动。多年来的文明创建工作，造就了政治坚定、团结一心、开拓进取的领导班子，带出了一支爱党爱国、勤奋敬业的教职工队伍，走出了一条内外相济、创新求实的发展之路，塑造了一个干事成事、文明和谐的崭新形象。

一、五年夯基础稳步攀升

　　1989年，学校成立了精神文明建设领导小组。1991年10月，学校成立了创建文明宿舍活动领导小组，根据学校人员变动情况适时调整加强了学校精神文明建设委员会成员。学校始终坚持"两手抓，两手都要硬"的方针，狠抓精神文明建设，加强师生思想教育，由低到高相继制定了精神文明创建规划，循序渐进抓落实促创建。

　　1990年3月29日，秦城区石马坪办事处召开1989年精神文明建设总结表彰大会，授予学校办事处级文明单位，并颁发"文明单位"奖牌一块。1991年4月20日，天水市秦城区召开1990年精神文明建设总结表彰大会，授予学校秦城区级文明单位，并颁发"文明单位"奖牌一块。1993年6月29日，学校被中共天水市委、市政府评为92年度天水市级文明单位，颁发了文明单位荣誉证书和奖牌。一步一个脚印，五年三个台阶的稳步攀越，为精神文明创建工作奠定了坚实的基础。

二、十年磨一剑迈上新台阶

　　1994年6月，第二届校党委把创建省部级重点中专和省级文明单位写入党委工作报告，作为全校师生的奋斗目标。1997年，学校领导班子调整后，第三届党委坚持不懈地把精神文明建设作为学校的一件大事来抓，多次专题研究创建措施，制定了"文明科室""文明班级""五好家庭""文明楼院"评比办法，并把1998年、1999年定为"争创省级文明单位、提高教学质量年"。2001年以来，新一届党委把创建省级文明单位确立为本届班子的奋斗目标，调整优化了学校精神文明建设领导小组及办公室成员，不断加大力度多方探索、拓展范围、创新方法、丰富创建内容，使学校各方面工作都取得了明显的成效。

2009年6月4日，学校举行精神文明建设工作总结表彰暨深化创建活动动员大会

学校教职工清理操场杂草

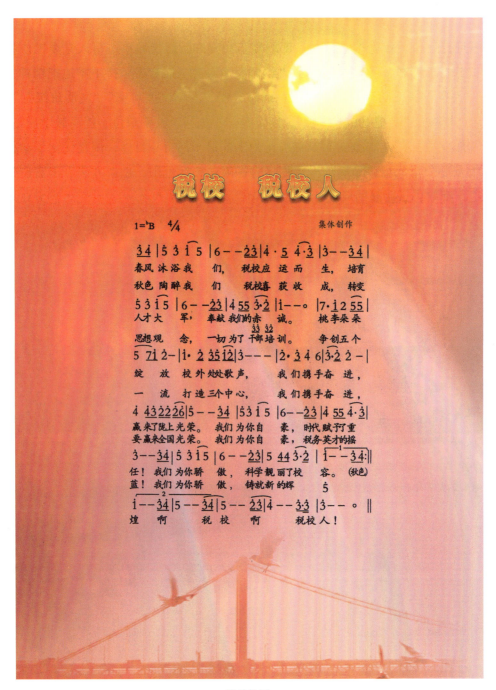

学校校歌

2003年1月14日，省委表彰第六批精神文明建设先进单位和先进工作者，学校被命名为"省级文明单位"。学校的文明创建工作迈上了新的台阶，为持续创建更高层级的文明单位筑牢了稳固的根基。

三、七年巩固成果实现新跨越

社会的变迁，事业的发展，追求无止境，学校坚决不搞"奖牌到手、创建到头"的形式创建，不满足于已有成绩而停滞不前，在巩固成果的同时，按照"防止反弹抓提高，巩固成果上台阶"的方针，进一步推动精神文明建设工作迈上新台阶，2005年，学校把创建"国家级文明单位"写进了2005年的工作计划。紧紧围绕创建全国文明单位的奋斗目标，学校积极开展了业务学习，狠抓职工思想政治工作；务实绩，狠抓培训项目开发；务实效，狠抓经济效益和社会效益的"三务"活动。周密计划，勠力同心，团结协作，群策群力，做了大量行之有效的工作。2005年6月26日，在北京召开的全国精神文明建设工作表彰大会上，学校被评为"全国精神文明建设先进单位"。这标志着学校的文明创建工作达到了更高水平，为创建全国文明单位创造了良好条件。

2004年8月，全省国税系统庆国庆暨纪念分税制十周年球类比赛（天水赛区）全体运动员合影

1991年元旦，学校文艺会演师生合影

1990年元旦，全体教职工合唱表演

念活动——教师舞蹈表演

2006年，学校庆祝建党85周年纪

一直以来，学校坚持以税收工作为中心，以干部培训为重点，把拥有一流师资、一流项目、一流质量、一流水平的培训中心、科研中心和考试中心作为奋斗目标。开展了一系列精神文明创建活动，承担了更多的社会责任，突出教书育人工作重点，开创了精神文明建设工作新局面。2009年1月20日，在全国精神文明建设工作表彰大会上，学校被中央文明委表彰为"全国文明单位"，这标志着学校的文明创建工作实现了新的跨越，成为全国税务系统院校中唯一获得此项殊荣的培训施教机构。

文明是一盏灯，连着你我他，照亮别人，温暖自己。文明创建，人人有责，同创文明，造福社会。获得"全国文明单位"荣誉称号，不是船到码头车到站，巩固、提高、保持任重而道远。让精神文明之花开遍校园，持之以恒"务学习、务思想、务工作"，坚持"教书育人、服务育人、管理育人"齐头并进的工作思路，充分发挥全省税务干部培训的主渠道和主阵地作用，为锻造素质过硬、文明骁勇的税务队伍贡献力量。

三十八年弹指一挥间。回首三十余年的文明创建之路，学校践行"团结、勤奋、求实、创新"的校训，秉持"举文明创建之旗，兴争优创先之风"的理念，始终如一地把精神文明创建工作摆上重要议事日程。

从税务学校到培训中心再到税务干部学校，辉煌成就和光荣梦想中凝聚了历届党政领导班子和广大教职员工的辛勤汗水，使文明之光薪火相传，生生不息。

第六编

荣誉奖励

三十八年间，甘肃省税务干部学校经历了从筹建阶段、普教阶段、转型阶段、干训阶段、党性教育+干训阶段的沿革发展，但不管在哪个历史阶段，都视荣誉和奖励为一种无形的激励与鞭策。一直以来，税校人脚踏实地一步一个脚印，把各级党委的工作安排不折不扣落到实处，荣誉一直以来都不是自己给自己加冕，而是各级组织和社会对学校的肯定和赞许。税校人加倍努力，倍加珍惜获得的荣誉，不断推进各项工作提质增效。

党建引领提质效。学校始终坚持和加强党的全面领导，把稳思想之舵，不断加强党的建设，做好各项工作。在省税务局党组织和中共天水市委历年的庆祝"七一"建党节活动中，学校党组织多次荣获"先进基层党组织"称号，多名党员荣获"优秀共产党员"殊荣，多名党务工作荣获"优秀党务工作者"表彰。

文明创建谱华章。文明始于心，创建践于行。从办事处级、区级、市级、省级到全国文明单位的创建之路，五年三次攀升、七年实现新跨越、十年迈上新台阶，二十几年如一日，文明之光薪火相传，文明建设理念深入人心，谱写了精神文明建设的壮美华章。

扶贫济困献爱心。多年来，税校人遵规守纪，遵从公序良俗，坚守社会道义，热心社会公益事业，积极投身扶贫济困、捐助捐赠、无偿献血等慈善献爱心活动，获得了社会各界的一致赞誉，工作业绩可圈可点。

比学赶超树榜样。建校以来，一代代税校人谦虚谨慎、团结协作，保持积极进取的心态，坚持不懈，甘于奉献，爱岗敬业，在各自平凡的岗位上创造了不平凡的工作业绩，获得了不同层级的表彰奖励。

三十八年的不懈奋斗，铸就了税校人不忘初心、牢记使命、永葆青春的不懈追求。那37面地市级以上表彰的奖牌，48面本地市级以上荣誉证书的背后，是税校人不尽的汗水和无私奉献的真实写照，同时也是税校人奉献社会、奉献税务的精彩写真。

附：表一　学校荣誉奖励
　　表二　个人荣誉奖励

学校荣誉奖励

序号	荣誉称号	表彰机关	时间	备注
1	天水市扶贫工作先进单位	中共天水市委、天水市人民政府	1990.03.20	市委发[1990]13号
2	机关档案管理省一级称号	甘肃省档案局	1993.04.09	甘档发[1993]18号
3	市级文明单位	中共天水市委、天水市人民政府	1993.06.29	市委发[1993]19号
4	天水市直机关先进党组织	中共天水市直属机关工委	1994.06.30	市工委发[1994]10号
5	天水市帮扶工作先进集体	中共天水市委、天水市人民政府	1996.04.30	市委发[1996]41号
6	先进基层党组织	中共天水市委	1996.07.01	市委发[1996]51号
7	先进基层党组织	中共天水市委	1998.06.29	市委发[1998]26号
8	全省国税系统先进集体	甘肃省国家税务局	1999.01.21	甘国税发[1999]011号
9	天水市先进团组织	共青团天水市委	2001.01.19	天团发[2001]03号
10	先进基层党组织	中共天水市委	2001.06.27	市委发[2001]28号
11	全市保密协作组先进组长单位	中共天水市委保密委员会	2002.04.03	市委保发[2002]1号
12	天水市先进团组织	共青团天水市委	2002.02.01	天团发[2002]02号
13	爱国卫生先进单位	甘肃省爱国卫生运动委员会	2002.12.16	甘爱卫发[2002]31号
14	省级文明单位	中共甘肃省委	2003.01.14	省委发[2003]3号
15	全市道德教育实践活动示范点	中共天水市精神文明建设委员会	2003.02.26	市文明委发[2003]1号
16	城市庭院绿化景观工程先进单位	天水市人民政府	2003.03.05	天政发[2003]26号
17	成人教育先进函授站	长春税务学院	2004.05.31	长税院发[2003]63号
18	全国精神文明建设先进单位	中央精神文明建设指导委员会	2005.06.26	
19	先进基层党组织	中共天水市委组织部、市直机关工委	2005.06.27	市组发[2005]44号
20	全省国税系统先进集体	甘肃省国家税务局	2005.08.19	甘国税发[2005]189号
21	函授教育先进函授站	长春税务学院	2006.06.05	长税院发[2006]40号
22	先进基层党组织	中共天水市直机关工委	2006.06.23	市工委发[2006]11号
23	社会帮扶工作先进单位	中共天水市委、天水市人民政府	2007.04.03	市委发[2007]15号
24	全省国税系统业务大比武活动先进单位	甘肃省国家税务局	2007.08.03	甘国税发[2007]134号
25	全国文明单位	中央精神文明建设指导委员会	2009.01	

续表

序号	荣誉称号	表彰机关	时间	备注
26	庆祝建党90周年书画展优秀组织奖	中共天水市委组织部、市直机关工委市文化文物出版局	2011.07.14	市直工委发[2011]61号
27	落实党建工作目标管理责任制先进单位	中共天水市直属机关工委	2012.02.29	市直工委发[2012]4号
28	卫生先进单位	天水市爱国卫生运动委员会	2012.05.04	天市爱卫办发[2012]7号
29	廉政教育基地	中共天水市委职务犯罪预防工作领导小组	2012.05	
30	全市先进基层党组织	中共天水市委	2012.06.27	市委发[2012]37号
31	全国税务系统廉政教育基地	国家税务总局	2012.10.24	国税发[2012]96号
32	全省国税系统先进集体	甘肃省国家税务局	2013.01.15	甘国税发[2013]12号
33	党建工作目标管理责任制先进单位	中共天水市直属机关工委	2013.03.20	市直工委发[2013]6号
34	全国百家优秀预防职务犯罪警示教育基地	最高人民检察院	2013.07	
35	天水市廉洁文化建设示范基地	中共天水市纪委 天水市监察委员会	2022.04	
36	"平安天水"建设优秀单位	中共天水市委办公室、市政府办公室	2022.08.08	市委办字[2022]39号
37	全国税务系统节约型机关	国家税务总局机关服务中心	2022.11.02	税总服便函[2022]21号

个人荣誉奖励

序号	姓名	荣誉称号	表彰机关	时间	备注
1	张永明	甘肃省"园丁奖"	省教委	1989.10	
2	张聪贤	天水市"园丁奖"	中共天水市委、天水市人民政府	1989.09.01	市委发[1989]39号
3	袁慧芳	天水市"园丁奖"	中共天水市委、天水市人民政府	1989.09.01	市委发[1989]39号
4	王荣生	优秀共产党员	中共天水市直属机关工委	1991.06	

续表

序号	姓名	荣誉称号	表彰机关	时间	备注
5	李淑霞	全省税务系统"三八红旗手"	甘肃省税务局	1992.03.07	[1992]甘税宣教字005号
6	蒲峰	新税制业务知识竞赛二等奖	甘肃省国家税务局	1995.02	甘国税发[1995]004号
7	安大定	先进党务工作者	中共天水市直属机关工委	1995.06.22	市工委发[1995]10号
8	吕志友	优秀共产党员	中共天水市直属机关工委	1995.06.22	市工委发[1995]10号
9	贾小莹	优秀共产党员	中共天水市委	1996.07.01	市委发[1996]51号
10	魏荣	优秀共产党员	中共天水市委	1998.06.29	市委发[1998]26号
11	安丽坤	全省国税系统十大杰出女税务工作者	甘肃省国家税务局、甘肃省妇联	2002.01.24	甘国税发[2002]19号
12	任志民	先进函授站工作者	长春税务学院	2004.05.31	长税院发[2003]63号
13	李欣	函授站先进教师	长春税务学院	2004.05.31	长税院发[2003]63号
14	郭立新	优秀共产党员	中共天水市委组织部、市直机关工委	2004.06.29	市组发[2004]41号
15	陈科军	全省国税系统"共铸诚信"演讲大赛优秀奖	甘肃省国家税务局	2004.12.08	甘国税发[2004]250号
16	陈科军	推广应用"中国税收征管信息系统"先进个人	甘肃省国家税务局	2005.01.10	甘国税发[2005]12号
17	李丽珍	推广应用"中国税收征管信息系统"先进个人	甘肃省国家税务局	2005.01.10	甘国税发[2005]12号
18	吕志友	全省国税系统纪检监察工作先进个人	甘肃省国家税务局	2005.03.07	甘国税发[2005]57号
19	徐晓亭	全省国税系统计算机信息管理先进个人	甘肃省国家税务局	2005.05.16	甘国税发[2005]107号
20	王天宝	全省国税系统先进个人	甘肃省国家税务局	2005.08.19	甘国税发[2005]189号
21	刘健萍	第五届全省五好文明家庭	甘肃省"五好文明家庭"创建活动小组	2005.11.28	甘家建发[2005]2号
22	王国杰	优秀通讯员	甘肃经济日报社	2006.02.16	

续表

序号	姓名	荣誉称号	表彰机关	时间	备注
23	马占宏	国家税务总局纪检组廉政歌曲创作评选活动优秀奖	甘肃省国家税务局	2006.02.27	甘国税发〔2006〕53号
24	刘健萍	文明家庭	中共天水市委	2006.05.29	市委发〔2006〕26号
25	冯晓宇	先进函授站工作者	长春税务学院	2006.06.05	长税院发〔2006〕40号
26	安丽坤	全省国税系统优秀税收科研成果二等奖	甘肃省国家税务局	2006.11.22	甘国税发〔2006〕261号
27	安丽坤	全省国税系统廉政文化书法摄影展二等奖	甘肃省国家税务局	2007.02.28	甘国税函发〔2007〕73号
28	安丽坤	优秀党务工作者	中共天水市委组织部、市直机关工委	2007.06.29	市组发〔2007〕35号
29	李培芝	全省国税系统业务大比武活动先进个人	甘肃省国家税务局	2007.08.03	甘国税发〔2007〕134号
30	王金田	全省国税系统优秀税收科研成果一等奖	甘肃省国家税务局	2007.11.19	甘国税发〔2007〕188号
31	安丽坤	全省国税系统优秀税收科研成果二等奖	甘肃省国家税务局	2007.11.19	甘国税发〔2007〕188号
32	王永胜	全省国税系统优秀税收科研成果三等奖	甘肃省国家税务局	2007.11.19	甘国税发〔2007〕188号
33	陈科军	全省国税系统优秀税收科研成果三等奖	甘肃省国家税务局	2007.11.19	甘国税发〔2007〕188号
34	王军	全省国税系统优秀税收科研成果三等奖	甘肃省国家税务局	2007.11.19	甘国税发〔2007〕188号
35	马安太	全省国税系统优秀税收科研成果三等奖	甘肃省国家税务局	2007.11.19	甘国税发〔2007〕188号
36	安丽坤	精神文明建设先进工作者	中共天水市委、天水市人民政府	2008.02.20	市委发〔2008〕15号
37	安丽坤 陈科军	全省国税系统优秀税收科研成果一等奖	甘肃省国家税务局	2008.10.27	甘国税发〔2008〕210号

续表

序号	姓名	荣誉称号	表彰机关	时间	备注
38	李培芝	全省国税系统优秀税收科研成果二等奖	甘肃省国家税务局	2008.10.27	甘国税发[2008]210号
39	马安太	全省国税系统优秀税收科研成果三等奖	甘肃省国家税务局	2008.10.27	甘国税发[2008]210号
40	吕顺琴	全省国税系统优秀税收科研成果三等奖	甘肃省国家税务局	2008.10.27	甘国税发[2008]210号
41	张继华 李培芝	全省国税系统优秀税收科研成果三等奖	甘肃省国家税务局	2011.11.09	甘国税函[2011]408号
42	白小田	优秀共产党员	中共天水市直属机关工委	2012.06.29	市工委发[2012]55号
43	杨明	全省国税系统"读书之星"	甘肃省国家税务局	2013.01.15	甘国税发[2013]11号
44	张海燕	全省国税系统"读书之星"	甘肃省国家税务局	2013.01.15	甘国税发[2013]11号
45	王小军	"甘肃银行杯"我眼中的"双联"工作摄影展获奖	中共天水市直属机关工委	2013.06.27	市直工委发[2013]30号
46	蔡静	全省税务系统税收研究优秀成果三等奖	甘肃省税务学会	2015.11.16	甘税学发[2015]14号
47	张海燕	2020年度甘肃省"最美家庭"	甘肃省妇女联合会	2020.04.30	甘妇发[2020]17号
48	邢贯中	平安天水建设先进个人	平安天水建设领导小组办公室 天水市人力资源和社会保障局	2022.07.28	天平安办发[2022]33号

第七编

师生情怀

校庆领导讲话

（以时间顺序排序）

在甘肃省税务学校十年校庆上的讲话

甘肃省国家税务局党组书记、局长　刘思义

（1997年9月26日）

各位领导、各位来宾、尊敬的老师、同学们！

在建校十年校庆之日，我谨代表省国税局对你们的辛勤工作和建校十年来取得的优异成绩表示衷心的感谢和节日的祝贺！十年辛苦为育人，今日桃李满天下。十年来，我们全体教职员工在税校这个税务人才的摇篮中，辛勤抚育、默默奉献，源源不断地为我省税务系统输送了新鲜血液，增强了我省税务干部队伍的活力和后劲。学校前后已培养出财税中专生1300多人，培训在职税务干部3000多人次，毕业生中有相当一部分人已成为各级税务部门的业务骨干，有些还走上了基层领导岗位。

我们的税收教育事业是随着税收工作的发展而产生的，它也必将伴随着税收工作的进步而进步。当前，随着党的十五大精神的贯彻落实，社会主义市场经济的发展、税收征管改革、人事制度改革以及教育体制改革的进一步深化，竞争上岗、优胜劣汰的机制，将税务干部的素质问题推到了愈加紧迫和愈加重要的位置。新的形势，既是机遇，又是挑战，我们要抓住机遇，迎接挑战。立足税务，面向社会，以提高税务干部素质、为社会培养合格人才为主要任务，进一步调整办学方向，坚定不移地朝着创一流学校，育优秀人才，尽快进入省部级重点中专和省级文明单位行列前进，我们坚信在全体教职员工的共同努力下，我们的目标一定能够实现。预祝同志们在今后工作中再结硕果，再创辉煌！

抓住机遇 群策群力
进一步加快税校发展步伐
——在甘肃省税务学校校庆十周年大会上的讲话

甘肃省税务学校党委书记、校长 贾曼莹

各位领导，各位来宾，各位校友，全体教职员工同志们，同学们：

在全国人民以实际行动贯彻落实党的十五大精神之际，我们迎来了甘肃省税务学校建校十周年华诞。在这喜庆的日子，我们从陇原四面八方聚会到这里，叙友情，话沧桑，回顾税校十年创业之路，展望税校美好的未来。在这个群贤云集、师生欢聚热烈而隆重的大会上，让我代表省税校党委、行政及全体师生员工向光临大会的各位领导、来宾、各位校友表示热烈的欢迎和衷心的感谢！向因工作繁忙而未能出席大会的校友们致以真挚的问候和良好的祝愿！

我们甘肃税校是在改革开放中，为了适应社会主义经济建设和我省税务事业发展的需要，于1985年经甘肃省人民政府批准建立的省内第一所税务中等专业学校。建校十年来，学校在国家税务总局、省财政厅、省国税局、地税局和省教委及地方党政等部门的关怀和支持下，经过全校教职工的艰苦创业，实现了由建校到教学的转变，再由教学到全面发展的跨越，走出了一条正确的发展道路，成为省内具有一定规模、设施比较完善、教育质量较好、环境优美的财税中专之一。

十年创业，备尝艰辛，十年奋斗，成绩斐然。

经过十年的努力，学校的规模有了较大的发展，教学设施逐步得到了完善。现在学校占地面积50亩，建筑面积达2.5万平方米，总投资达1120万元。现有教学办公大楼1栋、学生宿舍楼1栋、干训住宅楼1栋、礼堂餐厅综合楼1栋、家属住宅楼3栋，300米标准田径场1处，微机室、模拟实习室、图书室、阅览室、教学资料室等教学设施比较齐全，职工灶、学生灶、清真灶、面包房、小卖部、浴室等服务部门齐备。图书馆藏书30000余册、订阅报纸杂志300余种，微机教室配备各种微机100台。

学校现有教职工85人，其中专职教师43人。学校下设4个教研组、6个行政科室，共开设税收、财会、计算机、会计电算化4个专业，目前普通班学生632人，大专函授生300余人。十年前

这里杂草丛生、一片荒芜,而今展现在我们眼前的是一所高楼林立、环境幽雅、鲜花盛开、生机勃勃的新型学校。

经过十年的努力,我们拥有了一支素质优良的教师队伍。早在建校初期,学校就充分地认识到一支精神面貌好、师德高尚、业务过硬的教师队伍是办好学校的关键,是搞好税务教育的根本。为此在加强教师队伍的建设方面我们严把进人关,并通过支持教师脱产进修、函授学习、自考自修、组织教师外出业务培训、基层实践锻炼、外出参加学术会议、编写教材、开展教学科研活动等途径,不断提高教师的学历层次和教师业务素质。目前教师队伍中本科生占78%,专科生占22%,有高级讲师12人,讲师37人。教职工求学上进,钻研学问,蔚然成风。近几年来,教师论文在国家级刊物上发表2篇,省级刊物上发表23篇,其中14名教师编著和参编了国家正式出版的14种教材图书。有2名年轻教师取得了全国注册会计师资格。通过抓教学检查、对教师工作量化考核、举办公开教学、优秀课教师评选活动等手段,奖勤罚懒,奖优罚劣,把教师引入了竞争机制,从而提高了教师工作的积极性和主动性。不断加强师德教育,要求教师要为人师表、教书育人,使教师树立了"学高为师、德高为范"的思想。十年中,有一名教师获"甘肃省级园丁"称号,两名教师获"天水市级园丁"称号,一名教师获"甘肃省税务系统五四青年标兵"称号。税校教师良好的素质得到广大学生及培训学员的一致好评。我校目前一支政治、业务素质好,职称结构合理,中青年教师比重较大,后劲较强的师资队伍已经形成。

经过十年的努力,我校教学质量和教学管理水平日趋提高,培养出了一大批合格的税务人才。十年来,我们遵循为税务战线培养合格人才的办学宗旨,认真贯彻党的教育方针,坚持"三个面向",把教学工作作为中心来抓。教学上我们着重抓了教学基础设施的建设和教材建设,规范了教学行政管理,重视理论教学和实践教学的相互配合,严格学生学风考纪,积极开展各项教学科研活动,从而使我们教学经验逐渐丰富,教学管理制度逐步健全,教学工作基本走上了正轨,教学质量得到不断提高。税校在参加全省20多所财经类中专的两次《数学》统考、《国家税收》统考、计算机知识竞赛和1992年全省财政系统珠算比赛中,分别取得了第二、第一、第三名的好成绩,省财政厅,省税务局两次教学评估,我校均属良好水平。在税校的学生中,先进集体和先进个人不断涌现,勤奋学习、文明守纪,已成风气。税校毕业生走上工作岗位后,深受用人单位的欢迎,一部分学生被省、地县各级税务部门评为征管能手、查账能手、优秀共产党员、先进工作者。十年中,我校为全省国税、地税系统输送合格人才1300多人,培训在职干部达3200多人,百分之九十以上的毕业生已成为各级税务部门的骨干,且60多人走上股长、所长、县(区)局领导岗位,为全省经济发展做出了自己应有的贡献。在这里,我代表全校师生员工,向奋斗在各级税务部门的各届校友问好,你们用自己的成绩证明了你们无愧于人民对你们的培养,无愧于母校寄予你们的厚望，希望你们再接再厉，在以后的工作中取得更大的进步，为母校争光。

经过十年的努力，我们深化了教育改革，改变了办学模式，拓宽了办学渠道，加强了税校与社会的密切联系，并在多途径的办学中得到了社会各界的理解和支持，提高了学校的知名度。建校初期，我们为了快出人才，边建校、边办学，使学校赢得了上级主管部门"投资少、见效快"的赞誉。为了适应社会主义市场经济和税务院校改革的要求，我们进一步调整了办学方向，确定了"立足普教，面向成教，立足税务，面向社会"的新的办学方向。近几年来，依照新的办学方向，我们把职工培训和成人学历教育结合起来，把普通教育和函授教育结合起来，把为税务战线培养人才和面向社会各行业培养人才结合起来。1995年以来，我们在学校相继成立了长春税务学院天水函授站、兰州商学院天水函授站，招收函授大专生300余人。1996年一年之内，我校为国税、地税系统培训微机人员达600多人，与天水师专联合举办了两期财会专业大专班。为了支援当地建设，学校和天水市卫生局联合举办两期中医中专班。1997年，学校成立了成人教育科，并针对社会对微机使用人才的需求，又开设了会计电算化专业。目前我校已形成了普通中专教育、成人教育、大专函授、联合办学、干部培训等多层次、多途径办学的新局面，收到了良好的社会效益，也得到了省局领导、学生家长和社会各界的一致好评。

经过十年的努力，我校的精神文明建设硕果累累。校党委、行政自建校起就重视社会主义精神文明建设，并认真抓好各项落实工作。对学生学员、教职工坚持进行职业道德教育、爱国主义教育和遵纪守法教育，和当地驻军联合开展军民共建活动，邀请李润虎以及税务战线先进人物来学校作报告，深入持续地开展创建文明宿舍活动和"十无校园"活动，举办各种有益的文体活动，使全校师生逐渐树立了高尚的人生观和价值观，形成了"团结、勤奋、求实、创新"的校风和"刻苦钻研、争当尖子"的学风。十年来，师生员工为灾区、孤寡老人、贫困山区、希望工程等捐款捐物达1万多元。原党委书记、校长王德全同志被国家税务总局评为全国税务系统先进教育工作者，3名教职工被省税务局评为甘肃税务系统"三八红旗手"、甘肃省税务系统先进个人，1人被团省委评为"省级优秀中专团干部"，3名同志被评为"天水市优秀共产党员""先进党务工作者"。学校先后获评天水市级文明单位、秦城区双拥先进单位、绿化先进单位、天水市扶贫先进单位和先进党组织。

十年过去了，我们孜孜求索，终于使数千株税务桃李芬芳于陇原大地，作为税务教育工作者，我们倍感欣慰。抚今追昔，十年来，我们之所以取得以上巨大的成就，归结起来，有四个重要因素。

第一，各级领导的支持和关怀，给了我们极大的鼓舞。建校初期，国家税务总局、省财政厅、省税务局、天水市领导多次来到筹建现场视察，帮助我们解决实际问题。建校后，各级领导在学

校壮大教师队伍、完善教学设施、提高教职工的待遇、拓宽学校的办学路子等工作上，不论财力物力还是政策上都给予了不遗余力的支持，成为我们艰苦创业的坚强后盾。各地、州（市）税务部门也把税校看成自己学校，经常对学校进行帮助。还有驻地部队官兵，从1992年开始帮助我校对新生进行军训，为我校搞好道德教育、国防教育，提高学生的实际生活能力方面倾注了大量的心血。值十年校庆之际，为筹兴校大计和征求社会各界对我校办学的意见和建议，《甘肃经济日报·税务特刊》编辑部，帮助我们成功举办了"税校连着你我他"有奖征文活动，宣传了学校，收到了良好的效果，所有这些都为学校顺利地开展工作提供了保证。借此机会，我代表全校师生员工向在税校的创建和发展中，给予我们巨大关怀和无私帮助的各级领导和各界朋友，各位同志表示衷心的感谢！

第二，我们有一个好的领导班子和一支素质优良的教职工队伍。十年来，学校的领导班子从建组开始到现在，已换几届，但是人事变动了，优良作风不变，远大理想不变，这个作风就是"勤奋务实，廉政团结，开拓进取"，这个理想就是"争创省部级重点中专"。不论是校领导，还是全体教职工，他们都十分热爱教育事业，工作兢兢业业，任劳任怨，顾大局、识大体、讲原则、讲团结，廉洁奉公、不谋私利，为了共同的愿望不惜一切奉献着自己的力量。这里我代表校党委、校行政向全校辛勤劳动的教职工同志们表示诚挚的谢意！向曾在学校建设中做出贡献的原任领导周广林、张聪贤、杨继昌三位同志表示崇高的敬意！向为了学校建设和发展而积劳成疾、被病魔夺走生命的全国税务系统先进教育工作者，原校党委书记、校长王德全同志表示深切的怀念。

第三，我们始终把思想政治工作和学生的道德教育放在首位。建校十年，我们组织教职工坚持政治学习，学习马克思列宁主义、毛泽东思想、邓小平理论，并通过法制教育、时事教育等形式提高了教职工政治思想水平和政策水平。在学校学生的德育工作中，通过加强德育队伍，健全各项学生管理制度，把对学生严格管理和关心爱护相结合，要求一名教职工帮助一名后进生，深入一个班级，抓好一个寝室，形成了人人抓德育、个个促成长的良好势头，使学生思想素质不断提高。由于重视了思想政治工作和道德教育，十年来，不论遇到什么样的情况，全校师生员工始终能坚定社会主义信念，坚决执行党的方针政策，与党中央保持一致，努力工作，勤奋学习，保证了学校各项工作的顺利开展。

第四，我们重视了行政、后勤管理工作，保证了教学一线的需要。从建校起，学校严格遵循教育规律，逐步建立起各方面的管理制度，行政、后勤各科都有岗位目标责任制和配套的奖罚制度。1993年全面推行了全员聘任制，以德、能、勤、绩作为聘用人员的标准，打破了分配上的平均主义，大大调动了职工积极性，提高了工作效率。后勤工作坚持"方便在税校，满意在税校"

的服务方针，发扬热情服务的精神，坚持优化后勤队伍素质，在膳食工作上下功夫，在学校建设上抓重点，在节流开源上挖潜力，深化改革，使生活保障部门形成网络，使后勤服务逐步走上了社会化、规范化。

十年中，虽然税校在各个方面有了长足的发展，但是作为省内唯一的税务中专，税校还存在教师知识老化、学历层次偏低、硬件设施缺口较大、培训干部能力较弱、教学水平和手段还不能很好地适应新形势的发展等不足，因而其办学水平和国内同行相比还有一定的差距，尤其是全国人事制度、教育制度和税收制度的不断改革，把税校推向了市场，使我们面临机遇和挑战并存、希望和困难同在的新形势。怎样在新的形势下使我们路子越走越宽，这就需要我们必须牢牢地把握住以下三点：

一是正确认识当前的形势和我们的任务是谋求学校发展的前提。我们必须清醒地认识到大中专院校并轨制的推行，毕业生走向市场，是社会发展的必然趋势，由此我们将从封闭型的办学圈子里跳出进入到机动灵活、开放型办学的新天地，同时，全省国税、地税系统在职干部更新业务知识的培训，全省税务干部学历层次的总体改善，微机在税务部门的不断普及，这些任务无疑需要税校去承担并要努力完成，因而我们税校前景广阔，任重道远。

二是坚持"立足税务，面向社会，适应市场，办出特色"的办学方向是谋求学校发展的关键。我们要牢固地树立为国、地两税系统服务的思想，主动承担国、地两税系统的培训任务，想方设法在干部培训的工作上下功夫，在提高全省税务干部的学历层次上下功夫，使税校真正成为税务干部的摇篮。继续努力开门办学，充分发挥学校在师资和硬件设施上的优势，不断拓宽学校目前多层次、多途径办学的路子，增加社会效益和经济效益，树立竞争意识，创出我们的"拳头专业""精品专业"。突出财税特色，办出我们的"品牌"，树立市场意识，把市场对人才的需求作为合理调整学校专业的依据，提高学校在市场上的竞争力和生存力。

三是继续发扬艰苦奋斗、勤俭办学的光荣传统，做好新形势下学校的各项工作是谋求学校发展的基础。我们要做好新形势下的思想政治工作，把德育放在首位，坚持党的基本路线，努力加强党的建设，发挥党员、团员的模范带头作用，增强校党委、行政的凝聚力和向心力，使教职工牢固树立"校兴我荣，校衰我耻"的主人翁意识，进一步提高教职工的综合素质。牢牢抓住教学这个中心，按照省部级重点中专的各项条件，严格检查，严格落实，使教学质量每年都能上一个新台阶。不断加强校园建设、教师队伍建设和精神文明建设，紧紧依靠上级税务部门和当地党政领导，密切与兄弟单位和各届校友间的合作关系，不断规范学校各项管理，虚心听取各界人士对学校的意见和建议，争取多方支持，多渠道筹集资金，完善教学设施，争取早日实现教学质量一流、办学效益一流、学校管理一流、育人环境一流的愿望。

各位领导、同志们、朋友们：

我们税校有过令人自豪的过去，也必将有一个更加美好的未来，学校在以后发展的路上，还会遇到不少困难，但是不管遇到多么大的困难，我们都将坚持创建省部级重点中专的远大理想不变，为税务教育事业献身的人生追求不变，尽力把学校办好。当我们面对税校未来的十年、二十年、五十年至一百年的时候，我们一定要无愧于后人。让我们大家共同高举邓小平同志建设有中国特色社会主义理论的伟大旗帜，在党的十五大精神指引下携起手来，开拓进取，为培养出更多跨世纪的财经人才而做出新的更大的贡献。

1997年9月，学校十周年校庆，全体教职工与出席校庆的省国税局、地税局及天水市政府领导合影

在甘肃省税务干部学校
建校二十周年庆祝大会上的讲话

国家税务总局教育中心副主任　魏仲瑜

（2007年11月26日）

尊敬的天水市张市长，尊敬的甘肃省国税局杨局长，老师们，同学们，女士们，先生们，朋友们：

很高兴能来到羲皇故里天水，参加甘肃省税务干部学校建校二十周年庆典。我代表国家税务总局教育中心，对甘肃税务干部学校建校二十年表示热烈的祝贺！向辛勤工作在教学科研一线的教职工表示崇高的敬意！

天水物华天宝、人杰地灵，是人所共知的陇上江南。甘肃省税务干部学校在这里走过了不平凡的二十年风雨历程。对一个人才相对匮乏的西部省份来说，普教十年从这里走出的一批又一批学子，无疑是陇上税苑的及时雨。他们在甘肃税务系统的各个岗位上辛勤工作、无私奉献，为甘肃税收事业的发展和甘肃经济的腾飞做出了自己的贡献，没有辜负税校对他们的培养和期望。省税校几届领导班子坚定地贯彻落实国家税务总局关于税务系统施教机构建设的一系列方针政策不动摇，坚定地走改革创新的路子不动摇，坚持"税校为税"和"为税收工作服务，为税务干部服务"的"两为"方针不动摇，走出了一条有甘肃特色的税务干部培训办学之路。特别是近年来，甘肃税务干部学校以文明创建为抓手，加强师资队伍建设，整合人力资源配置，创新税务培训方式，提高培训办班质量，特色项目建设走在了全国税务系统施教机构的前面，培训中心、考试中心、科研中心三驾马车齐头并进，队伍、项目、质量、水平、环境建设向着一流目标稳步进发，成为全国税务系统施教机构中唯一的全国文明创建先进集体，是我们税务教育培训部门的光荣，可喜可贺！

二十年奋斗历程载入史册，斐然业绩已经使甘肃税务干部学校站在了新时期税务教育培训的较高起点上。党的十七大在充分肯定近年来干部教育培训工作所取得成绩的同时，对干部教育培训工作提出了新的更高的要求。总局党组十分重视干部教育培训工作，今年七月召开了全国税务系统干部教育培训工作会议，这在新中国税收史上是第一次。税务干部教育培训工作面临着前所

未有的挑战和千载难逢的机遇。我衷心希望甘肃省税务干部学校能发扬光荣传统，总结成绩和经验，放眼全国，敢为人先，不拘泥于一时一地，不满足于一枝一叶，以更加饱满的意志、更加大胆的创新、更加优异的成绩，为甘肃税收事业的发展提供优质高效的人才服务和智力支持，为税务干部教育培训事业探索新路、积累经验、创造财富，为全国税务系统施教机构建设做出榜样！我相信，有甘肃省国税局的正确领导和甘肃省地税局的大力支持，有甘肃税务系统领导和广大干部的充分信任，有税校党委一班人的同心协力和教职员工的辛勤工作，甘肃省税务干部学校一定会越办越好！

衷心祝愿甘肃省税务干部学校的明天更加靓丽美好！衷心祝愿甘肃税收事业的未来更加辉煌灿烂！

在甘肃省税务学校建校二十周年
庆祝大会上的讲话

天水市委副书记、市长　张广智

（2007年11月26日）

各位来宾、税校各位教职工：

大家好！

初寒乍暖，喜气盈盈！正值举国上下认真学习和贯彻落实党的十七大精神之际，甘肃省税务学校迎来了建校二十周年华诞。在此，我代表中共天水市委、市政府首先向省税务学校表示衷心的祝贺，向为全省税务干部教育培训事业付出辛勤劳动的全体教职员工表示亲切的问候。同时，向来自全省国税、地税系统的各级领导以及应邀参加庆典活动的各位代表表示热烈的欢迎。辛勤耕耘二十年，桃李芬芳遍陇原。在省国税局党组的正确指导下，甘肃省税务学校作为全省税务系统唯一的干部教育培训施教机构，无论是从事普通中专教育还是从事干部教育培训工作，学校能够始终坚持教书育人、管理育人、服务育人的宗旨，坚持以税收工作为中心、以干部培训为重点，争创"五个一流"，打造"三个中心"，为税务干部队伍业务技能的提高和素质的全面提升发挥了重要作用，也为我省税收事业的全面协调可持续发展做出了应有的贡献。

多年来，甘肃省税务学校作为驻市省直属事业单位，能认真完成市委、市政府部署的各项工作，在党的建设、扶贫济困、军民共建、城市绿化、综合治理、无偿献血等方面的工作开展得有声有色，受到市委、市政府的充分肯定，学校多次被评为天水市"社会帮扶工作先进单位""军民共建工作先进单位""园林单位"，学校党委也多次被评为"先进基层党组织"。尤其值得肯定的是，税务学校作为全国精神文明先进单位，二十年来，能够坚持不懈地开展以"讲文明、树新风、促发展"为主题的文明单位创建活动，着力于三个文明的协调发展，注重发挥文明单位的示范表率作用，连片创建，支持新农村建设，帮扶弱势群体，在我市建三小学和省艺校天水分校遇到困难时，及时腾出校舍，帮助渡过难关，树立了良好的社会形象，创建工作取得丰硕成果，可以说是我市精神文明建设的排头兵。这既是省国税局党组高度重视的结果，也是税校班子开拓进取、

203

求实创新的结果。

　　新时期对干部教育培训工作提出了更高的要求，面对新形势、新任务，税务学校将肩负更加艰巨的重任。任何情况下，天水市委、市政府都会一如既往地支持学校的工作，关心学校的发展，全力以赴协助学校解决各方面的困难。我们相信，在省国税局的正确领导和各级领导关怀下，税务学校通过对二十年历程的回顾和总结，一定能够发扬成绩，再接再厉，承前启后，继往开来，为全省税务系统干部教育培训事业的发展，创造更加辉煌灿烂的明天。

在甘肃省税务学校建校二十周年
庆祝大会上的讲话

甘肃省国家税务局党组书记、局长　杨继元

（2007年11月26日）

尊敬的各位领导、各位老师、各位同学：

今天，我们在这里欢聚一堂，怀着喜悦的心情，隆重庆祝甘肃省税务培训中心建校二十周年。首先，请允许我代表甘肃省国家税务局党组向培训中心的全体教职员工表示热烈的祝贺和诚挚的慰问，向参加庆典的各位领导、各位来宾表示衷心的感谢。"百年大计、教育为本"，作为甘肃税务系统唯一的专业施教机构和教育培训基地，甘肃省税务培训中心建校二十年来，为全省税务系统人才兴税战略的实施，为全省税务干部队伍素质的提高和税收事业的发展壮大做出了突出贡献，成绩显著，功不可没，可喜可贺。在此，我讲两点意见。

一、二十年辛勤耕耘成绩显著，成效突出

二十年来，甘肃省税务培训中心始终坚持贯彻党和国家的教育方针，始终坚持教书育人、管理育人、服务育人的宗旨，始终坚持正确的办学方向，与时俱进、改革创新，不断适应税收工作形势的发展。积极贯彻落实不同时期税务教育培训的工作要求，培养了大批德才兼备的税务专门人才，走过了建设、发展、改革的不平凡历程。概括起来，集中表现在四个方面：

一是坚持办学宗旨，为甘肃税务事业的发展输送了大批优秀人才。1987年，甘肃省税务学校挂牌成立并面向社会招收普通中学生，通过十多年的税务普通中专教育，学校先后为全省税务系统输送了2000多名热爱税收事业、业务功底扎实的合格人才，为税校的事业发展奠定了坚实基础和良好开端。税校毕业生可谓桃李满园、遍布全省各地，大部分毕业生奋战在税收征管一线，把自己的青春才智奉献给了税务事业，涌现出了以全国税务英模黎霖同志为代表的许多杰出人才，近20%的人担任了副科级以上职务，一部分同志进入了市（州）、县（区）税务部门领导班子，正在日益成为全省税务系统的中坚力量，发挥着骨干作用，值得我们为之欣慰，为之自豪。

二是突出办学特色，为税务干部队伍素质的提高做出了显著贡献。多年来，税务培训中心充分发挥了全省税务系统干部教育培训主渠道作用，承担了全省税务系统公务员初任培训、任职培训、专门业务培训、更新知识培训、"六员、七能手"培训等各类各层次的培训任务。培训能力不断提升，培训项目不断向深层次、高水平发展，尤其是近年来，圆满完成了全国部分省市国税系统金税工程培训班、全国税务系统稽查案件管理信息培训班等各类层次较高的培训任务。仅1998年各级税务部门大规模培训干部以来，累计举办各类培训班221期，培训干部达17143人次，为全省税务系统干部队伍素质的提高做出了显著贡献，为各级税务部门推进依法治税、征管改革和信息化建设提供了有力支撑。

三是坚持改革创新，顺利实现了由普通教育向干部教育培训的转型。2000年以来，国家税务总局根据税收工作形势的变化，适时做出了税务学校停止普通招生，向干部培训教育为主转型的举措，2002年6月，甘肃省税务培训中心正式挂牌成立。在省局党组的正确领导下，全体教职员工在前后三届领导班子的带领下，认清形势、理清思路，适应新时期干部教育培训工作的大趋势，树立与时俱进、改革创新的理念，提出了创建拥有"一流师资、一流项目、一流质量、一流水平、一流环境"的培训中心、考试中心、科研中心的奋斗目标。通过实施师资队伍、硬件设施、内部机构及运行机制等四个方面的转型，克服各种困难，顺利实现了由普通教育为主向干部培训为主的转变，适应了新形势对税务施教机构的要求，不断发挥了税务培训中心在全省税务干部教育培训中应有的作用。

四是强化自身建设，税务培训中心的教育培训和管理水平不断提升。学校建校以来，历届领导班子和教职员工坚持辛勤耕耘、教书育人，坚定不移地推进各项教育教学改革，以改革促发展，以发展求壮大。培训中心转型后，在省局的大力支持下，对旧设施、旧设备进行了改造更新，优化了办学条件。根据干部教育培训的特点，采取专职教师定期到基层锻炼，邀请税收业务骨干到培训中心试讲试教、送教上门等举措，精心研发特色培训项目。创新运用讲授式、研究式、案例式、模拟式、体验式等教学方法，不断提高培训质量。推广网络培训、远程教育、电化教育，不断提高教学和管理的信息化水平。省培训中心已被评为省级文明单位和全国精神文明建设工作先进单位，教育培训和管理水平不断提升。

培训中心建校二十年来所取得的成绩，得益于总局、省局的正确领导，得益于学校领导班子和教职员工的团结奋斗、勤奋工作和无私奉献，得益于总局的全力支持，得益于市委、市政府的关心和支持，得益于全省税务系统和社会各界长期以来的积极配合和大力支持。在此，我再次向培训中心的同志们表示衷心的感谢和诚挚的慰问，向一贯关心和支持学发展和建设的领导和同志们表示由衷的谢意！

二、干部教育培训事业任重道远，大有可为

同志们，不久前，党的十七大胜利召开。按照十七大深入贯彻落实科学发展观的要求，要保持税收事业全面、协调、持续发展，为全面建设小康社会做出新贡献，必须建设一支高素质的税务干部队伍。近年来，中央从党和国家事业发展的全局出发，提出了"大规模培训干部、大幅度提高干部素质"的战略任务，2006年颁布了《干部教育培训工作条例（试行）》，省局于今年召开了教育培训工作会议，提出了贯彻落实《条例》精神，实施新时期干部教育培训工作的总体要求，应该说，税务干部教育培训事业又进入了一个大发展时期，甘肃省税务培训中心作为我省税务干部教育培训的主渠道任重道远，大有可为。

我们要以建校二十年为契机，通过对学校二十年历程的回顾总结，按照"打造三个中心、争创五个一流"的既定目标，发扬成绩、改革创新，承前启后、继往开来。一是要不断开展全省税务系统培训需求的调查，根据税务系统不同时期的工作重点，有针对性地开展各级各类培训。二是要根据培训需求，进一步深化教学和管理改革，创新培训内容，改进培训方式，提高教学质量。三是要按照"素质优良、规模适当、结构合理、专兼结合"的原则，继续加强师资队伍建设。四是要切实加强领导班子建设，关心教职工的学习和生活，加强精神文明创建，改善基础设施和办学条件，构建和谐税务培训文化，继续发挥好干部教育培训主渠道的作用。省局将一如既往地关心、支持学校的建设和各项工作，目前，学校新的改扩建项目已经总局立项即将动工，新建的培训综合楼和报告厅将为培训教育工作创造更加功能齐全、设施先进的教学环境。

我相信，在全体教职员工的共同努力下，甘肃省税务培训中心必将为全省税务干部教育培训事业做出更大的贡献。最后，祝愿甘肃省税务培训中心的明天更美好！

与时俱进　开创未来
为甘肃税务教育培训事业再立新功
——在甘肃省税务学校二十周年校庆大会上的讲话

甘肃省税务学校党委书记、校长　安丽坤

（2007年11月26日）

尊敬的各位领导，各位来宾，各位校友，全体教职员工同志们：

大家好！

在全国人民以实际行动贯彻落实党的十七大精神之际，我们满怀喜悦，迎来了甘肃省税务学校建校二十周年华诞。今天，校园里欢歌笑语，鼓乐声声，领导、嘉宾群贤毕至，老师、校友欢聚一堂，共同见证这一激动人心的历史时刻。在这里，请允许我代表甘肃省税务学校的全体教职员工向与会的各位领导、嘉宾和各位校友表示热烈的欢迎和衷心的感谢！并向因工作繁忙而未能出席大会的校友们致以诚挚的问候和良好的祝愿！

亲爱的校友、老师、同学们：

我们税校属于一个时代，一个税收"取之于民，用之于民"并为中国特色社会主义建设提供财力保障的时代，一个重视"收好税、带好队"的时代，一个推行"人才强国、人才兴税"的时代。在这个充满希望的时代，我们税校应运而生。1987年的今天，来自陇原大地的100名学子从这里开始了对税收人生的追求，来自不同岗位的50多名教职员工也从这里开始了自己的园丁之梦。建校初期，百废待兴，税校的拓荒者们艰苦创业，顽强拼搏，边建校、边办学，实现了由建校到教学的转变、再由教学到全面发展的跨越，初步建成了省内唯一一所具有一定教学规模、教学设施比较完善、教育质量较好、环境比较优美的税务中等专业学校。1997年，面对全国教育管理体制改革的严峻形势，我们适时确定了"立足普教，面向成教；立足税务，面向社会"的工作思路，普通中专教育、成人学历教育和干部培训三管齐下，并从制度上、管理上逐步向干部培训倾斜，为从普通中专教育向干部培训的逐步过渡奠定了基础。2000年，随着普通中专教育停止招生，省国税局报经国家税务总局批准成立了甘肃省税务培训中心，面对新的任务，我们及时确立了"以干部培训为中心、以成人学历教育为重点"的发展思路，提出了争创"一流队伍、一流质量、一流管理、一流服务"的奋斗目标，从机制创新着眼，从制度创新着手，教学、管理、服务等全面转向干部培训，整合了学校资源，加强了学校管理，使培训中心成为甘肃税务系统干部教育培训的主阵地。2004年以来，新一届党委在深入调研、科学分析全省税务干部队伍的知识结构、学历层次的基础上，遵照全国税务系统教育工作会议精神，进一步提出了"以税收工作为中心、以干部培训"为重点，以争创"一流师资、一流项目、一流质量、一流水平、一流环境"，着力打造以"培训中心、考试中心、科研中心"为目标的新思路，使学校的工作重心全面转向干部培训，教学科研指向能力建设，管理服务逐步走向科学化、精细化的新轨道。

逝者如斯，从1987年至今，税校已在时光的隧道中整整走过了二十年的发展历程。在这难忘的二十个春秋中，税校的历届领导班子始终坚持以邓小平理论和"三个代表"重要思想为指导，认真贯彻执行国家税务总局和省局关于税务干部教育培训工作的一系列决策和部署，牢牢把握税收事业发展的脉搏，分析研究全国税务教育培训发展变化的新形势、新特点，在不同的工作阶段提出了新的工作思路和对策，创新求变，自强不息，带领全体教职员工取得了一项又一项的成绩，使学校不断发展壮大。

二十年来，办学条件和教学环境得到较大改善。目前，学校占地面积50亩，建筑面积2.5万平方米。现有办公楼1幢、教学楼1幢、学员住宿楼2幢、文体馆1个、学员餐厅2个，视频会议室、电子阅览室、图书资料室、微机室等教学配套设施齐备。还有"金税工程"网和校园局域网等现代化信息系统，构成学校功能齐全的培训设施，基本上满足了干部培训工作的需要。学校高度重视校园环境的建设，今日的校园，绿树常青，鲜花盛开，环境幽雅，整洁干净，文明和谐，已成为陇上闻名的"花园式"校园。

二十年来，师资队伍建设得到不断加强。教育培训的关键在教学，教学的关键在教师。我们始终把师资队伍建设作为学校生存和发展的基础，常抓不懈。一是拓宽渠道，组织教师走出去参加高层次培训。近几年，先后派出专兼职教师100多人次，参加了总局、省局举办的各类师资培训及业务培训，开阔了眼界，更新了知识，教师队伍的整体业务水平有了很大提高。二是鼓励教师参加考研和专业资格考试。近年来，学校30多名专兼职教师参加了研究生课程进修学习和注册会计师、注册税务师等专业技术资格考试。学校现有在职教职工63人，其中高级讲师15人，讲师21人，有17人获得研究生学历，有4名教师考取了注册会计师，5名教师考取了注册税务师资格，2名教师分别考取了计算机工程师和全国企业会计师资格。三是加强实践锻炼。2003年以来，每年安排1名至3名教师到税收一线进行业务实践，已有30多名教师到税务部门挂职锻炼。通过实践锻炼，充实了教学案例，丰富了实践经验，教师的综合素质得到显著提升。四是建立兼职教师师资

库。从省局及部分市、州局选聘既有丰富实践经验又有较高理论水平的税务干部到学校兼职任教，从全国知名财经院校、税务培训机构选聘了一些专家教授，建立了一支30多人的兼职教师库，形成一支专兼结合、结构合理的干部教育培训师资队伍。

二十年来，人才培养工作成绩斐然。学校自建校以来，始终本着"团结、勤奋、求实、创新"的校训，坚持普通中专教育、干部培训、成人学历教育一起抓的办学模式，为全省税务系统和社会各界培养和输送了一大批专业人才。1987年至1999年，共招收普通中专生13届，培养税务、财会、计算机等专业毕业生2283人。学校先后与兰州商学院、长春税务学院、兰州大学、湖南大学、天水师院等高等院校联合开办财政、税收专业成人学历教育大专、本科班和网络大学本科班，培养本科、专科在职税务干部近2000人。还与中国人民大学、长春税务学院联合举办研究生班3期，培养在职研究生236人。数十年来，他们通过实践工作的磨炼，其政治素质和业务技能日益提高，并成长为陇原大地税务战线上的排头兵。据统计，在全省国税、地税系统，历届税校毕业生中现已任职市、州局中层干部者近20%，有10多名学生担任了县局局长，大部分毕业生已成为全省税务战线的骨干，还有很多学生在其他行业也取得了不俗成就，成为国家经济建设的新生力量。

二十年来，培训施教水平得到显著提升。学校工作重点全面转入干部教育培训后，我们着力提升学校的培训施教水平。一是加强了培训需求调研。加强与省局相关业务处室及主办单位的联系，针对具体培训项目，在课程设置、内容安排等方面及时沟通。同时深入税收工作的第一线，与基层一线国税、地税干部座谈，并进行问卷调查，充分掌握基层税务部门在业务培训上的各类需求，使培训教学有了较强的针对性和实效性。二是加强了培训项目管理。2002年以来，学校逐步探索，实施培训项目管理，相继成立了总局综合征管软件、税收法制、税务稽查等培训项目组。对培训项目实行菜单式管理，开发和完善了企业所得税、纳税评估与日常检查、税务稽查人员、税收管理员、办税服务人员等一批有特色的培训项目，目前已建立了拥有34个培训项目的项目库。三是加强了教学方式、方法创新。在课堂培训教学中，积极推广双讲式、讨论式、案例式、课程组式、讲练结合式、现场观摩式、报告式等多种教学方式、方法。四是加强了培训评估。开展了对学员、培训项目组和主办单位三个层面的评估，确保了培训质量。五是加强了培训教材建设。先后组织教师编写了《税收信息化基础知识》《现代会计实务》《国家税务总局税收综合征管软件培训操作指南》《企业所得税培训教材》《甘肃省国税系统全员大学习自学教材》等10余种培训教材。2000年至今，学校共举办国税系统各类培训班194期，培训干部175748人/天次；年培训量从2000年6期的12000人/天次增加到2006年47期的32000人/天次，培训期数年均增长50%，培训人/天次年均增长21.24%。目前，承担国税系统的培训任务，已经占省局年培训计划的70%以上。同时，还完成全省地税系统各级各类培训班11期，培训干部10500人/天次。充分发挥了全省税务系统干部教育培训主渠道作用。

二十年来，精神文明建设取得了丰硕成果。从建校以来，校党委始终坚持"两手抓，两手都要硬"的方针，把学校的发展和文明创建、思想政治工作紧密结合起来，积极组织开展了争创先进领导班子、文明科室、文明楼院，争当先进教职工、优秀共产党员等创优活动，通过组织教职工参加社会实践、参观考察、参加各项社会公益活动、开展荣辱观大讨论、组织开展岗位技能竞赛评比等一系列活动，充分调动了广大教职工争优创先的积极性，形成了文明、和谐的创建氛围，造就了政治坚定、团结一心、开拓进取的领导班子，带出了一支爱党爱国、勤奋敬业的教职工队伍，走出了一条脱身困境、内外相济、创新求实的发展之路，塑造了一个干事成事、文明和谐的崭新形象。现今，有2人被评为全国税务系统先进教育工作者，有8人被评为全省国税系统先进个人，有2人被评为省级园丁和优秀班主任，有9人被评为天水市优秀共产党员、优秀党务工作者和文明市民标兵。学校2003年荣获"省级文明单位"称号，2005年被中央文明委授予"全国精神文明建设工作先进单位"光荣称号。同时，学校先后被评为全省群体工作先进单位、甘肃省卫生先进单位、全省国税系统先进集体、天水市卫生先进单位、公民道德实践活动示范单位、扶贫济困先进单位、庭院绿化先进单位、天水市园林单位、双拥先进单位以及秦州区综合治理、计划生育、创建卫生城市先进单位等。校党委连续多年被天水市委、市直机关工委评为先进基层党组织。

今天，我们喜逢二十周年校庆，学校接受的鲜花似海、颂歌如潮，但是我认为接受鲜花和颂歌的不应该是学校，应该是关心和支持学校的各级领导，应该是系统内外的税务同仁及各界朋友，应该是为税校发展贡献了青春和力量的教职员工，应该是为祖国建设努力工作的所有校友们……因为：

税校的发展是各级领导支持的结果。多年来，国家税务总局、省国税局、省地税局、天水市委市政府的各级领导对学校不论从财力、物力还是从政策上都给予了不遗余力的支持，成为我们发展道路上的坚实后盾。正是领导的支持，学校的教职工队伍才不断得以壮大，教学设施才不断得到完善，职工待遇才不断得到提高。在这里，谨让我代表全校教职员工向给予我们巨大关怀和支持的各级领导表示崇高的敬意！过去我们没有辜负你们的期望，今后我们会更加努力。

税校的进步是全省税务同仁及各界朋友关心的结果。建校以来，各市、州税务部门对我们的教育培训工作给予了很大的帮助和密切的配合，促进了学校的各项工作的快速发展。在省、市、区文明办和办事处领导的关怀指导下，学校的精神文明建设不断向前推进。还有驻地部队、武警消防总队天水支队的官兵，长期义务承担了税校学生和学员的军训任务，他们为我校的道德教育、国防教育和教育培训工作做出了无私的奉献。借此机会，我代表全体教职员工向在学校二十年发展历程中给予无私帮助的税务同仁和各界朋友表示衷心的感谢！你们永远是税校的朋友，永远是

我们办好学校的力量！

税校的成绩是学校全体教职员工辛勤努力的结果。学校的机构体制几经变化，学校的领导班子也几经更替，但崇尚奉献、开拓进取的精神没有变，求真务实、勤政廉政、团结协作、积极进取的校风没有变。不论是学校领导还是全体教职员工，都爱岗敬业、乐于奉献，工作上兢兢业业、任劳任怨，教学上为人师表、严谨笃学，目标上团结一致、求实创新，为学校的发展做出了贡献。这里我代表学校领导班子，向曾经在学校工作且为学校的发展做出过贡献的领导和同志们表示衷心的感谢，学校会永远记住你们！向学校已退休的教职员工们表示崇高的敬意，你们是学校的功臣，我衷心祝愿你们晚年幸福，健康长寿！向为学校发展勤奋工作、不辞劳苦的教职员工同志们表示亲切的问候，向你们道一声辛苦了！

税校的光荣是历届校友们日积月累的社会声誉铸就的。今天，税校的校友们，有的已成为税务局长，有的成为企业精英，有的成为捍卫税法的"忠诚卫士"，多数已成为行业先锋，但是，不论他们在哪一个行业、哪一个岗位，都在忠实践行"团结、勤奋、求实、创新"的校训，都在展示和弘扬"崇尚奉献、开拓进取"的税校精神，正在积极地为国家的经济建设和社会发展做着自己应有的贡献。在这里，我代表全校教职员工向奋斗在各级税务部门及社会各界的校友们问好！也代表全校教职员工感谢你们，你们永远是老师们的骄傲，永远是税校品牌的铸造者，希望你们永葆税校精神，在今后的工作中再接再厉，再创佳绩！

历史，始终是发展的起点。回顾历史，目的不在留恋过去，而在创造新的历史，而新的历史，就在我们现今的税校人手中。二十年前，税校的工作刚刚开始，而二十年后的今天，税校将更名为"甘肃省税务干部学校"，已行驶在中国税务教育培训发展的快车道上，被新的历史赋予了新的任务。党的十七大为新时期的干部教育培训工作指明了新的方向，《干部教育培训工作条例》对新时期干部教育培训工作提出了新的要求，《全国税务系统"十一五"干部教育培训规划》对干部教育培训工作提出了更高的目标。可以说，我们的事业任重而道远，我们的使命光荣而艰巨。面对新的机遇和挑战，我们的工作思路是：以党的十七大精神为指导，紧紧围绕税收中心工作，以能力建设为主线，以岗位需求为导向，以项目研发为重点，以"争创五个一流，打造三个中心"为目标，按照"联系实际创新路，加强培训求实效"的要求，不断深化教学改革，稳步提升教学质量，努力构建多层次、规范化、高效益的干部教育培训工作新格局，为促进我省税收事业发展提供持续的智力支持和人才保证。围绕这个思路，我们在工作上将坚持做好以下几点：

一是进一步提升干部培训的教学质量。提高干部培训的教学质量是税校永恒的主题，也是税校的生命线。我们要牢牢抓住这个中心，使各项工作都服从和服务于培训教学工作，把一切精力都投放到提高培训质量之中，树立教学质量高于一切的思想，通过提高培训质量唱响甘肃省税务干部学校的品牌。为此，我们要不断完善需求调研—项目开发—手段创新—效果评估为一体的教学实施体系，加强培训需求调研，不断增强培训的针对性，提高培训项目管理水平，努力开发品牌培训项目，不断扩充完善培训项目库，提高承担培训任务的综合能力。不断创新教学方式方法，充分利用网络资源，逐步拓展远程教育。加强培训教材建设，针对税务培训业务的需求，努力编写新的教材，夯实培训基础。

二是进一步提高教师队伍素质。针对学校教师年龄偏大、知识结构老化的问题，我们要把"加强教师队伍建设，提高教师素质，培养税务学科带头人"作为学校工作的重中之重，狠抓下去。继续拓宽渠道，加强教师培训，鼓励教师参加考研和专业资格考试。加大教师到税务一线实践锻炼的力度，提升教师的业务实践能力。不断扩充兼职教师师资库，壮大教师队伍。采取充实数量、重点引进、稳定骨干和全面培养相结合等措施，建立促进教师资源合理配置和优秀人才脱颖而出的有效机制，着力培养学科带头人，进一步优化教师队伍。提高教师待遇，关心教师生活，改善教师工作和科研条件，努力造就一支师德高尚、结构优良、业务精湛的教师队伍。

三是进一步加强基础设施建设和环境建设，提升服务管理水平。以培训综合楼建设项目为重点，按照"整体规划、精心施工、确保质量"的原则，大力完善教学和生活设施，不断加强学校硬件建设，提高校园环境建设的品位，使培训环境不断得到优化、美化。加强行政、后勤队伍建设，提高行政、后勤管理人员的政治业务素质，使大家牢固树立"一切为了学员、为了学员一切"的服务宗旨，竭诚为干部学员提供满意周到的服务。在服务管理中，进一步创新管理模式，在各项工作中不断引入现代管理理念，针对成人教育培训的特点，坚持人性化管理，为学员营造融洽和谐的学习生活氛围。在现有的条件下加大投入，不断改善食宿条件，虚心听取学员意见，不断改进工作，努力做到服务工作零疏漏，让学员时时处在一个被关心、受重视的优越环境中安心学习。我们相信，经过三到五年的努力，一所设施现代化、管理标准化、服务星级化、环境园林化的新学校将展现在我们全省税务人的面前。

四是进一步加强学校精神文明建设。继续以争创全国文明单位为目标，以创建活动为抓手，把思想道德教育与丰富多彩的文化活动结合起来，努力构建和谐校园、文明校园。坚持"抓班子、带队伍"，不断加强领导班子建设，增强班子的凝聚力、战斗力和向心力。加强党的建设，充分发挥党员的模范带头作用，进一步强化教职员工的主人翁意识，发扬爱岗敬业的精神，将提高学校形象与提高教职员工素质结合起来，凝聚全员之心，整合全员之力，为干部教育培训工作竭忠尽智，做出贡献。

各位领导，各位来宾，各位校友，教职员工同志们：

税校二十年的历史，是一部与甘肃税收事业共同发展、交相辉映的创业史，也是一部教职工

们勤勤恳恳为税务战线培养人才、不断提供智力支持的奋斗史。二十周年的庆典，既是辉煌历史的检阅，也是新的跨越的开始。校庆是一个节日，欢歌笑语，张灯结彩；校庆是一回展览，检阅成就，放飞理想；校庆是一次聚会，盛满回忆，飘散酒香。但是校庆不是炫耀，不是陶醉，校庆是里程碑，校庆是誓师会，校庆是要郑重宣布，从今天开始，税校将要创造第二个二十年的灿烂辉煌。我们相信，在党的十七大精神的指引下，在邓小平理论和"三个代表"重要思想的指导下，在科学发展观的统领下，在国家税务总局、省局和天水市委、市政府的正确领导下，在社会各界和广大校友的大力支持下，在全校全体教职员工的共同努力下，我们创建一流税务学校的理想一定能够实现！

2007年10月，学校20周年校庆，全体教职工合影

校友感言录

　　甘肃省税务干部学校建校以来，为甘肃省税务系统培养了一大批德才兼备的优秀人才，他们对税校充满着深深的敬意和浓浓的感情，他们用手中的笔，抒写了对学校无与伦比的热爱与崇敬。这部分收录了部分社会人士、老师和校友的代表文章，记述对税校的记忆。

赠省税校

王连杰

文明礼貌花争艳，
优美整洁舒心田。
默默奉献耕不息，
群星灿烂辈出贤。

注：一九九二年九月七日参观省税务学校有感。

（作者系省财政厅行财处原处长，曾任甘肃省人民政府参事）

税校赞

民歌风、风趣地（独唱或小合唱）

程凯 词

亲切的笑脸，一张张，一张张，

睿智的课业，一堂堂，一堂堂，

优秀的学子，一行行，一行行，

骄人的喜报，一方方，一方方，

这就是咱们，咱们的税校，

湖面闪耀着不眠的灯光，

这就是陇原的税校，

税徽凝聚着我们的梦想。

告别了珠算，一档档，一档档，

简化了模式，一墙墙，一墙墙，

坚定了追求，一趟趟，一趟趟，

完成了科研，一项项，一项项，

这就是咱们，咱们的税校，

湖面闪耀着眷恋的泪光，

这就是陇原的税校，

税徽见证了我们的辉煌。

成功的握手，一双双，一双双，

转型的接力，一棒棒，一棒棒，

崛起的校楼，一幢幢，一幢幢，

嘹亮的颂歌哎，一嗓嗓，一嗓嗓，

这就是咱们的税校，

湖面荡漾着无尚的荣光，

这就是陇原的税校，
税徽是我们永远的力量。

（作者系天水文联主席、书协主席）

园丁赞（四首）

王德全

辛勤耕耘春复秋，
个中甘苦乐胜忧。
历经风雨终不悔，
报效四化志方酬。

蜡烛精神日月悬，
照亮别人心始甜。
默默无闻只奉献，
风范永垂平凡间。

丹心一片贯长虹，
人间高照夜夜灯。
东风化雨润春苗，
百年大计赖园丁。

尊师重教蔚成风，
空前盛世喜躬逢。
新老携手育桃李，
一代英才任驰骋。

（作者系学校第二任校长）

税校的春天

谢极金

"风雨送春归,飞雪迎春到。"在这初冬时节,我们迎来了学校二十年的生日。这是多么值得高兴和庆贺的日子!

想起十月初第一届毕业生来校聚会的情景,让我看到了我校的成长壮大和她结出的硕果。二十年累累果实,一批批栋梁之材,让人十分欣慰。

乘着党的十七大东风,我们的校庆必将是"东风吹,战鼓擂"。我们全体教职工必将群情振奋,宏图大展。我的心里充满了兴奋和甜蜜。

现在,我校门前是耤河风情线,身后有李杜祠传诗篇,物华天宝,成为税务干部的摇篮。人杰地灵,从这里走出了一批批税收能人。可以断言,今后将会培养出更加优秀的人才!

我们税校美丽的春天就从今天开始了。让我再抒诗一首,以示庆贺:

高楼万丈平地起,藏龙卧虎税校中。
校庆又迎朝阳红,培养人才勤耕耘。
和谐社会党指引,愿作火柴点明灯。
税收战线能人出,回看陇上一班人。

（作者系学校教师）

辛勤的耕耘　可喜的收获

——税校二十年校庆感言

熊顺保

在党的十七大胜利召开之际，在硕果累累的金秋季节，甘肃省税务学校（培训中心）迎来了二十年校庆，使人欢欣鼓舞。

回顾税校二十年辛勤的耕耘，可喜的收获，令人心潮激荡，思绪万千。

税校1987年9月首届招收两年制税收、财会专业两个班，共100名学生。校长周广林同志在建校中废寝忘食、含辛茹苦，在办学中初创规模，旗开得胜，功不可没。

我给一个班教语文。两个班的学生边修整校园边学习。他们朝气蓬勃、勤奋好学、团结向上，开税校良好学风之先河。他们毕业后为全省税务系统注入了新鲜的血液。二十年来，他们有的成长为税务基层领导干部，绝大多数成为甘肃税务工作的行家里手，都为税务系统做出了不小的贡献！在税校二十年校庆前夕，国庆、中秋期间，他们看望母校，拜见恩师，师生欢聚一堂，共叙同学之谊，共述师生之情，共议税务之声。充分表现了同学之间、师生之间的深情厚谊。其精神难能可贵，感人肺腑。

学校招生逐年增加，既招收中专生、大专生，又招收大专及本科函授生，还增加了税务干部培训班，老师也相应地增多了。我相继教中专班语文、大专班和税务干部班的应用写作，工转干培训班的公文写作等课程。

税校第二任校长兼党委书记王德全同志，生前很重视年轻教师业务水平的提高，大力支持广大教师的教学、教改、科研工作。在他的倡导下，税校创办了《教学研究》和《甘肃税务》一刊一报。王校长带头撰稿，广大师生勤奋笔耕。一篇篇教学文章争艳于校刊校报，有的还见诸市级、省级、国家级报刊。教师们的一本本自编教材、论著，也打印问世或由出版社正式出版。学校教学、学术氛围空前浓厚。一届届毕业生都成为蓝色方阵爱税敬业、忠诚奉献的税务骄子。例如，出生于甘南藏族自治州的税校1990级税收二班黎霖，视神圣的税收事业为灵魂，在与不法逃税分子的搏斗中，用热血谱写了一曲税务工作者的忠诚之歌、正气之歌，荣获全国税务系统先进工作者、税务总局和团省委命名的"五四青年标兵"等光荣称号。王德全同志被评为全国税务系统先

进教育工作者。

第三任校长贾曼莹，第四任校长兼党委书记刘虎，培训中心主任兼党委书记安丽坤，都突出政治，忠诚党的税务教育，能按照社会需要和市场经济特色调整办学方向和内容；都十分重视教师队伍的建设、教学管理、教学及培训质量，工作卓有成效。

学校有一支实力雄厚的专兼职教师队伍活跃于教学培训舞台，他们大多都具有高级讲师等职称和研究生学历，是理论联系实际的双师型、复合型人才。聘请的兼职教师都是知识渊博、理论和实践经验十分丰富的名校知名教授、专家学者。二十年来，税校共培育各类中专生、大专生、大专函授生、本科函授生、网络大学本科生、财政经济理论研究生共约七八千人。培训税务干部和社会各类人才近四万人。学校荣获"全国精神文明建设先进单位"等多种荣誉称号。

目前，党委一班人正鼓足干劲，满怀信心带领全体教职员工昂首阔步地向创建全国一流税校、全国文明单位的目标迈进！

作为一位老税校人，在此，我谨向为税校的创建、成长、发展壮大付出了心血，并一直关心我们退休职工生活的总局、省局、学校领导表示真诚的问好和衷心的感谢！

祝愿：税校的明天更辉煌！

（作者系学校老师）

女教师风采

贾小莹

转眼间迎来了税务学校十年校庆，这十年也是我由一个女大学生成长为一名人民教师的十年。梦想中自己似乎还在大学校园里读书，现今却已是一位具有十年教龄的"老"教师了。而像我这样，在税校这块土壤上由一个大学生成长为一名人类灵魂工程师的女教师，占税校女教师队伍的90%以上。我们一起在这里洒下了欢声笑语，留下了坚实的脚印。想想刚到税校时，我们和在校学生没有两样，一下课，不知谁是学生、谁是教师。而现在，一方面岁月的年轮已在我们脸上烙下印记，另一方面也造就了我们作为一位教师应有的气质和风度。十年来，我们的教师队伍已由原来的经验不足、机构不合理、太年轻等状况，发展为一支具有一定教学经验、正当年的教师队伍，这里无不浸入了女教师们的辛勤汗水。27位专职教师中有12位就是女教师。我们在这里耕耘、收获，培养的学生遍布甘肃税务系统，我们勇挑重担、积极进取，参与学校的各项改革；我们团结一致、积极锻炼，和学生一起参加学校组织的各项活动，成绩突出。女教师中有很多获得省市级表彰的优秀园丁和优秀共产党员。1996年学校办的光荣榜上，大多数是女教师的张张笑脸。

在学校我们是女教师，在家里又是一个个的贤妻良母。闲暇之余我们讨论最多的，除了上好每节课、带好每个班外，便是如何把自己的"窝"营造得更舒适，怎样创造好家庭气氛，怎样支持好丈夫、养育好子女，当然我们也没有忘记怎样把自己打扮得更年轻、更漂亮，怎样提高自己的素养，使自己的一言一行都能更好地体现出一位人民教师应有的素质。

再想想女教师能如此安居乐业，除了自己的任劳任怨、辛勤工作外，更有税校这个大家庭为我们提供的优越条件。在我们这里男女是真正平等的，我们和男教师一样上课，从没有因为我们是女性就不干有些工作，在待遇上我们享受着和男同志一样的待遇，在分房、福利等方面男女绝对平等。我们的女教师全住税校的房子，还在这里招了"上门女婿"。试想如果这个大家庭没有给我们绝对的平等，我们能这样扬眉吐气，能这样信心十足吗？

税校的十年，也正是我们这些人的人生大转折的十年，我们由一个个风华正茂的女大学生成长为一名辛勤的园丁，由一个个天真烂漫的少女成长为人妻人母，可以毫不夸张地说，我们都走得很顺很顺。我们真正做到了自尊、自爱、自立、自强，回过头来想想这一切，我们会发自内心的道一声"感谢您，税校，祝福您，税校，希望您的明天会更加灿烂、更加辉煌！"

（作者系学校原教师）

贺甘肃税校建校二十周年

杨仲凡

喜逢建校二十年，
雨露霜尘道路坚。
一腔热血融财税，
三尺讲台育俊贤。
光阴荏苒增秋色，

事业有成添美颜。

宏伟蓝图今绘就，

报春花绽圃芳园。

（作者系学校老师）

耤河作证

——谨以此文献给甘肃省税务干部学校

张文举

如果问我，今生最爱去的地方是哪里，我会毫不犹豫地说："天水"。我喜欢那里温润宜人的气候、白墙灰瓦的老宅子、南郭寺的古柏树、美味十足的呱呱，还有白娃娃嘴里的天水话……然而让我更喜欢更留恋的却是耤河岸边的甘肃省税务干部学校。在这里，我开启了人生的梦想，在这里，我系好了人生的第一粒扣子。我聚财为国、献身税务的初心使命就是从这里开始的。弹指之间，离开母校已有二十六年，在这如梭的二十多年里，或因公或因私都去过天水好多回，但每次回税校我都会产生贺敬之回延安时的那份魂牵梦绕的激动，这里的花、这里的树，这里的楼连同这里的人……都让我那么亲、那么敬，校园的每个角落都会让我思绪万千，浅吟低回……

我是甘肃省税务学校第一届学生，1987年参加高考被录取到税校。学校是1987年9月份开学，当时我们100名少男少女怀着美好未来的憧憬背负行囊从陇原大地的四面八方来到学校，学校的办公教学综合楼上的脚手架才刚拆去，校园里除了几栋建筑之外，还是一派荒芜，但是那些保障学生学习、生活所用的各项基本设施已经比较完备了，教室、宿舍、礼堂、操场、图书室、食堂和医务室等一应俱全。尤其是从校长到职工，对新来的学生像对自己的孩子一样，态度和蔼、有求必应，给予我们亲人般的关心，让第一次离家的我们一下子放下了惴惴不安的心。说实话，当年高考填报税校志愿时，并不了解税务专业，只按考分选了学校，真正知道税务是从开学典礼上。开学典礼上，省税务局领导宋冠军作了重要讲话，他在典礼上不仅指出了税收工作在保障国家财政方面的重要地位，还着重强调了全省税务系统人才缺乏的情况。他说从事税收工作无上光荣，勉励我们从入学起就要做好献身税务的准备，不负韶华，肩负起为国聚财的神圣使命，在未来的工作中争当中流砥柱。宋局长的讲话，在新生中引起了极大的反响，每个人都觉得选对了专业，此后当一名优秀税官的理想便成了我们第一届税校学生一生无悔的追求。

第一届学生共计100人，分了1班、2班两个班：1班班主任是张永明老师（第二年换成了吕顺琴老师）；2班班主任是温一平老师。我

1997年，本文作者张文举（右二）与学校副校长张聪贤（居中）及膳食科职工合影

们都学税收专业，税校当时开设了高等数学、大学语文、国家税收、会计学等20多门课程，另外还附设了珠算和书法课，专业教材基本全是财经类大专院校所用的，学习任务并不轻松。每位老师讲课都非常认真，当时的张永明、赵润田、刘明生、袁惠芳、熊顺保、吕永合、安丽坤、温一平、王盛元、刘建青、李丽珍、魏荣、朱英俊、邵建鹤、吕顺琴、冯晓宇等代课老师对我们的学习抓得很紧，对布置的作业完成情况检查也非常严格，班主任早晚自习都跟着，生怕我们偷懒。在他们的精心培育下，我们首届学生学习都很刻苦，每次考试都没有挂科补考的现象，最后都顺利取得了毕业证书。

开学伊始，学校就非常重视校风校纪，建立实行了一系列涉及学生的管理制度，而且执行严格。记得入学半年后，有个班的学生酒后在校园打架，严重违反校纪，为了严明校纪，当时学校对违纪者进行了严肃处理，对我们及后来的学生触动很大，此后，税校再没有出现过学生打架违纪的现象。学校对我们严管但更多的是厚爱，刚入税校时，针对我们想家、没考上大学而失落等思想包袱，学生科吕永合科长和1班、2班的班主任张永明、温一平两位老师经常深入学生宿舍，对我们嘘寒问暖、给我们鼓劲打气，并勉励我们：既然选择了税务，就要争做一名好税官。尤其是张永明老师，就像一名母亲一样，对学生非常疼爱，有同学生病时，她总是亲自煮好热腾腾的饺子，给生病的同学补充营养。张老师无微不至的关怀让初次远离父母的我们感受到家庭的温暖。

学校对学生的伙食高度重视，周广林校长每天下班都要坚持在食堂巡视一圈，周校长曾当过厂长，是建校元勋，师生中威望很高，工作扎实、有魄力，性格开朗没架子，注重和学生交流，进了食堂不仅亲自品尝饭菜，更愿意听学生提意见，还定期邀请学生代表给食堂打分，以此来监

督食堂的伙食质量。那时食堂的饭菜也很可口且便宜。让我最难忘得还是食堂安师傅的面包，松软香甜，味道好极了，至今记忆犹新。

我们的课外生活更是丰富多彩，校团委的吕志友和安丽坤两位老师不仅在元旦和"五四"等节日组织师生开展文艺演出、歌咏比赛和球类比赛，还鼓励我们自己开展各类活动，同学们自发组织文学社、篮球队和足球队，定期和天水各大中专学校开展友谊比赛，组织学生参加天水市万人马拉松等赛事活动，获得了不少荣誉和奖励，使税校扬名全市。因为我比较爱好文学、文艺，各类文艺晚会和活动我不仅是积极参与者，也是活动组织的骨干。在第一届学代会上，我被选举为校学生会生活部长。在学生会任职期间，我积极为同学们服务，亦乐在其中。税校求学的两年时光虽然短暂，但却成为我人生中最幸福的时光。

清晨、午后、夜间，教室、操场、树下，到处充满了同学们琅琅的读书声；课桌、黑板、作业本，留下了我们设计税务未来的蓝图；打篮球、踢足球、赛乒乓球，我们身轻如燕，彰显青春活力；修路、栽树、扫除卫生，我们挥汗如雨，锻造耐劳品格；跳舞、唱歌、表演，陶冶情操，我们追求艺美；还有穿着借来的蓝色税务制服，头顶国徽，在学校门口预展税官英姿。两年中，素不相识的男女同学，情同姊妹，成为终生守望相助、志同道合的挚友。毕业时，同学们互赠的纪念册上都写着毕业歌里的那句"今天是桃李芬芳，明天是社会栋梁"。

2007年，我和几个同学负责组织了我们第一届同学聚会（也是唯一的一次同学聚会），当时我们邀请了上学时所有老师和相关职工。聚会典礼上，当老师们见到我们时，高兴得如同看到自己久别的孩子，问长问短、亲热异常。尤其是赵润田、谢极金、熊顺保和张永明等退休多年的老师，不顾年迈前来参加师生聚会。安丽坤、吕顺琴等老师带着我们去麦积山观景，去南郭寺游玩。当天晚上，师生欢聚一堂，回首过去，眼含泪花，不约而同地唱起了《友谊地久天长》。有的同学毕业离开学校后，再也没来过学校，这次聚会，阔别二十年后再度踏入母校，母校不论是办学条件还是教学环境，都发生了翻天覆地的变化，学校不仅成为省部级重点中专，而且还成全国文明单位，看着曾经亲手栽种的幼苗已成长为参天大树，亲手建造的花坛已成为学校最亮丽的风景线，都倍感欣慰和自豪。我们首届学生，大多数都在税务系统工作，而且都是骨干，有的当了局长，有的当了所长，如今有的同学已经退休，有的仍奋斗在岗位上，继续履行着毕业时的誓言。

1989年7月毕业之后，因为工作的需要，我幸运地留在了母校学生科工作。当时学生科只有三个人，科长吕永合、干事刘勇和我，具体负责学生的全面管理。当时的学生管理工作非常繁重，我主要负责学生会和宿舍管理、毕业生的派遣等工作。吕科长毕业于西北师大，曾在酒泉当过中学老师，来到税校后，不仅参与了建校工作，而且制定了很多学生管理规章制度，为完善学校的管理制度付出了不少努力。他为人正直，公道正派，对下属的要求很严。留校的我虽然工作积极性特别高，但工作方法上还有所欠缺，工作中常有不到位的地方，他除严厉批评外，更多的是耐心和栽培。刚参加工作的我不论是在说话办事上还是穿着上，依然保持着学生时期的稚嫩言行。吕科长发现后经常教导我说，作为一名学生管理者，一定要严格约束自己，遵规守纪，行为上要严谨，工作上要踏实，树立终身学习的价值观，不断提高自己的内在修养，为学生做出表率。吕科长的悉心教导，让我形成了踏实认真的工作风格，学校的文艺晚会、毕业生的派遣、宿舍管理和各类学生活动也都交给我，让我独立完成。在他的培养下，短短三年，我就成了学生科的骨干力量，连续两年荣获学校优秀教职工，工作能力和平时表现也逐步得到了学校教职工和校领导的认可。

　　1989年底，周广林校长借调省局，改任书记，原校党委书记王德全接任校长。王校长毕业于西北师范大学中文系，曾任天水市委秘书长和文联主席，工作勤勉务实，为人低调谦逊，是个典型的知识分子，更是个教育行家，曾荣获国家税务总局"先进教育工作者"称号，可惜他积劳成疾，于1995年5月在任上辞世。在他任职校长期间，校党委一班人不仅重视教书育人，更重视教师队伍建设，每年学校都会新进一些财经专业的大学毕业生，充实壮大教师队伍，使年轻教师在全体教职工队伍中的占比急剧提高。校党委一直注重教职工福利待遇的提高和保障，进校工作的教职工先后都解决了住房，逢年过节还发放各种福利，教职工的待遇非常好，在税校工作一时成为社会人的向往。

1987级一班师生合影

校党委还支持鼓励教职工提升学历层次，提高科研水平，并对成绩突出的教师进行奖励，极大地促进了教职工综合素质的提升。在这个大家争学争先的氛围中，我也在中专学历的起点上相继取得了大专和本科学历。

1992年9月，学校实行了全员聘任制，分管校长聘任科长，科长聘任教师和行政后勤人员，能者上，劣者汰，极大地激发了广大教职工的工作热情，形成了人人爱学校、爱工作的良好局面。1992年底，我被聘任为膳食科副科长，全面主持工作。到任之后，面对3个食堂、1个面包房、1个豆腐坊和1000多名就餐者、30多名炊管人员，压力扑面而来。幸亏遇到了曾在部队当过后勤部长的后勤行家张聪贤副校长，他作为校领导，对分管的科室的工作标准高、要求严，当时我压力很大，担心做不好后勤工作，张校长看出我的顾虑，经常给我打气鼓励我不要怕出错，大胆工作，并手把手教我如何抓炊事员队伍建设、如何进行成本核算、如何管理食品卫生、如何管理菜谱、如何储藏冬季蔬菜等食堂管理业务，在他的培养下，我在食堂管理工作上逐步由陌生走向了熟悉，成为学校后勤工作的骨干。1997年2月，吕永合和安丽坤两位科长被省局任命为学校的副校长，安丽坤老师又成了我的分管领导。在她的支持信任下，我在膳食工作上更加主动有方了。刚进膳食科时，科里还有3名比我年长10多岁的老同志，他们是许英兰、杜路生和郑忠勇，他们工作认真，性格直率，在食堂管理上给了我极大的帮助。特别是老郑，五年里我们一起起早贪黑、加班加点，逐渐成了要好的兄弟。如今他已退休，但总是在喝多酒的时候给我打一通语无伦次的电话，总觉得他喝的是美酒，而电话传递给我的是感情，让我很享受。

我在干好本职工作的同时，也积极参与学校的其他工作，尤其是1997年2月贾曼莹校长到学校任职后，不仅重视发展学校，也注重宣传学校。为此，我配合办公室吕志友主任撰写了宣传学校十年办学成绩的《而今迈步从头越》一文，被《甘肃经济日报·税务特刊》登载报道，在全省税务系统引起了极大的反响。当年举办十周年校庆，我被吕主任推荐到校庆材料组，负责准备校庆的各类材料。在他的支持帮助下，我圆满完成了校庆重要材料的撰写任务。后来省局办公室急需文秘人员，因我在学校校庆时的突出表现，被贾曼莹校长推荐到省局办公室从事秘书工作。从此，我阔别了学习工作生活十年的母校。

2023年10月，国家税务总局撤销甘肃省税务干部学校的决定下达后，昔日的老师和领导、省局教育处处长安丽坤打电话告知我，税校将要改革转型，省局管振江局长要求教育处和税校在学校移交前组织专人编撰整理学校的发展历程，她向领导推荐我参与编撰工作，让我有个思想准备。不论是作为税校培养的一名学生，还是作为税校曾经的一名员工，或者是甘肃省税务系统的一名公务员，我对于税校有着特殊而深厚的感情。母校三十八年的发展在历史的长河中或许是浪花一朵，但在甘肃税收事业前进的道路上，却留下了绚丽的一笔，为税校立志编史，是一件功在当代、利在千秋的大事。听闻管局长的决定，我非常感动，由衷为管局长关心税校的决策而鼓掌，更自觉能为编修校史出力荣光自豪、责无旁贷。

为了尽快地投入工作，10月8日，我赴税校衔接校史资料整理工作。时在金秋，校园秋叶斑斓，硕果累累。虽然景色宜人，但一切已经戛然而止，昔日校园的欣欣向荣和人声鼎沸已成过往，只剩下人去楼空的冷清和黄叶飘零的悲凉，面对这个给我知识、赋予我梦想的学校，面对这片我曾挥洒青春、燃烧激情的土地，"执手相看泪眼，竟无语凝噎"的悲伤感油然而生，"为什么我的眼里常含泪水？因为我对这片土地爱得深沉"。为了找回逝去的时光，下午工作结束后，我一个人去了曾经上过课的教室、演过节目的礼堂、工作过的餐厅、和爱人带着儿子玩耍的操场……同学们的读书声、舞台下的鼓掌声、炊事员手里的瓢盆声、孩子开心的欢闹声……一切仿佛在昨，一切已经成昨！但往事岂能如烟，蓦然回首，那些在学校的美好时光早已印刻在我成长的年轮里。

最后我又去了近几年新建的校史展室，展室面积不大，布置也很朴素，但陈列在展板上的图片、文字和荣誉奖牌却能让每个观展者驻足凝目，心潮澎湃。一帧帧照片定格着税校兴教育才的足迹，一行行文字诉说着税校师生共写的故事，一面面奖牌证明着税校人数十年奉献的无悔……置身展室，一时有了穿越历史的感觉，直面学校栉风沐雨的三十八载，我情不自禁地给一同观展的史炜校长和宋梅芳老师说："税月留声，耤河作证，税校不负使命，虽然在掌声中荣誉而退，但是她曾以实干奉献书写的税务担当和精彩篇章，已经封存于我们所有陇原税务人的记忆当中了！"史炜校长无限感慨地说："税校改革转型，我们每一个教职工心里都难以承受，但这是国家改革的需要，我们必须服从大局，支持改革！"税校三十八年的历程，是一部与甘肃税收事业共同发展、交相辉映的创业史，也是一部教职工们勤勤恳恳为税务战线培养人才、不断提供智力支持的奋斗史。我们一定会尽最大可能全面搜集整理学校三十八年来的各种资料，结集成册，编纂出版，让它载入陇原税务教育培训发展的史册，在未来甘肃税务教育培训工作中发挥"资政""辅治"的重要作用。

走出展室，秋阳西垂，校园在夕阳的映衬下显得格外沉静，站在耤河之滨的税校宛如一位归客向着历史的天空吟诵着徐志摩的诗句，"悄悄的我走了，正如我悄悄的来，我挥一挥衣袖，不带走一片云彩"。此时，将与母校惜别的我心里不由地唱起了那首《画你》的歌：

> 把你的倩影画在家乡的山顶
>
> 甜蜜的笑容定格在我心里
>
> 深情的歌声描绘你的美丽
>
> 只为让你永驻我心里……

（作者系1987级税收一班学生）

税校散忆

李 欣

我今生的第一份工作，是在甘肃省税务学校当老师，一去十五年。

回首处，十五年的过往，画卷一样打开，从23岁第一次走上三尺讲台，一支粉笔一张嘴，面对一教室孩子无际的求知欲。最初的惶恐与胆怯，生怕误人子弟的忐忑与担忧，没有一刻不伴在身旁。一位师者的初次登台，恰如孩子第一次进学校，林妹妹之初次进贾府。

十五年，我由一个教学生手成长为教学项目组长、学科的带头人，得到过学校的嘉奖，获得过学生的赞誉。然而这些传统意义上的成绩，却无法扫去那种时时感觉力不从心的本领恐慌，无以填平那种接到教学任务时的焦虑。记得同期的同事分享他的焦虑：人家都是头一天讲课第二天犯咽炎，我是第二天讲课，前一天犯咽炎。这一陈述极具代表性和典型性。那时候我们这群老师，谁没有咽炎呢？除了生理上的疾病，更有心理上的压力，几乎都处在一种亚健康状态。

让我难忘的是一群共同成长的青年教师。板书怎么规划？试卷怎么分析？内容如何提纯？他们都有上佳的经验，兼具"带新"的责任心，富有传承的事业心。他们的努力与智慧，成为我最好的老师，他们用毫无保留、毫不吝啬的言行帮助我、激励我、感召我，助我走上师者之路。

工作之余，我们更是情同手足。前后脚进校门的我们，先后几年结婚生子育儿，就像大家庭里的兄弟姊妹。彼此的孩子也相差几岁，小的会穿大的退下来的衣服，然后传给更小的，没有人觉得丢人。时常，到这家、到那家串门混饭吃，也是十分普遍的事。谁家孩子生病，逢其母其父有课，时间错开的同事自然帮着看护。至于帮忙接送孩子上下学，更是家常便饭。

在我就职的十五年里，甘肃省税务学校曾转型为甘肃省税务干部培训中心，后又更名"甘肃省税务干部学校"。由给陇原大地培养税务干部，变成对陇税干部的再提升、再充电，功能和重点发生了变化，其育人、助力税务、服务税务主线的实质始终未变。

如今这所学校已被撤销，从此不复功能和作用。那别致小巧的校舍、操场、食堂、花园，容我一一告别。那曾经容纳我、同事、学生、学员以及我幼时的儿子，在其中奔跑撒欢度过无数欢乐时光的甬道、花坛，那些大雪纷飞，那些秋雨绵绵、那如期的春天玉兰、那斑斓的夏季梧荫，在我的生命里永远鲜活明丽，是我成长的养分和前行的力量。

税校，为陇原大地培养了大批税务人才的地方，我最初的福地和衣食父母。是其中的正气和秉持正气的一群人，营造出的文化与场域，让我无法割舍。

税校，在完成它的历史使命后，悄然离场。同时消失的，还有整肃的课堂，热闹的礼堂，沸腾的操场，笑盈盈的师与生。

笙歌归院落，灯火下楼台。

（作者系学校教师）

致在校同学的一封信

魏长民

同学们：

作为税校成人班的学员，我也曾和大家有过一段课堂上彼此交流、操场上相互角逐、礼堂里共同演出的校园生活。其间，有学习中的喜悦，有竞争中的激奋，也有娱乐中的欢快，至今忆来历历在目。共同的学习生活使我们结下了学友之谊，同学们在不久的将来也即将离校分赴税收一线，去贡献自己的青春年华。作为在税收一线工作过的大班学员来说，我很愿意和大家谈谈心，把实践中的体会和在校期间的感受告诉大家，以便能对同学们学习有所促进，这也是战斗在税收一线的全体税务人员对你们的殷切期望。

首先，对于同学们来说，要珍惜校园生活。坦诚地说，税务学校的建成，标志着我国税收事业已经迈向了一个新的里程碑，它凝聚着党和国家对新一代税收工作者的深切期望，就税校学习环境、生活条件和教学规模来说，是许多高级中学和中等专业学校无法比拟的。而且，中专对你们中间的大多数人来说是迈向人生的第一步，如果这一步迈得不够坚实有力，其影响有可能波及终生，我们有什么理由不去珍惜在校的大好时光呢？因此，我们要善于把握时机、把握命运、把握自己，而把握的内涵只有四个字——勤奋、努力。

其次，是注重理论学习。税校的课程具有连贯性、系统性、完整性，如果能真正全面掌握，无疑会对你今后的工作实践打下一个坚实的理论基础。就业务素质而言，从我们的工作实际来看，税收知识和会计业务堪称税务工作者的左右手，二者不可偏废。如果你只掌握了其中的一项，充其量只能算是个独臂将军，如果这些课程都学得似是而非，那你就连个独臂将军也算不上了，纵

然是雄心万丈，实际工作又如何应付？

再次，也是最重要的一点，要看到我们肩负的责任。如果说我们这一代税收工作者肩负着承前启后的重担，那么同学们就是税收工作的未来和希望。目前税收征管体制和税制的改革，正在全国范围内轰轰烈烈地进行着，广大税务工作者不等不靠、夜以继日地在那里探索、追求、总结，就是为了建立一个机构健全、制度配套、管理科学、手段先进的全新的税收征管体系，这些都有待于我们去开拓、去继承、去发扬，能说我们肩上的担子不重吗？如果说能开几张完税证就算得上是一名合格的税务干部的话，那我们成立税务学校又有什么意义和必要呢？

未来的时代是一个物竞天择的时代，不奋斗、不努力势必会落伍、被淘汰。因为祖国的未来等待着你们去发展、去完善、去充实。税收改革的接力棒很快就要传递到同学们手中了，我殷切地希望你们能通过几年的在校学习，成为一个具有真才实学的税收工作者，助力祖国的发展。

（作者系1991级天水市税务局培训班学员）

感恩母校

芦永泰

毕业十七载，欣闻税校二十华诞庆典，感慨万端，草赋一篇，以感恩母校。

忆往昔，那时的我们，是刚走出中学之门的懵懂少年，背着父辈的期望、揣着心中的渴望，带着对税务、税收等词的不知何也踏入母校；那时的母校，是耤河之滨升起的亮星，您以巨大的热情欢迎了我们这些也许绝大多数是初次离开父母怀抱的少男少女，您以气派的教学楼、明亮干净的餐厅、整洁有序的宿舍让我们不再有陌生的感受，教职员工的和蔼可亲抚慰了我们思家的青春泪。

在校两年，岁月如歌，青春如歌。课堂、餐厅、操场、宿舍无一处不奏响青春的旋律，课堂辩论、体育比赛、知识竞赛、歌咏晚会无一项不透出如歌的青春，阅览室的灯光如航标照亮了知识的海洋，教师窗前不息的夜灯为我们引路，校园里的花开花落映衬着我们由稚嫩走向成熟，不息的耤河见证着我们跨出母校大门走向社会的坚定步履。如歌的岁月、如歌的青春，给了我们人生的起点。

毕业参加工作后，我也努力地取得了在职本科文凭，但每当有人问及我是什么学校毕业时，我总是自豪地说：我是税校毕业的。毕业后的我一直从事税务稽查工作，曾先后受到表彰及成为总局稽查人才库人员，细细想来自己取得的每一份成绩，都得益于母校，是母校教会了我娴熟的业务技能；是母校教会了我做人的原则，是母校教师优秀的品质的言传身教影响着我。每当自己在工作中取得一定的成绩时，心中也总默默地感恩母校。母校给我的情太深、太厚，与母校的情结，难以用语言表达。

阔别母校十七载，其间也曾到过母校两次，由于客观原因，母校由原来的税务学校改成税务培训中心，乃至现在的税务干部学校，历经春秋二十载。二十载，对母校而言，正当好年华，借二十华诞庆典，抒已之怀想，表子之祝愿：廿载尤可赞，明天更灿烂，兴旺到永远。

（作者系1988级税收一班学生）

魂牵梦绕的税校

张义勤

当我手捧大红邀请函时，不禁百感交集，潸然泪下。税校，我魂牵梦绕的母校，经历风风雨雨，迈过坎坎坷坷，迎来了她风华正茂的二十岁华诞。

"长亭外，古道边，芳草碧连天……问君此去几时来，来时莫徘徊……"我低吟着这首歌时，母校的往昔皆历历在目：初入校门时的羞怯，滨河南岸道路的泥泞，和同学们挥汗如雨的操场，曲溪中忘情的嬉戏，面包房中飘出的香味，全省统考中的荣耀，对蔚蓝税装的渴望，和我们同龄长着娃娃脸的班主任，开朗活泼有都市女孩气质的同桌，车站上相拥而泣的离别……一切的一切，如在昨天，言犹在耳，令人回味无穷，慨叹不已。

母校的一草一木皆有情，一人一物皆关注。离校十几载，我们这些游子时刻关注着母校的发展变化：校名的更改，老师们的替换，函授站的辅导，培训班的举办，甚至老师家庭的婚丧嫁娶、子女成长，都是我们探听的话题，时不时打个电话给他们个惊喜。遇到在系统内已从政的老师，不论他的地位多高、官职多大，总是不用称呼职务，只轻轻地唤一声"老师"，便顷刻间消除了隔阂和距离感，即使工作中有错也心底坦然。天下哪位老师教出的学生不出错呢？已走进高等学府任教或移居省外的老师，只要探到消息，报出名号，又有哪位老师不是欣欣然或盛

情相邀呢？当老师们走进全省各地税务系统见到角角落落、奋战征管一线的学生，谁又能不感到欣慰呢？

"长亭外，古道边，芳草碧连天……天之涯，地之角，知交半零落……人生难得是欢聚，唯有别离多"。在母校二十华诞之际，诚邀历届学生，我们怎能不回去呢？回母校去吧，为母校的二十岁生日送上一份真诚的祝愿；回母校去吧，向我们的老师、学友道一声祝福；回母校去吧，倾吐心声，再叙友情，为曾经的情谊再续一段缘分；回母校去吧，人生无常，来去匆匆，母校创造的机遇和搭建的平台，哪个学子又能不万分牵挂？不管是贫穷或是富有，不管是位高或是职低，带着家人，领着孩子，回去吧！再看看那魂牵梦绕的地方。

"年轻的朋友们，我们来相会……"

（作者系1990级税会二班学生）

绿叶难舍根　志在云空里

朱连学

今年是税校成立的二十周年。我，一名税校的首届学生，踏出校门已经整整十八年了。二十年过去，母校已今非昔比；回望过去，这二十年也是我人生奋斗的二十年。今天，面对母校，我的心中是泰然的，作为税校的一名学子，我没有辜负母校的期望，没有辜负老师的栽培，没有虚掷青春年华。我奋斗了，收获了，并且仍将继续努力。

如果把男儿比作一棵大树，那么，我相信，好男儿一定是壮志凌云，梦在蓝空；不仅是寻得一席安身立命之地，也是努力用自己的双臂擘画出一片蓝天，就如同大树的枝叶，永远向上空伸展，留给大地的是一片绿荫。

毕业离校至今，我不愿安于现状，不断发现生活中新的亮点，不断寻找适合自己发展的事业道路。我先后在武威地区天祝县税务局、武威地区外贸总公司工作。如今，我经过八个寒暑的辛勤努力，创办并发展了甘肃金富源商贸有限公司。

在旁人的眼里，我是一个成功人士。但我自己并不因此而满足。我以为，一个真正的男儿，就该有一份自己热爱并为之奋斗终生的事业。在创业、守业的过程中，我不断地寻找新的契机，开辟新的业务，发展壮大公司。我坚守生命不息，奋斗不止的人生训诫。

在旁人眼里，我是一个幸运人士。诚然，上苍赐给了我机会，但要成就一番事业，仅有机会是不够的。重要的是自己踏踏实实做人，勤勤恳恳工作，努力做好每一件事。踏入社会以来，我始终以诚信作为个人和企业的立世之本。我相信，只有一流的人品才能成就一流的事业。

在旁人眼里，我是一个幸福人士。的确，我事业稳定，家庭美满，朋友众多。今天的我，明白自己幸福的根基所在，那就是，永远坚定于脚下的这片土地。即便个人奋斗再成功，也离不开亲人、朋友、师长、同学和家乡父老乡亲的爱。这爱，长阔高深，激励着我在人生道路上不断进取向前。

一棵大树，梦在云里面，但无论长得多高，多么绿叶葳蕤，也难舍其对根的情意；这，就是我。

母校二十年华诞，我无以为献礼。向恩师说，作为您的学生，我将无愧于您的教诲，我将一如既往地奋斗并快乐着。

（作者系1987级税收一班学生）

税校，我心中永远的情结

李岳峰

人生可以编织多少个情结，数也数不清，但是要用一生的时间一直做着同一个梦想，编织着一个终生难忘的情结，对我来说只有一次。

从我十八岁那年走进税校的大门起，就已经为自己编织了一个情结，这一编就是二十年，而且会像春蚕那样编织一辈子；从我二十岁那年走出税校的大门起，就已经深深地烙上了税校的印记，这样，已经过了十八年，而且不管我走到哪里都永远不会褪去；从近四十岁的我在这个深秋冒着蒙蒙细雨再次走进税校的大门起，忽然间觉得自己原来是一只系着长长的丝带的风筝，无论这些年我飞多远飞多高，税校永远都是我心灵的归宿。

十八岁的我，还是一个懵懂的少年，不知怎的，冥冥之中就选择了税校。那时候我没有烦恼，和同学们一路高歌，唱响麦积山，一览众山小；那时候我不感到害怕，每天天不亮，就起床跑一个十公里越野，全然不顾早春二月的料峭；那时候我特别有劲，和老师同学们一起栽树

苗、抬石头绿化校园，全然把自己当作拓荒者一样炫耀；那时候我很张狂，每个星期都要登一次南郭寺，随便念几句歪诗，竟然和诗圣杜甫他老人家过招；那时候我更不懂什么是世故，啥事都要和同学们辩解，还说数风流人物还看今朝；那时候我总爱梦想，把算盘打得噼里啪啦响，每天都憧憬着做一名真正的税官该有多么自豪……在这里的两年，我有数不尽的快乐，也留下了畅想的思绪。

二十岁的我，还是一个充满幻想的青年，就匆匆走出了税校，把心留下却带走了些许惆怅。在自己开始工作的地方，总是觉得自己像一封信，被老师贴上邮票发出来，但是还在等着我的回音；总是觉得自己像一支箭，被老师挽弓射出去，没有办法再回头；总是觉得自己像一棵小小的蒲公英，被老师轻轻地吹出去，哪里有适合生长的土壤，就在哪里发芽生长。一朝离去，两年的税校学艺，似乎觉得时间太短，似乎羽翼还未丰满。但是老师说过，开弓没有回头箭，即使做蒲公英也要撑起一片天。只要找到了生存的土壤，就要勤于耕耘，不然你的思想家园就会长满荒草；只要找到了展示的舞台，就要学会歌唱，唱响自己最优美的乐章；即使汇入茫茫人海，也不能沉沦，更要做翻滚的海浪；即使遇上了狂风暴雨，也要坚韧不摧，做挺且直的青松。可是，因为年轻，我彷徨过，因为挫折，我苦闷过。后来，跨过了三十岁的门槛，我忽然间觉醒了，因为我的心上烙着税校的印记，它一下子腾起了我青春的热血，让我想起了自己栽在校园里的那棵松树，其实当我栽下它，就已经为自己注定了人生的坐标。而且在我的身后有那么多双老师关切的眼睛，更有税校作我坚强的后盾，我应该把这种想念化作流淌的汗水，化作奔腾的热血，毫不保留地在自己脚下的这片热土上播种、开花、结果。

十八年后的我，双手捧着自己辛勤培育的花朵，把它献给了税校，我大声对着校园呐喊：税校，你没有白养育我；老师，这就是我回报给您的秋天的收获；小松树，你长，我也长，我们一起在成长，我也要像你一样长成参天大树。

二十年，弹指一挥间，多少光阴荏苒；二十年，母校今华诞，喜看桃李红遍天。虽然老师已青丝染白发，但他们的雄心壮志犹在；虽然教室里已没有了琅琅读书声，但每个角落仍然回荡着二十年前的回音；虽然校园已经那么宁静，但她的精神和风骨犹存，永远屹立于两千多名莘莘学子的心岸。

税校，我心中不褪色的烙印，永远的情结！

（作者系1987级税收一班学生）

税　缘

——写给我的母校

安建明

那是一个丰收的季节

我把父母的希望，还有我的理想

装入行囊

步入你的殿堂

当争奇斗艳的花朵开满校园

年年岁岁

岁岁年年

那是我们殷勤的顾盼

如今我们将至不惑之年

如今我们又用成熟把激情浇灌

为国聚财的路上我们步伐更坚

不遗余力描绘更加美好的明天

不管时空如何转变

我们都会把你永记心间

因为

今生与税的缘

全是你牵的线

（作者系1989级税会一班学生）

无法忘却的回忆

——母校二十年校庆感言

漆爱国

　　不经意间，阔别十年的母校，即将迎来二十年华诞。我的心情久久不能平静，母校的一切仍历历在目，税校生活的点点滴滴不断重现。熟悉的校园，依旧是那么的幽雅美丽，树木葱郁，花香扑鼻。月华如洗，夜色蒙蒙中，校园里更是平添了几分静谧、恬静与和谐，梧桐树在晚风中摇曳着婀娜的身姿，洁白的玉兰花散发出沁人心脾的花香……再次想起久违的校园，感觉是那么亲切。

　　十年前，教学楼里灯光明亮，窗口上映着莘莘学子埋首苦读的身影。恰同学少年，风华正茂，书生意气，挥斥方遒。老师那温厚的话语、宿舍楼里的拥挤和嘈杂又在耳边响起；当年熄灯后火热的"卧谈会"、考试前的秉烛夜读、筹办晚会时的忙碌与兴奋至今仍在心里回荡；毕业时的依依不舍、挥泪告别，更是让人难以忘怀。

　　如果说母校只是人生中的一个驿站，那我们也只是其中的匆匆过客。母校曾记载着我的憧憬和欢喜，留下了我人生中诸多美妙的回忆。在这里，我度过了人生中的花季雨季，告别了年少的草率和热望；在这里，曾荡漾着我的欢笑，亦见证过我的悲伤。佛曰，前世的五百次回眸，方能换来今生的擦肩而过。在没有名利的杂念、没有物欲浊流的校园，由陌生到共融，由相识到相知，浓浓的师恩情，纯纯的同学情，将永远成为我们人生中一段弥足珍贵的回忆。激情、梦想连同母校的一切都融合到了我灵魂深处，成为生命中一段绚丽的回忆。

　　感谢母校的恩赐，再次说声，母校我爱您。不管离开您多久，在校的那些日子我都会默默地珍藏；不管身在何处，我都将心系母校，聆听您昂然前进的脚步声。

　　相信母校的明天会更辉煌。

（作者系1993级税收一班学生）

母校，向您敬礼

崔孝宗

十年勤耕耘，桃李满天下。喜看改革潮，税校重任艰。在全国人民喜迎香港回归、党的十五大召开之时，省税务学校以矫健的步伐迎来了建校十周年华诞。我作为建校后第一批干训班学员，追昔忆今，感慨万千，心情十分激动，由衷地向陇原税干的摇篮、向曾教育我成为一名人民税官的母校敬礼！

1987年，您像一枝含苞待放的花蕾，在税收这片肥沃的土地上承露迎风，将芬芳气息洒满甘肃大地。冬去春来，十年寒暑，作为陇原大地上永远闪耀着聚财光辉的一颗璀璨的明珠，您把甘甜的乳汁奉献给广大学员，您把智慧和才华无私地交给了陇原税收。

十年，在历史的长河中，不过是弹指一挥间，然而对个人，却是有限生命的一大板块。十年来，税务学校从班子建设、队伍建设、校园建设、作风建设、教学质量、教员素质等方面，一年上一个新台阶，为甘肃税收工作培养了一大批合格人才，为税收事业的发展做出了卓有成效的贡献。最初那些风华正茂、书生意气的第一批学员以及转业、调干的干训班学员，而今多已走上领导岗位，有的成为业务骨干。

1988年4月，我这位从部队转业刚刚步入税收行业的门外汉，迈进了甘肃省税务学校的大门。在为期短暂的4个月培训中，刘明生、王永胜、吕志友、任志民、赵润田老师，分别担任天水班、甘南班的会计原理、政治经济学、国家税收、珠算课的主讲。在三尺讲台上，他们以渊博的知识、丰富的教学经验、深入浅出的教学方法、为人师表的精神、认真负责的态度讲好每一节课，对学生不理解的问题只要提出来，他们都能耐心解答。课堂上对我们严格要求，大胆管理；课余时间同劳动、同娱乐，亲如兄弟；晚上伏案批改作业、备课夜以继日，第二天又精神焕发地登上了讲台。他们这种对党和国家税收事业执着追求而不为名、不为利，燃烧自己、照亮别人的蜡烛精神，给学员们留下了难忘的印象，也为我成为税收工作的内行夯实了基础。回首过去，我由一名普通的专管员成长为指导员、主任、秘书，这些成绩的取得无不包含着母校老师们辛勤汗水的培育和滋润。在欢庆建校十周年之际，我衷心地感谢省税务学校和所有老师们。

十年树木，百年树人。愿你们在新一届领导班子的带领下，以崭新的风貌、一流的教学、优

良的作风，为甘肃这块税收百花园孕育出更多更好的精英，为全省税收事业稳步推进做出新的贡献。

（作者系1988级天水市税务局干训班学员）

悠悠母校情

王凌伯

作为省税务学校第一期也是唯一一期成人中专班学员，在母校建校十周年之际，心潮沸腾，浮想联翩。十年来，母校辛勤耕耘，将满园桃李撒向了陇原大地。

天水，从汉武帝元鼎三年初置天水郡，至今已有二千多年的历史，母校选择了这块人杰地灵的风水宝地，在昔日的河滩农田上，绘出了一幅最新最美的图画。

时间过得真快，那是1988年，根据财政部和国家教委关于加强税务干部文化知识培训，提高基层税务干部业务技能的精神规定，我们一群工作在税收第一线的股长、所长们，步入了我省唯一的税务专业学堂，开始了一年制成人中专班的培训。优美的校园环境，知识渊博、诲人不倦的老师，使我们在一年的强化培训中，系统掌握了税收理论和文化知识。

那时我们都还年轻，三十来岁的我，在宜人的气候、优美的自然环境和良好的学习条件中，感到浑身有用不完的劲。课余时间，我们沿着耤河散步。休息日，远近的风景名胜留下了我们的足迹。列入国家重点风景名胜区的麦积山，山拥岚光、峰韵奇秀，更有举世闻名的麦积山石窟，作为丝绸之路上的一朵奇葩，被誉为"东方雕塑之窗"。还有山峦叠翠的仙人崖，岩壑幽深的石门山，古松荫翳、苍柏蟠虬的玉泉观，雄踞慧音山坳、风景优美的南郭寺，尊为中华民族之宗祖、雄伟壮观的伏羲庙……我们发奋地学，拼命地玩，贪婪地从各方面吸收养分、磨炼意志，不断地丰富自己。

如今，昔日的学员已背负着母校的殷切期望，各奔东西，在陇原大地上、在各自的工作岗位上为祖国的税收事业默默地奉献着。

有幸于去年夏天又回到了母校进行为期半月的业务学习。故园依旧、人依旧，多少思念、多少情怀，母校，我又回到了您的怀抱。重游校园，又一座培训大楼耸立在了校园腹地，为税校更增添了勃勃雄姿。

回想母校的昨天，看到母校的今日，我感慨万千，税校，作为您的孩子，国家的税官，我怎能不为您而自豪。

母校，祝福您，愿您在今后的道路上为国家培训出更多优秀的税官。

（作者系1988级成人中专班学员）

母校情思

王珺峰

1989年，我从税校一毕业就走上了工作岗位，税校是连接我们与社会的纽带，也是我们最难以忘怀、最眷恋的母校。

刚入校那会儿，学校正处于建设后期，有些零星项目，如操场的平整、校园的绿化等，都成了我们光荣的使命。终于，勤劳的双手，浇灌出了胜利的花朵，美丽的校园向我们绽放出了喜人的微笑。那一刻，我们都有同感：只要众人一条心，劲往一处使、拧成一股绳，就没有办不成的事。

光阴似箭，岁月荏苒，两度寒暑转瞬即逝。我们带着对母校深深的眷恋和悠悠的思念奔向了各自的岗位，屈指一算，已近十载。

十年拼搏、十年耕耘，我们这些税校学子，带着对母校的祝福，兢兢业业奋战在各自的岗位上。我们可以自豪地说——母校，我们没有给您丢脸。

现在，适逢母校建校十年校庆，我们欢欣鼓舞。

税校，你是我最难忘的母校。是您，使我迈上了求知的殿堂；是您，使我徜徉在知识的海洋；是您，使我走向了成熟的人生；是您，使我奔上了奋进的战场。

忘不了，绿茵场上拼搏的汗水，求知园中琅琅的书声，耤河岸边美好的向往。母校，您给了我自信、坚强。我在心里默默地祝福：祝愿我的母校桃李芬芳，再度辉煌；祝愿税收事业百尺竿头，财源兴旺；祝愿伟大的祖国繁荣昌盛，蒸蒸日上。

我将以顽强的毅力赶超时代步伐，以开拓的精神托起跨世纪的太阳。

（作者系1987级税收一班学生）

永远的记忆

——谨以此文献给甘肃省税务学校建校二十周年

陈富定

在1989年的那个7月，在天水耤河之滨的税校，大家唱着这首"再过二十年，我们来相会"的歌曲，和母校、师长、同学依依告别的时候，谁都不曾预见，也无法相信，来自全省各地的100多名学子，二十年后的相聚，是否真的能成为现实。上学时曾经为一晚的彻夜难眠而无法释怀的我们，而今，面对整整7300多个日日夜夜的稍纵即逝，只能感慨二十年如此短暂。

20世纪80年代那个长发飘逸的懵懂少年，而今已年届不惑，不仅要在家里作好为人夫为人父，还要在单位承担一个班长的重任。每每在繁忙的工作之余，思绪会一直飘向那梦想升起的地方，或是在梦中，同学师长总能相聚在风景如画的母校。税校、老师和那群少年不识愁滋味的少男少女，已成为我心头永远挥之不去的记忆。曾有几次，同学师长偶遇，激动、相拥、寒暄、天真、欢笑……更多的则是重聚的喜悦和对沧桑世事的感慨，然后便是一醉方休的冲动，唯有此，似乎才能表达自己的那份久别重逢的心情。

有人说，我很幸运，从成为一名基层税官到一步一个脚印走上县局的领导岗位，可谓事业有成。回望来时路，我要说，是农民的基因遗传给了我吃苦耐劳、勤俭诚信、忠厚待人的可贵品质，是税校师长的关爱和授之以渔的风范改变了我的人生轨迹。对于生活，我永远心存感激，感谢生活，感谢父母，感谢母校，感谢师长，感谢走进我生命里的每一个人。

"再回首，背影已远走，再回首，泪眼蒙眬，留下你的祝福……"

（作者系1987级税收二班学生）

风雨税校情

秦泾川

　　风风雨雨，坎坎坷坷，屈指一算，别离税校已有六载。在这投身国家税收事业的2000多个日日夜夜中，无论是风和日丽、一路顺风之时，还是阴雨如晦、逆水行舟之际，我总会忆起税校那段快乐难忘的时光，忆起来自全省各地、操不同方言、着不同服装的少男少女们——那些和我现在一样，为国家税收事业出力流汗、风雨兼程的同学们。

　　萧瑟秋风今又是，换了人间。在那难忘的1990年的晚秋，我们这些挤过高考独木桥的莘莘学子终于跨进了省税校的大门。那时，呆头呆脑的我们，还不知"税"为何物。

　　在8人一间宿舍的斗室中，我同庆阳来的"虎头"、陇南来的"国手"、肃南来的"老陕"、酒泉来的"瘦高个"、张掖来的"小胖子"一同生活了整两年。这期间，我们除了在宿舍看书学习外，就是下棋、打牌，豪气冲天地纵论古今英雄，义愤填膺地口诛世间不平事，真可谓"恰同学少年，风华正茂"。

　　曾记得，在桃红柳绿、草长莺飞的春天，我们相约沿藉河逆水而上，直奔那山青青水碧碧的麦积山风景区去踏青；在艳阳似火的盛夏，我们相约去游泳，男女同学戏水打闹，情趣盎然；在硕果累累、草木丰茂的秋天，我们相约去远游，逛玉泉观公园，拜谒人祖伏羲，在南郭寺留影，在马跑泉泛舟；在百草枯萎、白雪皑皑的冬季，我们相约环城长跑，整个冬天一日不辍，以此来锻炼体质，磨炼意志，为日后风雨人生打下了坚实的基础。

　　西北塞上有江南，人祖龙气养伟男。环视陇原大地，无论都市小城，还是山乡僻壤，都如满天星般地点缀着我的同学们。他们都在勤勤恳恳、任劳任怨地坚守在不同的税收岗位上，支撑着甘肃税收事业的大厦，使之熠熠生辉，坚不可摧。

　　作为人民的税官，我们渴望理解，但绝不乞求理解。这，便是我从事税收工作六年来所悟出的人生座右铭。在此，我想把它奉献给我的同学们共勉。

　　风雨人生，难忘税校两年情！

（作者系1990级税会二班学生）

怀念啊，我们的税校

黄海英

1990年的那个中秋，浮云衬托着淡黄的圆月，操场上点燃了火红的篝火，懵懂的我们怀着想家的伤感、初识的喜悦，相聚在天水的藉河之畔。

在天水税校，我们度过了人生最纯洁最美好的时光，那是一段记忆，也是一笔财富，足以让我们一生去怀念和珍惜。

岁月如歌，时光流逝，弹指一挥间，昨天的日记已经成为发黄的记忆。在离别的日子中，我们都在努力地打拼，经历了太多的世事坎坷，也品尝了太多的酸甜苦辣，在事业的成功或失败中，在家庭的幸福或愁苦中，我们或许已经变得世俗和麻木，但每每想起税校那些亲如兄弟姐妹，仿佛又回归了纯真。

是啊，人生能有多少个春秋呢！我们真的该在碌碌奔忙中找点闲暇，去往事里走走，听听久违的声音，看看老去的面孔……

你看啊—— 食堂门前的玉兰树仍旧开着惊艳的花，但树下再也没有了熟悉的她；满是杂草乱石的操场被修缮得平坦整齐，可踢球的少年已经华发丛生；曾经嘈杂的宿舍如今被夷为平地，再也寻觅不到睡在上铺的兄弟；教学楼装饰一新，却没有了那些亲切的笑脸……

难忘记——初次见面的相视；饭盆抢食的坦然；水房吼唱的不羁；嬉笑打闹的尽兴；联欢歌舞的彩屑；防病疏散的窃喜；抗震夜晚的虚惊；熄灯后的深夜畅谈；赢球后的忘情相拥；离别时的泪洒衣襟……

佛说：前世的五百次回眸才换来今世的一次擦肩而过，而我们的相聚需要前世多少次的回眸啊！

许我给大家斟满一杯思念的酒，让我们打开珍藏的记忆，敞开密封的心扉，细细品味我们的不期而遇和离愁别绪，追忆流逝的如水青春，重温美好的税校时代！

我似乎听见隔壁班那个帅气的男孩仍旧吟唱着《恋曲1990》——乌溜溜的黑眼珠和你的笑脸，怎么也难忘记你容颜的转变。轻飘飘的旧时光就这么溜走，转头回去看看时已匆匆数年……

（作者系1990级税会二班学生）

诉衷肠　逐梦税途

佘旭平

当年千里赴秦州，寒暑两春秋。学成逐梦税途，欲把壮志酬。锱铢较，颗粒收，汗横流。纵观一生，丹心映日，老来何羞？

（作者系1987级税收二班学生）

感念母校　感念恩师

包　嗣

时间如白驹过隙，一晃过去了二十年，甘肃省税务学校——我的母校，在我的履历表上，你是最精彩最浓重的那一笔。但我知道你也是难以描摹的。

我不会忘记临别时你的模样，我的母校。我不会把你雕塑一样的昨天，从自己的心灵广场上搬走。

你是我人生长旅中那一棵蓊蓊郁郁的树，你有足够的枝干告诉我可以乘凉，但你没有，你告诉我行者是不必倚靠一棵树的。

你让我尝试着人生那一片空白，那一片沙漠；你让我天马行空般飞扬我的理想。

你说，跋涉是需要用心的；你说，跋涉是需要孤寞的；你说，跋涉是必须学会微笑的——无论何时何地，你必须爱护自己的微笑……

我欣悦，是因为我明白：我真的是一个可以行走远方的人，而你，恰恰就是那一只航标。不过，你只指给我前行的方向，你不希望我那样回首复回首，更不希望有一天，我会循着来时路回来……

甘肃省税务学校，一千遍一万遍咀嚼你恍如昨日的过往，我没有沉醉。

我答应过你，只要前路还在，我就不会停留下来——哪怕只是一丝儿喘息。

甘肃省税务学校，念你的名字我轻轻地行走。

有时候，天涯其实就在你前面不远的地方。

我将永远记住这一句自己不曾忘却的话，就像想象一份即将来临的幸福。

读你，我只是从会计老师的解析里明白人生有加减乘除，命运有旦夕祸福；从语文老师神采飞扬的叙述中，我了悟青春有张亦有弛，前路有一马平川，也不乏坎坷长途……

亲爱的老师，多么想再聆听您那语重心长的教诲啊！

漫长的岁月，您的声音，常在我耳畔响起；您的身影，常在我眼前浮现；您的教诲，常驻在我的心田……

人生是一条没有尽头的路，我走着走着，不断地走着。当我疲惫懈怠时，记忆中就会浮起您坚定的面容，坚毅的声音，坚韧的精神。老师啊，您教会了我生活，我怎能将您忘怀。

每当收获的时刻，我总会情不自禁地想念辛勤播种的耕耘者——老师。离别虽然久长，而您那形象仿佛是一个灿烂发亮的光点，一直在我的心中闪烁。

今天，我在遥远的地方，把您给予我的昨天，折叠成记忆的小船，任其飘荡在思念的心湖里。

甘肃省税务学校，当我再一次轻轻念叨你，百感交集——这个当年并不太懂的成语，刹那间熟稔如故旧。

对恩师，我想说：一日为师，终生不忘。

对同窗，我想说：一朝同窗，一世朋友。

（作者系1987级税收一班学生）

也说几句心里话

敬献给母校——甘肃省税务学校建校二十周年

徐万辉

税校——我的母校！

我时常纳闷：为什么二十年过去了，税校生活还是那么魂牵梦绕？为什么人近不惑，在税校的经历还是喜欢在亲朋好友中津津乐道？哦，我的税校！对你，我有太多太多的心里话。

是税校，铸就了我生命的荣耀。我是个农民的儿子，我所知道的祖辈五代中没有吃过皇粮的。是税校让我告别了"面朝黄土背朝天"的农家生活；是税校让我捧起了迄今仍金光灿灿的饭碗；是税校让我在物欲横流的今天，依然高昂着头。

是税校，奠定了我专业的根基。自毕业后，我只在征收一线从事过短短几年的税收业务工作，其余大部分时光都是在文秘的孤灯墨香中度过的。可以这样说，二十年来，我仅仅在税校系统地学习过税收专业，而我的大专、本科、研究生经历均与税收专业无关。而今，我之所以依然能在税务这个专业性极强的行业中有所作为，完全是靠税校的功底，吃税校的老本。

是税校，铺就了我人生的道路。在毕业后的风风雨雨中，我立足税收的信念几经动摇，有好几次面临艰难的抉择——去银行？去企业？去政府？特别是1995年，由于我从事文秘工作在县上小有名气，当时的县委书记有意并力主我调任县委办公室副主任，如果照那条路走下去，我的历史可能要重写。但是我舍不得税缘，舍不得税校为我铺就的路……是税校，坚定了我为税收事业献身的信念。

可否这样说——如果我是一棵树，我的根在税校；如果我是一只风筝，我的线头在税校；如果我是一条小溪，我的源头在税校。

啊，税校，我的母校，我感激着你，我想念着你，我永远都眷恋着你……

（作者系1987级税收二班学生）

最美的岁月

史文涛

人的一生，最美的是哪一段时光？天真烂漫的童年，无忧无虑，但亦无对生活的思索。成熟稳健的中年，历经沧桑、洞悉世事，没有了新鲜与神秘，也就失去了探索的进取心。最是青春年少、热情洋溢的青年，对任何事物充满了好奇心与新鲜感，细心体味生活、积极思考、渴求知识、努力学习，希望更多了解这个世界。就在这样无知而又充满了美好憧憬的年龄，我走进了甘肃省税务学校，开始体验一段新的人生，并在其中逐渐成长、成熟。我觉得，那是我这一生中最美好的岁月。

母校坐落于素有"陇上江南"之称的历史文化名城天水，伏羲故里的传说和麦积烟雨的神奇赋予了她别样的灵气。不算大的校园，布局精致，花木繁盛，春天的白玉兰，盛夏的石榴花，秋季的梧桐树，三九天的冬青，四季往复，校园里鲜花常开、绿意盎然。我们在操场上跑步，在花园里背单词，在长满爬山虎的墙脚下聊天嬉戏，呼吸着清新的空气，享受着生活的美好。在税校的第一个春天，看到校园里绿树葱茏，鲜花斗艳，按捺不住对美景的喜爱，我们宿舍几位好友特意打扮了一番，到校园里拍照。鲜花与花样年纪的少年，是对青春的见证，也是对母校永久的留念。十五六岁，正是求知若渴的年纪。母校的老师们，就像辛勤的园丁，对我们这些初绽放的花朵精心浇灌，悉心培育。岁月流逝，时至今日，一些老师的面容已在我的头脑中模糊，但是，他们讲课的声音、手势依然那么清晰，仿佛就在耳边萦绕、眼前流动。三尺讲台上，四十分钟的课，老师们都是一直站着的，也从来不喝一口水，粉笔的灰尘，无声地落在他们的衣服上……此时此刻，感动满怀，让我衷心地说声：谢谢您，老师！如果没有你们的谆谆教诲，我可能会迟一步懂得做人的道理；如果没有你们的倾情相授，我也不可能在工作中那么得心应手。你们勤奋、敬业、正直、宽容，言传身教，耳濡目染，让我渐渐懂得了做人应该具有怎样的品质。班主任魏荣，对我们要求严格，而严格的背后却是满怀的关爱。每个同学的情况她都了如指掌，从思想上、生活上、学习上给了我们无尽的关怀和帮助。毕业离校时正值端午节，魏老师在家里煮了粽子，晚上十点多拿给我们，大家争先恐后地抢着吃，真是又香又甜，觉得那是我吃过的最好吃的粽子了。只是上学时年幼内向，不善表达，感激之情埋于心中。魏老师，感谢您的辛勤培育，感谢您对我的信任和关怀，您坦荡的处事态度、严谨的工作作风已经并将一直影响我的人生。

母校秉承教书育人的宗旨，在注重教学质量的同时，经常举办丰富多彩的文体活动，尽可能地创造条件让我们全面发展。冬日的爬山比赛，我和舍友手牵手一直爬到山顶，锻炼身体的同时也加深了友谊；元旦节的文艺晚会，每个班级都鼓足干劲，排练出最精彩的节目来争取第一；卡拉OK大赛、演讲比赛，同学们的才艺展现得淋漓尽致；每年一度的运动会上，大家健步如飞、身手敏捷，体育场上生龙活虎，一片沸腾景象。此时，我的脑海中浮现出一幕幕昔日情景，那些充满阳光的日子，欢乐的片段，让我仿佛又回到了从前。难忘第一次参加军训，为了保全叠好的被子，大家的午觉都是和衣而睡；难忘第一次集体包饺子吃，沾得两手面粉，包出来的饺子形状各异，可大家吃得特别香；难忘第一次登台演出，穿着同学自己设计的时装，在母校的那方舞台上骄傲行走、倾情演绎，挥洒青春与激情；难忘乒乓球台前的拼杀；难忘足球场上的喝彩；难忘捧着"三好学生"证书的欣喜；难忘考试失利时的灰心；难忘欢聚时的笑声；难忘毕业时的泪水……税校的岁月，定格成一道亮丽的风景，为我们的青春书写了浓重而绚丽的一笔。我仿佛能嗅到彼时空气中跃动的青春气息，触摸到阳光洒在教学楼上斑斓的色彩。在税校的一方净土上，我们的人生坐标初步定位，世界观、价值观逐渐形成，知识结构日益完善，我们不断思索、不断成长。母校将刚入学时懵懂无知的我们培育成才，输送到全省税务战线上，为陇原税收事业和地方经济建设添砖加瓦，母校也因此成为我省不折不扣的税务干部的"摇篮"。

毕业八年了，其间因为参加培训回过母校五六次。无论身在何处，我总是关心着母校的一举一动，为她取得的成绩而骄傲。母校于2000年成功转型为甘肃省税务培训中心，转型后的母校更加生机勃勃、充满活力。精诚团结的领导班子，雄厚的师资力量，现代化的教学设施，优质的后勤保障，母校充分发挥了干部教育培训主渠道的作用，为全省税收工作提供了强有力的智力支持和人才保障。

怀念母校，难忘那段最美的岁月。2007年，喜逢母校二十周年华诞。二十年筚路蓝缕，二十年春华秋实，祝福母校：事业蒸蒸日上，明天更辉煌！

（作者系1995级税收一班学生）

乐命·淡泊·真我

——税校二十年之感怀

夏　明

第一次踏进税校，是二十年前的秋天，那个木叶纷飞的季节，已远在记忆的尽头。二十年，一代人成长起来的时间；二十年，岁月的长河漂走了青春的韶华。但是，它一定是给我留下了些什么，那些刻在我生命里的东西——一种力量，不会随流年而萎谢，永远在我的心灵里闪亮，恒定。

力量，生命的内力，使得我在不惑之年找到自己在世界的位置，寻得自己作为个体存在的方式，那就是：乐命，淡泊，真我。

有人说：上帝赐给每个人的甜酒和苦酒是一样多的。那么，失意时何必沮丧？得意时又何必忘形？风雨之后见彩虹，塞翁失马焉知非福；乐尽悲来自古也有之。人生之于世界，正似奇迹，它永远向前，永不停留；人之于世界，如同客旅，过往随风。在途中驿站上的境遇，抑或幸运，抑或不幸，但都不必太在意。因为，在无法把握的未来，谁又可预知明日的悲喜？做好能做的一切，欣然接受上苍给予的每一次遭际，此乃乐命。

平淡是真，平淡成就永恒。无论尼采的艺术审美哲学，柏拉图的《理想国》，还是庄子的《南华经》，读者没有宁静淡泊的心境是无法领悟其中的境界的。世间一切华美之物，尽都如草木；草必枯干，花必凋谢。名或利，都不能在流光中永久璀璨。得失，不该成为心灵的缧绁之缚。在淡泊中，真情离得更近；在淡泊中，世界离得更近；在淡泊中，更容易看清事物的本来面目。在淡泊中安之若素，不以物喜，不以己悲。

有了乐命的人生态度，有了淡泊的处世心境，自然也就可以更好地活出真我了。真我，生命的本真，弃其矫饰，去其造作，回归到原来的样式，人生应该可以更惬意。媚俗当道，伴谬充斥，当虚假和浮浅在世界泛滥时，我更渴望纯真。真我，活出本来的我，坦坦荡荡；真我，活出生命的纯度和深度，了无遗憾。这，也该是人生的意义所在。在乐命中安于淡泊，在淡泊中活出真我，这便是今天的我所感悟到的人生。昨日，风华正茂；今日，淡定从容；明日，我将为皤皤老者。然而，对于上苍，对于命运，不论时光怎样流逝，世界怎样改变，让我始终以一颗感恩的心，期待每一次日升日落。

作为一名税校第一届学子，在二十年的人生风雨中一路走来，信奉平凡而不平庸的人生箴言。今天，面对母校恩师，我在忐忑中向你们说：亲爱的老师，让我向你们交上人生的答卷。我，及格了吗？

（作者系1987级税收二班学生）

再别税校

闫学忠

不知不觉，自1992年7月从甘肃省税务学校毕业，已经是第十五个年头。不知道税校的老师可好？同学可好？

回想往事，我思绪万千。想当年，高中毕业的我，独自一人，踏上了通往天水的火车，虽然有点稚嫩，却也是意气风发。是税校的老师，像园丁一样，谆谆教诲，为我今后的工作、学习、生活，打下了良好的基础。依稀间，我又听到操场上，晨练的学生嘹亮的号子，宽敞明亮的教室里，传出琅琅的读书声，晚自习的教室里，灯火通明，不时听到噼噼啪啪的算盘声……

我又看到班主任安丽坤老师，还站在讲台上，给我们演示高等数学的魅力；王国杰老师，正在为同学们描绘，假如把中国的首都迁至兰州，将会是怎样一番景象；魏荣老师，正在政治经济学的课堂休息时间调侃地说："大家要相信，牛奶会有，面包会有，自然女朋友也会有"……

　　此时此刻，我又仿佛回到语文课堂上，聆听王军老师为我们讲述语文学习的乐趣；王天宝老师正重复着，学校体育教学的目的，是教育大家养成终生锻炼的习惯……而我，面对自己日益挺起的"将军肚"，是多么的懊悔！

　　是税校锻炼了我强壮的体魄，是税校给了我财务、税务知识。在税校的图书室、阅览室，我有机会读遍了谌容、贾平凹等20世纪80年代知名作家的小说；在税校的礼堂里，我们听到了马占宏老师用天籁般的声音演唱的《木鱼石的传说》；从吕永合老师严厉的目光里，我学会了做人应该严谨的道理；从陈科军、宋梅芳对会计学原理、工业会计的教学中，我渐渐发现会计学习的乐趣：聆听着李培芝老师对"一条鞭法"税收历史的讲解，我一步步走进了税收学的殿堂。但是，最重要的，是在两年的学习生涯中，我的世界观、人生观、价值观接受了洗礼，让我不断校正了奋斗的目标和人生的航线。

　　从税校走向税收工作岗位，又从税收工作岗位走向税务代理工作岗位，我的工作在变、岗位在变、职务在变。1992年，我以年级综合成绩第一名的成绩毕业参加工作，2007年，我在税务代理、资产评估、审计验资、事务所管理等方面和领域有所建树。我知道，所有成绩的取得，都离不开税校学习为我打下的牢固基础。

　　在人们日益注重学历、注重大学名气的今天，甘肃省税务学校的文凭，显得有些暗淡，往往被人们忽视，但是，税校毕业的学生，现在已经成为甘肃省税务系统为国聚财的砥柱，这是不争的事实。这是我们大家，我的同学、师哥、师姐、校友献给税校、献给老师最好的礼物。

　　写到这里，我的眼角有些湿润。就写到这里吧，祝税校的月季花今年开得好，明年开得更艳！

（作者系1990级财会三班学生）

依依税校情

李建梅

　　甘肃省税务学校坐落于因"天河注水"传说而得名的天水市秦州区滨河东路,建校三十八年来培养了大批高素质专业化税务干部和优秀人才,在甘肃税务历程中写下了浓墨重彩的一笔,更在每一个税校人心坎里刻下了永不消失的印记。作为一名税校学子,近期获悉母校面临深化改革的消息,思绪万千,在税校读书、培训的过往一一浮现在眼前。

　　我与税校相遇于1994年9月,我在这里度过了两年的学习时光。那时,校园的建筑较少,有教学楼、食堂与礼堂一体的综合楼、L型的学生宿舍楼,不过教学、生活必需的设施一应俱全;校园的绿植不多,不过初见形似荷花、清香淡雅的白玉兰不由让人一见倾心;食堂的饭菜虽然比较单一,但是面包房的烤面包散发的浓郁香味诱人驻足。当时的我,因所读专业不是最心仪的,学习不够踏实、认真,不过学校图书馆里文学类的藏书我却囫囵吞枣地读了很多;平素喜欢独来独往,不过也曾和几位同学有过深交,或周末清晨相约去爬山赏景,或黄昏散步到南大桥在奇趣园小憩再折回,或在校门口的耤河堤上来来回回地漫步;课余和老师们的交流有限,不过李丽珍老师的细致、郭立新老师的热情、刘金虎老师的内敛、杨梅老师的温婉、王小军老师的风趣、吕友合老师的严谨、安丽坤老师的干练以及吕顺琴老师的关照,都给我留下了深刻印象。毕业季挥别母校,奔赴下一个山海,不知重逢何夕。

　　首次重逢于1997年金秋十月,我参加省局组织的为期三个月的微机系统管理员培训班。那时,6名学员住一套3室1厅的学员公寓,和学生同在教学楼上课,以前的老师都在,只是又增加了几个新面孔,税校似乎是旧时模样。

　　2001年7月至2004年7月,我在税校参加长春税务学院天水函授班集中学习(其间于2004年3月参加省局组织的总局综合软件骨干师资培训班),班主任是举止优雅、言谈温柔的杜永峰老师。三年间,七次与税校重逢,看到在校学生从少到无,校牌换为甘肃省税务干部学校,学生宿舍楼不见了,绿化面积增加了,操场边设有阶梯教室、多媒体教室、微机房的干训教学楼拔地而起。总之,税校渐渐改变着原来的模样。

　　2005年至2018年间,我多次到税校参加省、市局组织的各类培训,或者是玉兰花含苞待放的日子,或者是石榴果颜色娇艳的季节,或者是大樱桃上市的时候。每一次重逢,都会看到税校喜人的变化：原有的教学楼改造升级成教师办公楼，新建了报告厅和学员公寓楼，焕然一新的餐厅可供300人就餐，饭菜更加多样可口，操场铺了塑胶跑道，建成塑胶网球场和篮球场，体育馆设施越来越多，荣获"全国文明单位"，创建了集图片、视频和实景模拟体验于一体的廉政教育基地……美丽温馨、环境幽雅的花园式校园为干部学员提供了优美舒适的学习生活环境。课余时间，和学生时代的老师及天水市工作的同学小聚，师生回忆往事、畅享未来，谈笑风生、其乐融融……

一别五年，抚今追昔，初相遇的情景鲜活如初：教学楼旁的白玉兰、操场边的梧桐树、花坛里的石榴、校门口的木槿，教室里的晨读、宿舍里的夜语、同学间的玩闹、老师们的教导，河堤的垂柳、街道的小吃、市井的方言，伏羲庙的始祖、麦积山的石窟、南郭寺的古木……蓦然多年已过，翻开褪色的纪念册，发黄的相片、陈年的留言，勾勒出熟悉的记忆，深深浅浅的笔迹，记载着浓浓淡淡的过往。在时间的空隙回首，追寻仓促青春里的模糊印象，年轻的我们热烈讨论过的远景、细致描绘过的蓝图，如云影掠过波心……流水带走光阴的故事改变了你和我，我们谁也不再是当初的少年！二十七年前送别时说过的话，你还记得吗？那些美好的心愿，你都实现了吗？

思今忆旧，景物的变换令人唏嘘：当年的秦城区早已更名为秦州区，曾经的步行铁桥无处可寻，曾经的耤河变身天水湖，曾经教书育人、培训干部的税校即将成为历史……"让我与你握别，再轻轻抽出我的手！"那些年，吹过的风、走过的路，今生不会再重逢！

青春年少时，总以为人生最美好的是相遇。岁月催人老，不觉鬓已花，才明白人生其实就是一场又一场的告别，而更难得的美好是重逢。我与税校相遇，曾一次次告别，又一次次重逢，昨日种种在记忆里生根发芽，永植心底。而今，秋色向晚，以文为念，再别税校，重逢只能在梦中！

（作者系1994级计算机四班学生）

别了，我的税校

赵勇强

1987年，我作为税校第一期学生走进税校，记得写的第一篇作文题目是"你为什么报考税校"，当时的我对税收真的不是太了解，就单纯地写下了报税校就是为了从农村走出来，没有什么为国奉献的豪言壮语。老师在点评时说到，这篇作业就你一个人这么写了，但你说的是真心话，

在税校度过了火热的两年学生生活，老师们的言谈举止历历在目，老师们的谆谆教诲至今犹在耳旁。学校的花园里留有我们辛勤洒落的汗水，学校的礼堂里见证过我们精彩演出后的如雷掌声，学校的操场上留下过我们打球运动的青春足迹，学校的301教室里记录下我们认真学习的金色岁月。两年，我们走出了税校，走向自己的工作岗位，继续着我们追逐青春梦想的人生课堂。

1991年底，我被单位推荐，和四位校友参加学校组织的优秀毕业生报告会，面对老师亲切的问候，面对师弟、师妹们对税收实际工作的困惑和质疑，我们意气风发、侃侃而谈，展现了我们三年工作的成熟见解；和校友们交流了扎实的理论功底对实际工作的巨大帮助。从他们如雷的掌声和羡慕的眼神里我读懂了，我们应该为税校喝彩、为税校骄傲，税校赋予我们扎实的专业基础知识，让我们在日后的工作中得心应手。

接下来的十多年里，我到税校参加过多次的专业培训、计算机等级证书专门培训、CTAIS软件上线专门培训、出口退税和国际税收业务专题培训、全省国税系统新闻摄影培训、纳税评估专题培训、税务所长（分局长）业务培训、党务干部专题培训、国税系统县局局长培训等。培训班的老师增加了一些新面孔，但他们关心学员、心系税务的初心一如既往。和参训的同学们一交流，绝大部分都是税校校友，感觉到税校，就是到家了！

今年深秋，我最后一次到税校，接到的任务是帮助整理税校的历史。我的心里五味杂陈，税校完成了她三十八年的历史使命，在国家改革的大潮里将被撤销。昔日繁荣的场面已不复存在，操场上没有了活动的学子，教室里、学术报告厅里没有了培训交流互动的场景，偌大的培训楼只住了我一个人。一切都显得那么安静，又显得那么遥远，过往的一切像放电影一样在我的脑海里回放：老师们仍然在兢兢业业地做着自己的工作……

学校三十八年的历史永远定格在2023年深秋！三十八年的历史镌刻进了甘肃税务永远的记忆，三十八年的历史写下了属于自己的精彩华章！

别了，税校，我永远感恩您的哺育！别了，税校，我永远铭记您的辉煌！

（作者系1987级税收一班学生）

后
记

后　记

　　《税月留声——甘肃省税务干部学校38年发展历程（1985—2023）》一书，在省局党委的重视关心下，在省局教育处、老干部处积极参与推动下，税务干部学校抽调精干力量，加快编纂进度，几易其稿，如期完成编纂并正式出版。

　　本书采用横排竖写的手法，较为详细地记录了甘肃省税务干部学校从诞生、成长、发展、改革到撤销的全过程。全书共分为序言、凡例、概述、大事记、正文和后记六部分。正文部分共七编：第一编沿革与发展，包括学校的创办及发展和校园建设两章；第二编行政管理，包括岗位设置及职责、行政管理和后勤管理三章；第三编教学管理，包括管理制度、教学管理、科研成果和校风学风四章；第四编学生、学员，包括学制设置、班级设置及学生学员管理，普通教育、成人教育历届学生名单和干部培训情况及班次三章；第五编校园文化建设，包括基层党组织建设和精神文明建设两章；第六编荣誉奖励；第七编师生情怀，包括校庆领导讲话和校友感言录两部分。

　　为按时完成编纂工作，省局成立了编纂委员会，由省局党委书记、局长管振江担任主任，省局党委委员担任副主任。委员会下设编纂工作小组，由省局教育处处长安丽坤担任主编，学校校长史炜、老干部处处长张文举、办公室副主任张万刚为副主编，抽调省局办公室、教育处、老干部处、学校及礼县税务局部分人员为编委，全面负责编纂工作。委员会确定了总编纂人，每一编的主笔人和资料收集人员，确保责任到人。具体分工为：大事记、凡例、第七编和后记由礼县税务局赵勇强负责，同时负责文稿的总编纂；概述和第一编由学校张海燕负责；第二编由学校宋梅芳、于国华负责;第三编由学校王涛负责；第四编由学校王金田负责;第五编、第六编由学校马安太负责。资料收集由学校刘彩霞、王丽负责。图片资料由宋梅芳、马安太和张海燕负责。文稿校对由马玮、杜凯负责。同时聘请了吕永合、吕志友和王军等退休校领导、老教师协助工作。教育处副处长韩晓金具体负责出版发行工作。税校副校长王天宝和办公室李祥林参与相关稿件和图片资料的审核工作。工作小组加班加点，精编细审，在较短的时间内高质量完成了编纂工作。编纂期

间，共查阅档案204盒，翻阅历史文件1800多份，召开编纂工作推进会14次，征求修改意见20多次。该书较为全面、客观地记录了税务干部学校38年的发展历程，为甘肃税务事业发展留下了珍贵的历史资料。

与此同时，为了全方位、多角度展现学校历史，编纂委员会组织专人对学校发展过程中珍贵的影像资料进行了抢救性的搜集整理，由编纂工作组负责，制成纪念短片一部，扫二维码即可观看，形成了文字资料、图片资料、音像资料多维全景式的史料记录格局。

本书编纂工作得到了省局党委各位领导及教育处、老干部处的大力支持，在此，向支持编纂工作的各位领导、各位教师，关心编纂工作的各位同志、税校校友表示衷心的感谢！

由于编者水平有限，工作时限紧张，资料收集、编纂整理难以保证面面俱到，疏漏错谬之处在所难免，敬请大家批评指正。

编　者

2023年11月

扫描二维码
观看纪念短片